工程建设理论与实践丛书

高速公路改扩建施工与项目管理

GAOSU GONGLU GAIKUOJIAN
SHIGONG YU XIANGMU GUANLI

王宏兵　周长水　岳刚振　主编

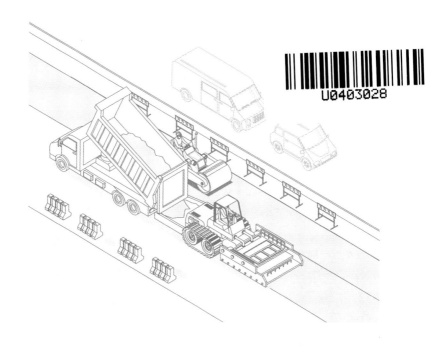

华中科技大学出版社
http://press.hust.edu.cn
中国·武汉

图书在版编目(CIP)数据

高速公路改扩建施工与项目管理/王宏兵,周长水,岳刚振主编. —武汉:华中科技大学出版社,2023.10
 ISBN 978-7-5680-9617-1

Ⅰ.①高… Ⅱ.①王… ②周… ③岳… Ⅲ.①高速公路-改建-道路工程-项目管理 ②高速公路-扩建-道路工程-项目管理 Ⅳ.①U418.8

中国国家版本馆 CIP 数据核字(2023)第 198750 号

高速公路改扩建施工与项目管理
Gaosu Gonglu Gaikuojian Shigong yu Xiangmu guanli

王宏兵　周长水　
岳刚振　　　　　主编

策划编辑:	周永华
责任编辑:	陈　忠
封面设计:	杨小勤
责任监印:	朱　玢
出版发行:	华中科技大学出版社(中国•武汉)　电话:(027)81321913
	武汉市东湖新技术开发区华工科技园　邮编:430223
录　　排:	华中科技大学惠友文印中心
印　　刷:	武汉科源印刷设计有限公司
开　　本:	710mm×1000mm　1/16
印　　张:	18.75
字　　数:	337 千字
版　　次:	2023 年 10 月第 1 版第 1 次印刷
定　　价:	98.00 元

本书若有印装质量问题,请向出版社营销中心调换
全国免费服务热线:400-6679-118　竭诚为您服务
版权所有　侵权必究

编 委 会

主　编　王宏兵（江西省交通工程集团有限公司）
　　　　　周长水（江西省交通工程集团有限公司）
　　　　　岳刚振（保利长大海外工程有限公司）

副主编　温仁斌（保利长大工程有限公司）
　　　　　谢朱俊（中铁八局集团第三工程有限公司）
　　　　　龙文斌（贵州省公路工程集团有限公司）
　　　　　田　桐（中交二公局第三工程有限公司）
　　　　　张邵邦（重庆交大交通安全科技研究院有限公司）

编　委　赖泽斌（新大陆数字技术股份有限公司）
　　　　　匡国文（保利长大工程有限公司）
　　　　　李　震（保利长大工程有限公司）
　　　　　杨祥辉（通道侗族自治县财政局）
　　　　　金颜彪（中国水利水电第十四工程局有限公司）
　　　　　陈　明（深圳市深汕国际汽车城（集团）有限公司）
　　　　　丰虎成（山西交通建设监理咨询集团有限公司）

前　言

  自 20 世纪 80 年代以来,我国的高速公路建设事业进展迅猛。2023 年 2 月 23 日,在国务院新闻办公室举行的"奋力加快建设交通强国　努力当好中国现代化的开路先锋"发布会上,交通运输部部长李小鹏介绍,截至 2022 年底,全国公路总里程为 535 万千米左右,其中高速公路 17.7 万千米。如今,在高速公路总里程上,我国已超过美国,跃居世界第一。然而,早期修建的高速公路受限于各种条件,多为 4 车道,现实际交通量年均增长率远超规划立项时的预测值,使得既有高速公路服务水平及通行能力显著降低,原有的高速公路已经无法满足交通需求,高速公路原本具有的运量大、速度快的优势都已不能得到发挥。因此,对既有高速公路进行改扩建势在必行。

  本书主要分为绪论、高速公路路基改扩建施工、高速公路路面改扩建施工、高速公路桥涵改扩建施工、高速公路隧道改扩建施工、高速公路沿线设施改扩建施工、高速公路工程项目进度控制、高速公路工程项目成本管理、高速公路工程项目全过程造价管理九大章节,围绕高速公路改扩建施工和项目管理两大方面进行阐述。本书可供公路设计、施工及建设管理人员参考使用。

  本书参考和引用了大量文献资料,未一一列出,在此向原著(编)者表示衷心的感谢！由于编者水平有限,书中难免存在疏漏,恳请读者批评指正。

目　　录

第 1 章　绪论 (1)
　1.1　高速公路改扩建工程概述 (1)
　1.2　高速公路改扩建技术发展 (8)

第 2 章　高速公路路基改扩建施工 (18)
　2.1　既有路基利用与处治 (18)
　2.2　路基拼接加宽 (21)
　2.3　特殊路段路基处理 (36)
　2.4　路基排水施工 (41)
　2.5　高速公路路基改扩建施工案例 (52)

第 3 章　高速公路路面改扩建施工 (58)
　3.1　既有路面处治 (58)
　3.2　旧沥青路面材料的再生技术 (86)
　3.3　旧水泥混凝土路面材料的再生技术 (103)
　3.4　单侧加宽旧路侧通行路段安全处理 (110)
　3.5　路面防排水施工 (114)
　3.6　高速公路路面改扩建施工案例 (118)

第 4 章　高速公路桥涵改扩建施工 (124)
　4.1　既有桥涵处治 (124)
　4.2　改扩建工程中桥梁的施工 (129)
　4.3　桥梁移位及抬升施工 (137)
　4.4　新增下穿桥梁施工 (142)
　4.5　跨线桥拆除施工 (144)
　4.6　涵洞(通道)改扩建施工 (148)
　4.7　高速公路桥梁改扩建施工案例 (152)

第 5 章　高速公路隧道改扩建施工 (157)
　5.1　既有隧道扩建形式与支护结构 (157)
　5.2　既有隧道改扩建施工方法 (166)

1

5.3 新建隧道方案设置要点 ………………………………………… (170)
5.4 高速公路隧道改扩建施工案例一 ……………………………… (174)
5.5 高速公路隧道改扩建施工案例二 ……………………………… (180)

第6章 高速公路沿线设施改扩建施工 ……………………………… (189)
6.1 收费站改扩建 …………………………………………………… (189)
6.2 服务区改扩建 …………………………………………………… (202)
6.3 机电工程改扩建 ………………………………………………… (213)
6.4 既有高速公路防撞波形梁护栏的利用 ………………………… (220)

第7章 高速公路工程项目进度控制 ………………………………… (229)
7.1 高速公路工程项目进度控制概述 ……………………………… (229)
7.2 高速公路工程项目进度计划编制 ……………………………… (231)

第8章 高速公路工程项目成本管理 ………………………………… (241)
8.1 高速公路工程项目成本管理概述 ……………………………… (241)
8.2 高速公路工程项目成本计划 …………………………………… (244)
8.3 高速公路工程项目成本管理原则、过程、方法 ……………… (249)
8.4 高速公路工程项目成本核算、分析及考核 …………………… (261)

第9章 高速公路工程项目全过程造价管理 ………………………… (271)
9.1 高速公路工程项目造价管理概述 ……………………………… (271)
9.2 构建高速公路工程项目全过程造价管理体系 ………………… (279)

参考文献 …………………………………………………………………… (285)
后记 ………………………………………………………………………… (290)

第 1 章　绪　　论

1.1　高速公路改扩建工程概述

1.1.1　高速公路改扩建工程的定义

高速公路改扩建工程是指既有道路已经不能满足交通的需求,需要进一步提高道路的等级或者拓宽车道等而进行的改扩建工程。它包括两方面的含义:

(1) 因不能满足交通量的需求而必须进行的道路结构强度方面的改扩建工程;

(2) 现有的高速公路及其附属设施已经不能满足交通量的需求,在既有高速公路基础上进行道路拓宽的改扩建工程。

1.1.2　高速公路改扩建工程的特点

目前我国高速公路改扩建的经验及相应的规范标准主要集中在对既有高速公路进行扩建这一方式上,二级或一级公路提升改造为高速公路的情况更加复杂,经验不成熟,实际案例极少。高速公路改扩建不同于新建高速公路,主要有以下六个特点。

1. 需要协调新老高速公路的建设标准

既有高速公路建设一般运营 10 年以上才会出现改扩建的需求,改扩建时可能会出现以下两种情况。

(1) 改扩建时现行高速公路的技术标准和既有高速公路采用的技术标准不同。现行《公路工程技术标准》(JTG B01—2014)较 1997 版以及 2003 版有了较大的调整,如设计速度、服务水平分级、横断面宽度、桥梁设计荷载、车辆折减系数、标准车型等方面均有所变化。同时现行相应的公路路线、路基、路面、桥涵、交叉、附属设施等技术要求也有部分调整。因此,在确定设计标准时,应充分考虑两个技术标准的衔接。

（2）既有高速公路交叉的河道、铁路等技术标准变化。随着相关行业规划的调整，以及既有高速公路交叉的铁路建筑限界、河道通航等级及相应技术标准的变化，在改扩建时，新建部分应当考虑按照新的技术标准要求，既有部分需要综合考虑。当既有高速公路已纳入交叉的铁路或河道的改造提升工程时，一般考虑按照新的标准，否则宜维持既有高速公路的标准不变。同时设计应考虑相应技术标准的近远期的衔接。

2. 需要处治既有高速公路的各种病害

一方面，由于当时的经济条件差、技术水平低和经验不足，早期修建的高速公路可能存在一些问题，如部分线形指标取值偏低、路基压实度不足、地基处理不到位、路面结构厚度偏小、边坡防护不当等；另一方面，高速公路经过多年的运营，或多或少都存在着病害，如路面疲劳破损、路基沉陷、桥梁结构病害、隧道渗水、沿线交通设施破损及老化等。这些病害直接影响既有高速公路的质量和正常运营，甚至直接威胁高速公路行驶车辆安全，造成不必要的损失，同时也给日常养护、维修工作带来许多麻烦。因此，在进行高速公路改扩建时，应认真细致地分析病害，提出合理的处理措施。

3. 需要协调好新老高速公路间的衔接

高速公路改扩建的难点和重点之一是处理好新老高速公路间的衔接问题，如线形（高程和横坡）的衔接、路基差异沉降的控制、新老路基结合部、路基横向排水衔接、路面拼接、桥梁拼接、互通立交的衔接等。只有协调好新老高速公路间的路基、路面、桥梁、隧道、沿线设施，才能充分发挥高速公路改扩建工程的功能。

4. 需要合理利用既有高速公路

高速公路改扩建时，应充分考虑利用既有的路基、路面、桥梁、涵洞、交通工程及沿线设施、道路两侧富余用地等。同时，对废弃的既有高速公路的路基填土、路面挖除材料、桥梁拆除废料、安全设施等材料，应综合考虑，尽量在高速公路改扩建工程或其他低等级的公路工程中得到利用。

5. 需要维持施工期间既有高速公路运营

对日益繁忙的高速公路进行改扩建，完全封闭交通是非常困难的，因此在既有高速公路保持运行状态下进行改扩建是必然选择,交通组织方案应遵循不中断和少影响原则,既要考虑施工期交通组织方案对施工方案和设计方案的反作用,又要根据总体工程方案制定可行的交通组织方案。总之,高速公路改扩建项目要制订行之有效的综合性交通保障方案,包括区域路网的交通分流组织以及高速公路施工路段的交通组织两个部分,确保把改扩建对交通的影响降到最低程度。

6. 需要动态的设计及建设管理

由于高速公路改扩建工程施工周期比较长,并且施工期间还力求保证既有高速公路的交通运营,根据施工现场实际情况,积极配合施工,最大限度减少施工过程中对于道路交通的影响,往往需要采用动态设计的方法,及时调整设计,做到方案合理、投资节省、方便施工、保证安全。例如路面补强及加罩设计,施工图设计是根据当时的检测评价结果确定的技术方案,但是保通期间路面的技术状况会出现衰减,在实际进行路面改建时(一般时间间隔可能在 2 年左右),需要重新评价既有路面技术状况,动态地调整路面补强及加罩的设计方案。与动态的设计一样,改扩建工程中需要动态的建设管理,包括动态的计划调整、动态的交通组织调整、动态的建成路段运营管理等。因此,良好的、实时的动态建设管理是"保证交通、提高质量、加快建设速度"的基本保证。

1.1.3　高速公路改扩建方式

国内外高速公路改扩建所采用的方法存在一些差别。以美国为例,美国地广人稀,高速公路的中分带宽度多为 10 m 以上,改扩建时可以直接对中分带进行改造,增加高速公路的车道数。而国内通常是在高速公路的单侧或双侧预留一定的绿地,改扩建时通过拼接的方式来增加车道数,以提升高速公路的通行能力。

拓宽改建具有多种实现形式,包括单侧加宽、两侧加宽、混合加宽等方式。单侧加宽和两侧加宽均包含分离加宽和拼接加宽。分离加宽和拼接加宽又包含高架桥方案和路基方案。高架桥方案包含内侧高架和外侧高架。拓宽改建方式分类如图 1.1 所示。

单侧加宽是指既有高速公路一侧受地形、建筑物等限制而从另一侧对高速公路进行拼接加宽的方式。这种加宽方式的优点是充分利用现有地形,减小拆迁量;路基不加宽侧的防护、排水沟、防撞护栏等设施可继续保留使用;新、老路

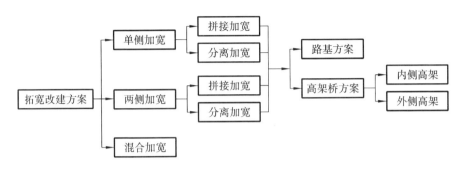

图 1.1 拓宽改建方式分类

基差异沉降不显化(只有一条拼接缝);施工对高速公路上的交通影响较小,既有的高速公路可继续维持交通;施工期间临时工程少,临时占地较少,施工便道、预制场仅沿加宽侧布设即可满足需要。缺点是路基中心线因发生偏移,平面线形须重新拟合;原有的中央分隔带用作行车道,其内部原有的排水、通信管道、防撞护栏等设施须拆除,新中央分隔带内的这些设施须重建;路基加宽侧的防护、防撞护栏等设施不能利用,也须拆除重建;新老路幅横断面不能有效组合,路拱不规则,路面排水复杂;加宽侧互通匝道线形调整较大;上跨桥梁因主线平面线位向一侧偏移,导致桥梁净空(净高和净宽)不足,须拆除重建,造成工程浪费;原主线桥梁分两幅设置,合并为一幅技术难度大,施工困难,且对既有高速公路交通造成干扰。

两侧加宽是针对既有高速公路两侧不受地形、建筑物等限制,从两侧对既有高速公路进行拼接加宽,这种加宽方式为高速公路拓宽最常用的手段。优点:基本保持了既有高速公路的几何线形,原有的中心线可留作加宽后高速公路的中心线;中央分隔带及内部的排水、通信管道、防撞护栏等设施可充分利用;新老路幅横断面能有效组合,路拱规则,可继续使用,路面排水简单;互通匝道线形调整较小;部分上跨桥梁净空(净高和净宽)影响不大,主线桥拼宽难度较小,施工也较方便。缺点:路基两侧的防护、排水沟、防撞护栏等设施须拆除重建;施工对高速公路上的交通影响较大(两侧干扰);施工期间临时工程量相对较大,占地较多,施工便道、预制场须沿高速公路两侧布设;拆迁量相对较大。总体而言,两侧加宽比单侧加宽的工程规模小,可利用的工程项目多,技术较成熟,较其他加宽方式更具优势。

单侧平面分离的扩建方案是指将既有高速公路作为半幅路基,并通过完全分离或中央隔离的方式将既有高速公路隔离,对另半幅路基进行新建。单侧平面分离的扩建方案主要是为了尽量降低单侧拼接造成的技术难度,采用该方案则通常不再对原高速公路的断面形式进行调整。根据工程中是否需要调整新建路基的纵面,单侧平面分离可划分为单侧平面分离加宽和单侧平、纵分离加宽。其中,单侧平面分离加宽是在新老路基之间设置中央分隔带,设置时需对新路基的纵面线形进行微调;单侧平、纵分离加宽是新老路基采用分离式路基的形式,新老路基间的高差大,无法正常设置中央分隔带。

两侧拼接的拓宽方式会给各项工程的拼接造成技术上的困难,而且部分路段限制条件多、交通组织难度大,所以局部路段可采用两侧分离的方式。两侧分离扩建方式是在高速公路的两侧各新建车道,与现有车道构成同向车道,整体成为多车道高速公路。新建路基与老路基间的分离宽度视实际条件而定,为减少用地同时考虑构造物施工方便,根据工程实践,一般情况下可按 2~3 m 控制。

由于在实际的改扩建工程当中,会受到各种建设条件的限制,单一的扩建方案很难达到理想的效果,可以通过将上述扩建方案相结合,进而发挥各自的优势,降低对工程的影响。常见的组合方式包括:两侧拼接方案与单侧分离方案相结合;两侧拼接方案与两侧分离方案相结合等。

在实际的工程中,分离加宽由于其占地宽度较大、车辆分合流较多等问题而较少使用,仅在局部路段才会采用,双侧拼宽和单侧拼宽是改扩建工程最常用的两种方式。下面对单侧拼宽方式和双侧拼宽方式进行对比研究,如表1.1所示。

表 1.1 单侧拼宽与双侧拼宽对比分析表

对比选项	单侧加宽	双侧加宽
平面线形	路基中心线发生偏移,平面线形需重新拟合	基本保持了原有高速公路的几何线形,原有的中心线可留作加宽后公路的中心线
现有设施的利用情况	路基不加宽侧的防护、排水沟、防撞护栏等设施可继续使用,路基加宽侧的这些设施需拆除重建;原中央分隔带用作行车道,其内部原有的排水、通信管道、防撞护栏等设施需拆除,新中央分隔带内的这些设施须重建	中央分隔带及内部的排水、通信管道、防撞护栏等设施可充分利用;路基两侧的防护、排水沟、防撞护栏等设施需拆除重建
建筑物拆迁量	需根据具体路段来确定	
施工期间交通组织	施工基本不占用高速公路,交通运行状态可以维持	施工对高速公路上的交通影响较大,需制定相应的交通组织方案

续表

对比选项	单侧加宽	双侧加宽
临时工程量	施工期间临时工程少,占地也较少,施工便道、预制场仅沿加宽侧布设即可满足需要	施工期间临时工程量相对较大,占地较多,施工便道、预制场须沿公路两侧布设
互通式立交	加宽侧互通匝道线形调整较大	互通匝道线形调整较小
横断面组合效果	新老路幅横断面不能有效组合,路拱不规则,路面排水复杂	新老路幅横断面能有效组合,路拱规则,可继续使用,路面排水简单
路基沉降	新、老路基间只有一条拼接缝,差异沉降不明显	两侧各有一条拼接缝,需采用技术手段减小新老路基间的差异沉降
主线桥梁拼接难度	原中央分隔带处的桥梁护栏需拆除,将左右半幅桥梁上部结构连接成一幅,结构受力计算复杂、施工难度大,而且会对旧路交通造成干扰	主线桥梁拼宽难度较小,施工也较方便
对沿线上跨桥梁的影响	上跨桥梁因主线平面线位向一侧偏移,导致桥梁净空不足,部分桥梁需拆除重建,造成工程浪费	对上跨桥梁净空影响相对较小

从以上的对比分析中可以看出,两侧拼宽比单侧拼宽的工程规模小,技术难度相对较低,相较于其他加宽方式更具优势。

1.1.4 高速公路改扩建方式选择的影响因素

一个改扩建项目采用哪种实施模式,应该从经济、社会、环境多方面来研究。
高速公路在考虑改扩建方式时,除了考虑交通量这一基本的条件,一般还要从以下几个方面来考虑。

(1) 工程造价。

工程造价是指改扩建工程中从项目的可行性研究开始,直至项目竣工交付使用所花费的全部建设费用之和。在以上高速公路改扩建模式的介绍中,拼接模式在工程造价方面具有明显的优势,不管是双侧拼接还是单侧拼接,都可以最大限度地利用老路,使得工程直接费用相对较少,而且占地少。相反分离方案则用地较多,工程的直接投资相对也较高。

(2) 技术可行性。

技术可行性是指改扩建项目在技术上合理可行,原有的技术相对比较成熟,新技术的引入不会过分增加改扩建工程施工的难度,且能在技术、社会效益等方面取得进步。在考虑改扩建模式时,技术问题也是不可忽视的,技术难度直接影响着改扩建实施模式的选择。

(3) 被改建的道路本身条件。

拼接模式通常都是在原有道路的基础上进行改进的,所以当原有的高速公路设计指标比较高的时候,选择拼接模式是较为可行的方案;分离模式则基本不受老路原有条件的限制。

(4) 施工期间的交通组织。

对于高速公路的改扩建,如何有效安全地保证施工期间的交通组织也是值得重视的问题。拼接模式和分离模式对交通组织的影响是不相同的,拼接模式对现有的交通干扰比较大,一般都要封闭部分车道甚至临时中断交通,而分离模式对交通组织的影响比较小,具有一定的优越性。

(5) 交通条件。

交通条件主要包括项目的预测交通量、项目所在的道路网规划情况等多项指标。

(6) 外界自然环境条件。

外界自然环境条件(包括地质条件、地理水文条件、气候条件、温度、雨水等),都会对高速公路改扩建项目的施工产生一定的影响。

(7) 可持续发展。

目前,可持续发展原则一直是大型工程建设的主要考虑因素,也是高速公路改扩建讨论的主要问题之一,在选择实施模式时既要减少对自然环境的影响与破坏,保证沿线地区社会经济的可持续发展,还要考虑达到远景年高速公路再次扩容的要求。

(8) 道路的性质作用。

高速公路在路网中的地位直接影响着改扩建实施模式的选择,尤其是一些处于中心地位的主干线道路,由于其在路网中的特殊地位,在选择实施模式时要充分考虑该路网的密度、布局的合理性,避免出现高速公路影响区的叠加。同时,要根据产业布局及城市规划的方向,结合道路在路网中的地位,选择适合经济发展的模式。

1.2 高速公路改扩建技术发展

1.2.1 国外发展状况

1. 国外技术发展概况

由于美国、德国、日本等国家开始高速公路建设的时间较早,其理论体系较为成熟和完善,随着公路研究的不断深入和道路建设的日益饱和,高速公路改造升级的方法和技术越来越受到重视。其中,以美国高速公路的改扩建建设研究最为典型,取得的成就也很显著。

第二次世界大战之后,应国防要求,美国开始在国内大规模建设高速公路,到20世纪70年代末期,美国的高速公路网基本成型,高速公路的建设从新建转向对原有道路的扩容改造。同期,美国国内数条高速公路已经开始初步的改扩建研究和实践。从1981年开始,美国政府基本上不再对高速公路新建项目投资,而是转向4R(Restoration,Resurfacing,Reconstruction,Relocation)项目,即对高速公路进行重修、重新铺面、重建和重置的工程项目。1982年,美国国会通过《陆上运输资助法》,规定州际高速公路的资助金额中,用于4R项目的不得少于40%,这一项政策突显了美国政府对高速公路改扩建建设的重视。

1983年,TRB(Transportation Research Board,美国交通研究委员会)组织在美国召开了公路扩建工程专题国际会议,总结了发达国家近10年来对高速公路扩容改建的技术和方法,会议主要集中于对结构拼接和施工方法的总结。

1983年,美国学者Jack E. Leisch在ITE Journal上发表名为 *Plan/Design Features and Case studies in freeway Reconstruction* 的论文,较为系统地论述了高速公路改建拓宽在几何设计上普遍遇到的问题,尤其对立交设计的问题作了很精辟的总结。1999年美国普渡大学的Richard J. Deschamps等人对加宽路基进行了研究,提出了加宽路基的设计指南和施工步骤,并对相应的规范进行了修订。

美国AASHTO—2002版设计方法中,老路拓宽部分的设计中强调了新路和老路必须良好结合,要求新拓宽的路面结构性能尽可能和既有路面相近,认为在常规设计下,既有高速公路拓宽工程中,沿结合面破坏是不可避免的。

AASHTO仅提出了以上一些原则和技术措施的建议,但没有提供明确的有针对性的结构设计方法。

日本已建成通车的高速公路中隧道和桥梁所占比例较大,填筑路基段大多位于山垭峡谷,依山体而建,因此,根据地形条件,除少数一般的平原、丘陵挖、填方路段采用两侧拼接加宽的方式外,其他路段多以单侧拼接加宽为主,局部路段的隧道、桥梁和路基采取分离新建的做法。对路基段的拼接采用轻质填料(空气泡沫轻质稳定土或发泡聚苯乙烯EPS),拼接过程中对原路基一般不作大面积开挖台阶复压处理。路面大多采用排水性沥青混凝土路面,结构为4 cm排水性沥青混凝土面层+6 cm沥青防水层+10~20 cm沥青处治基层+17~25 cm水泥处治底基层,面层石料为坚质砂岩,其中10~13 mm粒径石料占70%~80%、砂占10%~15%、矿粉占4%、树脂沥青占5%,孔隙率达20%,排水性沥青混凝土路面提高了道路的安全系数和行车的舒适性。

日本是地震灾害多发的国家,桥梁的设计更加注重抗震性能,在高速公路扩建中,一般不对原桥作直接拼接加宽处理,而是与原桥并行新建,上下结构均不作连接,多采用钢箱梁以及其他形式的钢梁结构。在需要对原桥直接作拼接加宽处理时,上下构件均作连接(当预应力混凝土连续箱梁有横向预应力时,上部结构不连接),以提高新旧桥梁连接后的整体强度。在新旧桥梁连接时采用了膨胀混凝土技术,以减小原桥行车振动产生的影响和普通硅酸盐水泥混凝土自身干缩性影响,保证新老混凝土交接处的整体性。高速公路改扩建需要新增下穿通道时一般采用液压顶推混凝土箱体技术,形成了独特的"单桩顶推、组合成梁、拱圈浇注"的施工技术方法。

日本十分重视环境保护、安全生产、文明施工和现场作业管理,日本的高速公路拓宽改造施工也是在开放交通的情况下进行的,施工中对所有运送材料的车辆都安装了防散落、防扬尘的密封设施,施工现场都分类摆放垃圾箱,严禁乱扔杂物,所有材料分类堆放整齐,工地上非常整洁,现场看不到散落的黄沙和水泥。道路的拓宽基本上做到了边填筑、边整坡、边清理、边绿化,排水设施同步施工,施工组织非常严密。

综上所述,从20世纪80年代开始至今,国外发达国家对高速公路扩容改造的方案选择由过去简单考虑满足交通功能的思维模式转变为考虑交通、生态、环境、经济、技术、社会影响等多目标的思维模式。高速公路与周边环境、生态系统和公众生活的相适性越来越受到重视,选择怎样的扩建方案以及怎样利用先进技术来减小扩建项目的影响成为高速公路改扩建研究的重中之重。

通过对国外高速公路改扩建的分析可知,近几十年内国外对高速公路改扩建的研究重点在改扩建方案比选、公路改建拓宽中的几何设计、路基路面结构拼接和施工方法等方面,并且在设计规范中也只对高速公路改扩建提出一些原则和技术上的建议。

2. 工程案例

美国高速公路建设始于20世纪40年代,其中相当一部分是在原有道路的基础上改建而成的。由于美国平原多、大川大河少,加上土地资源丰富,州际高速公路建设中绝大多数采用了宽中央分隔带,这些设计理念为后期的高速公路扩建带来了很多便利条件。随着经济和汽车工业的发展,加上州际高速公路均不收费,美国的交通量增长较快,20世纪70年代后开始逐渐进入高速公路扩建时期。由于早期建设的高速公路多采用宽中央分隔带的形式,高速公路扩建多采用原位加宽的方式,车道数从4车道增加为8车道、10车道。为了充分发挥高速公路快速通过的能力,交通量大的高速公路两侧大多设置了集散车道,用于收集和疏散高速公路交通,构成了美国高速公路的一个特色。

(1) 美国15号高速公路。

美国15号高速公路拉斯维加斯至洛杉矶段原来以6车道为主,局部为4车道,随着交通量的增长,道路服务水平开始下降,内华达州开始实施道路扩建。15号高速公路与美国大部分高速公路一样,采用了宽中央分隔带的方式,扩建工程采用内侧加宽方式将道路扩建为8~10车道,把原来的宽中央分隔带改为新泽西分隔带。

(2) 美国45号高速公路。

美国45号高速公路休斯敦通往加尔维斯敦段从1952年的4车道公路到1999年逐渐扩建为以8车道为主(局部6车道)的高速公路,整个建设过程历时近50年。

(3) 美国59号高速公路。

美国59号高速公路是休斯敦西南方向的重要出口道路,1976年形成完整的4车道高速公路,随着交通量的增加,从1992年开始分段实施扩建,到2002年全线建成了以10车道+2HOV(high-occupancy vehicle,高乘载)车道为主的高速公路。59号高速公路两侧设置了集散车道,集散车道与高速公路的连接有集中连接与分散连接两种方式,分散连接是间隔一定的距离分别设置主线出口和主线进口,集中连接是在较短的距离内允许匝道交叉设置主线出口和主线进口。

(4) 加拿大多伦多401高速公路。

多伦多是加拿大人口最多的城市,交通需求量大,高速公路网发达。401高速公路是多伦多市内东西向主要干线高速公路,1952年开始建设,断面车道数为4~22,平均每天通过交通量为1.5万~40万辆(小汽车)。401高速公路建设时期不同路段采用了不同的标准,且标准差异较大,建成后不同路段交通发展不同,其中一些路段进行了扩建。

在一般路段,401高速公路采取了中央扩建与两侧加宽扩建相结合的方法增加车道数;在交通量大的城市路段,早在建设时期就已考虑了多车道方案,且通过采用分离路基方式来解决多车道的交通组织问题。

401高速公路分离路基交通转换的连接方式与美国高速公路集散车道交通转换的连接方式相似,也有集中转换与分散转换两种方式,但其标准不同。401是同一高速公路分离车道间的转换,连接车道技术指标较高,美国59号高速公路是高速公路与两侧集散车道间的交通转换,连接道路技术指标可以较低。401高速公路的建设模式为处理多车道高速公路提供了借鉴。

国外高速公路建设起步早,规划相对超前,在地域辽阔的美国、加拿大等国家多采取了宽中央分隔带的布置方式,为扩建提供了方便。在中央扩建不能满足要求时优先采用了两侧拼接扩建,在多车道(大于8车道)高速公路交通组织中,美国和加拿大大量采用了分离断面或集散加快速的处理方式。

1.2.2 国内发展状况

1. 国内技术发展状况

我国高速公路的发展与国外发达国家相比整体较晚,20世纪90年代以前,我国的高速公路建设多以新建为主,关于高速公路改扩建工程的研究较少,相关工程经验也比较欠缺。

20世纪90年代中后期,我国经济发展突飞猛进,极大地带动了公路事业的发展,既有高速公路的通行能力越来越不能适应急剧增长的交通量需求,我国高速公路开始进行大规模的道路拓宽建设。在此之后,国内工程技术人员对高速公路改扩建工程的研究不断深入,并在设计和施工中进行了大量的实践。

我国高速公路建设初期,由于投资及用地条件的限制,建设时大多没有预留用于拓宽改造的中央分隔带,大量国内高速公路改扩建工程需要在道路两侧进行拼接,路基不均匀沉降导致的新老路基结合问题较为突出。因此,在我国对高速公路改扩建技术研究初期,主要研究内容是路基填挖结合部不均匀沉降处治技术、匝道拼接技术、路堤加宽技术等,并以此为主开展了大量工程实践和理论研究。

随着对高速公路改扩建内容的研究越来越深入,以及新技术的不断融入,研究重点开始转向改扩建条件与时机、改扩建标准化、拓宽路基差异沉降控制标准、桥梁涵洞拼宽、路面再生技术以及高速公路改扩建交通安全和施工组织等方面。

2004年11月,交通部专家委员会在南京主办了高速公路扩建工程技术研讨会,会议总结了近几年国内几条高速公路扩建的经验和技术问题。会议对方案制定、路基拼接处理、路面材料应用、桥梁与互通的改建等多项议题进行了专题讨论,总结了国内近几年来在高速公路扩建研究中的最新成果。这次会议丰富了我国在高速公路改建领域的技术成果,为日后的标准化制定和进一步的技术研究奠定了扎实的基础。

2012年12月,中国公路学会青年专家委员会主持召开了第六届全国公路改扩建技术交流会,目的在于推广公路改扩建新技术和新成果,交流新经验,会议对高速公路改扩建的技术政策、工程精细化管理、改扩建设计与施工技术等进行了深入的交流。

2013年10月29日,交通运输部发布了《高速公路改扩建工程中有关技术问题处理的若干意见》(交公路发〔2013〕634号),是交通运输部首次专门针对改扩建工程发布的指导意见,共分四个部分33条,对改扩建工程中的方案选择、指标选用、资源节约、建设组织、安全保障等方面提出了具体指导意见。

另外,近十年,一些早期的改扩建工程已先后建成通车,这些工程在改扩建方案论证比选等方面都进行了大量的分析研究,取得了丰硕的研究成果,对于后期高速公路改扩建研究具有极重要的借鉴价值。其中主要的高速公路改扩建工程实施情况如下所述。

2. 工程案例

(1) 沈大高速公路。

沈大高速公路是内地第一条建设的高速公路,全长375 km,双向4车道,路基宽26 m,全线27座互通立交,服务区6处,设计速度为100~120 km/h。1990

年建成通车,交通量以年均11.8%的速度增长,至2000年年平均日交通量已达到20613辆小客车,局部路段已达25963辆小客车,路面、部分小桥及桥面系等已破损严重,裂缝、车辙、龟裂、磨光等现象较普遍,已影响行车安全,并且服务区停车场的规模、服务设施硬件条件、服务内容、服务水平均无法满足日益增长的交通量和用路需求。

沈大高速公路改扩建工程研究始于2000年,研究阶段设计单位针对新建、扩建的形式进行了深入的研究,充分地比选了两侧对称拼接方案和单侧拼接方案,最后推荐以两侧拼接为主、单侧分离为辅的扩建形式。沈大高速公路改扩建工程于2002年5月开始,2004年8月改造完毕并通车,设计速度为120 km/h,有25处互通式立交分别进行了改扩建(除灯塔互通式立交为Y形、熊岳互通式立交为半苜蓿叶形外均为喇叭形),改扩建后的沈大高速公路路线视野开阔,线形舒缓,路基、路面、桥梁等各项控制指标均优于现行标准,是中国内地第一条改扩建为8车道的高速公路。

沈大高速公路改扩建项目建设中采用了分阶段、分路段、全封闭施工的组织模式。工程的主要技术创新为既有路面加铺技术、路基拼宽技术、桥梁加固及拼宽技术。

既有路面加铺技术:充分利用原路面结构层强度,以加铺为主、局部路面挖除为辅,既满足技术要求,又具有很好的经济性。

路基拼宽技术:重视拼宽软弱地基处理,原有路基挖台阶,新旧路基结合处铺土工格栅,提高新填路基的压实度,控制新填路基填料。

桥梁加固及拼宽技术:加宽桥梁与原桥上下部刚性连接,增强加宽部分的基础设计、减少新旧桥体的不均匀沉降,新老桥梁连接部分采用HLT植筋技术、聚丙烯纤维混凝土等技术。

另外,沈大高速公路改扩建工程在施工时对沿线交通工程及沿线设施进行了重建。沈大高速公路改扩建开创了国内高速公路大规模扩建的先河,为其他类似工程积累了宝贵的经验。

(2)广佛高速公路。

广佛高速公路是我国较早的高速公路之一,1986年动工兴建,1989年8月建成通车,东起于广州市横沙,西至佛山谢边,连接佛开高速公路,全长15.7 km,设计速度为120 km/h,设计荷载为汽车-超20级、挂车-120,双向4车道,路基宽26 m。

1997年8月开始对广佛高速进行拓宽,是国内首条高速公路改扩建工程,采用两侧直接拼宽的方式,横沙到雅瑶段由 4 车道拓宽为 8 车道,路基宽度为 41 m;雅瑶至谢边拓宽到 6 车道,路基宽度为 33.5 m,1999 年 10 月拓宽后的广州至佛山高速公路正式通车。2007 年,广佛高速再次进行扩建,雅瑶至谢边由 6 车道扩建为 8 车道,路基宽 42 m,全长 8.5 km,设计荷载为公路-Ⅰ级。拓宽后的广佛高速全线设有 5 座互通式立交桥。同期对交通工程及沿线设施进行了重建。

(3)沪宁高速公路。

沪宁高速公路全长 274 km,其中江苏段长 249 km,上海段长约 25 km,双向 4 车道,每车道宽 3.75 m,中央设 3 m 宽分隔带,外侧设 2.5 m 宽的紧急停车带,路基宽 26 m,设计车速为 120 km/h,1996 年 9 月建成通车。

沪宁高速公路(江苏段)扩建前期研究工作于 2002 年开始,开展系列专题科学研究:拼接路基软土地基处理方法与控制标准研究、现有路基评价与路基拼接综合处理技术研究、桥梁拼接技术研究、路面结构及路面再生利用研究、施工期交通组织及交通工程安全设施研究。总体设计采用"两侧拼接为主、局部分离加宽"的扩建方式,将 4 车道扩建为 8 车道,整体式路基宽度为 42.5 m;采用老路两侧各拼宽 8.25 m 的拼宽方式,分离式路基宽度为 53 m,采用 13.5 m(新建)+26 m(老路)+13.5 m(新建)断面;全线桥涵设计荷载采用汽车-超 20 级、挂车-120。全线改扩建桥梁 233 座/18252 m,大桥特大桥 20 座/8717 m,支线上跨桥 53 座。改扩建互通 22 处,新增互通 3 处,分离式立交 114 处,改扩建服务区 6 处。沪宁高速公路扩建工程(江苏段)于 2003 年 10 月开工建设,2005 年 6 月半幅扩建完成并正常运行,2005 年 12 月全线建成通车,全线恢复正常运营。

沪宁高速公路扩建工程全线是在不中断交通的条件下完成的,工程实施中既充分考虑了对老路的利用,又对老路存在的病害进行了较为彻底的整治。工程建设既追求高质量,又避免盲目高指标,在技术指标合理利用和旧材料利用方面取得了明显的成绩。改扩建后的沪宁高速公路,大大提高了车辆通行能力,车流更加顺畅、快捷,行驶的安全性和舒适性得到了保障,成为长江三角洲经济腾飞的黄金通道。

沪宁高速公路(上海段)扩建前期研究工作于 2004 年开始,针对上海市软土地基高速公路改扩建的工程特点和技术问题,结合本工程对高速公路拓宽技术展开研究,以实现"全残值利用、零废弃外运、多维度协调、高性能耐久"为目标,建立了一套适合于软土地区的高速公路改扩建设计技术指标体系,在老路评价、旧料再生、地基处理、路基结合、路面拼接、桥涵拼接 6 个方面进行深入研究,提出软土地区高速公路改扩建工程成套关键技术。主要科技创新如下：①构建了新老路基变形协调与控制技术；②建立了基于寿命协调的旧路结构评价与利用技术；③创建了软土地区高速公路拓宽工程协同设计方法与指标体系；④研发了零废弃混合旧料利用和高性能加铺材料设计技术；⑤提出了新老桥梁、涵洞协调变形控制指标和方法，以及桥梁上部结构拼接的新技术。成果全面支撑了上海沪宁、沪杭两大高速公路扩容拓宽工程，显著提高了上海门户高速公路的通行能力和使用性能，实现了资源节约和环境友好的建设目标，取得2.1亿元直接经济效益，并有力保障了上海世博会超常规的公路交通运输。沪宁高速公路拓宽后作为示范公路，全国已有17个省市相关部门前去观摩学习，成功改变了上海高速公路的社会形象。该成果还在其他12项同类工程中得到推广应用。

(4) 沪杭甬高速公路。

沪杭甬高速公路是浙江省内第一条建成通车的高速公路，从嘉兴开始，途经杭州、绍兴，最后到达宁波市，全长248 km，设计车速为120 km/h，原为双向4车道，于1991年开工建设，1996年全线通车。

随着经济高速发展，4车道高速公路难以适应交通量的迅猛发展，堵车和交通事故频繁发生。为了确保高速公路的畅通，沪杭甬高速公路拓宽工程分三期实施：一期工程为杭甬红垦至沽渚段，全长44 km，于2003年底建成通车；二期工程为沪杭枫泾至大井段，全长95.612 km，于2005年底建成通车；三期工程为杭甬沽渚至宁波段，全长80.82 km，于2007年12月建成通车。

沪杭甬高速公路采取的扩建方式为两侧拼接，分段逐步实施，路幅宽度分路段采用6车道和8车道两种。它是国内第一条在不中断交通、不对车辆进行分流的情况下，按照"边营运、边施工"的方式实施拓宽改造的高速公路，实现了扩建、运营两不误。

沪杭甬高速公路改扩建前期也开展了系列专题科学研究：通车条件下桥梁拼接技术研究，深厚软基高速公路拓宽工程关键技术试验研究，小跨径桥梁整体顶升技术研究，注浆法空心板梁铰缝维修技术研究，静压桩薄壁桥台处理技术。主要研究成果：①提出了拓宽路基的总沉降、工后沉降及差异沉降控制标准；②提出路面改建宜积极考虑轴载分布变化及工期较长的特点，进行分车道分期实施的动态设计；③提出拼接桥的桩基础沉降差≤5 mm，适当加大拼宽桥梁的桩长及上部构造的刚性连接，在拼宽部分的梁板放置重物预压。

(5) 佛开高速公路。

佛开高速公路是广东省通向粤西的交通大动脉，是全国高等级公路网国道主干线沈阳至海口高速公路的一段,其起于佛山市南海区的谢边,与广佛高速公路相接,终于开平市的水口镇,与开阳高速公路相连,途经佛山、鹤山、江门、新会、开平等市(区),全长 80 km,双向 4 车道,设计速度为 120 km/h。佛开高速公路是广东省首次利用世界银行贷款和按 FIDIC 条款对工程质量、工程造价、工程进度进行管理而建设的大型交通基础设施项目,工程于 1993 年 5 月开工,于 1996 年 12 月工程全部完工并全线通车。

随着交通量的增加,佛开高速公路进行扩建建设,佛开高速公路(谢边—三堡段)改扩建工程,起于南海区谢边,与广佛高速公路连接,路线长度约 46 km,原位改造张槎、沙头、龙山和陈山互通立交,新建南庄、吉利和大雁山互通立交,新建雅瑶服务区,主要结构物有特大桥、大桥 13148 m/16 座,中、小桥 1553 m/41 座,涵洞 66 道,互通立交 7 处,通道 70 座,服务区 1 个。2012 年 12 月改扩建工程完成。

工程扩建规模确定为 4 车道扩建为 8 车道,主要拼接方案为:以两侧拼接为主,在通过佛山市路段(从汾江大桥北岸至北江大桥南岸)采用集散加快速的方式,即外侧加宽车道设计速度为 100 km/h,主要供往返佛山市区域交通量的转换,原道路维持原设计速度 120 km/h,供佛山以远的车辆直行;在九江大桥路段采用单侧分离扩建方案。

施工期间交通组织方案:路基、桥涵下部结构施工阶段,封闭旧路硬路肩,维持旧路双向 4 车道通行;路面施工,桥梁加固、拼接顶升施工,上跨桥梁拆迁施工阶段,半幅封闭,半幅维持双向 4 车道通行;互通立交改造阶段,以谢边—张槎、南庄—新基田—沙头—龙山、大雁山—陈山作为三个立交组,始终保持每个立交组中至少有一个立交能够正常通行;施工区长度为 3～5 km,中央分隔带开口长度 65～200 m,施工区限制速度不宜低于 60 km/h。

为提高工程的质量,业主会同有关单位进行 5 个专项研究:桥梁设计荷载技术标准专题研究、桥梁拼接方案技术研究专题研究、软土地基处理及路基拼接技术专题研究、节约用地措施专题研究、交通组织总体方案专题研究。主要研究成果如下。①对于分离式路段的桥梁设计荷载,旧桥仍执行"旧桥规",新加宽桥梁执行"新桥规";对于整体式路段的桥梁设计荷载,需拼接桥梁的新加宽部分执行"新桥规",拼接成整体后的桥梁极限承载力需符合"新桥规",正常使用状态按"旧桥规"验算。②简支空心板:采用铰缝与整体化层共同连接,新梁架梁并预压 3～6 个月后实施拼接。预应力混凝土"T"梁:纵缝拼接通过横隔板和翼缘板与旧桥实施拼接。根据联长新梁架梁并预压 8～12 个月后拼接。新旧结构间的中横隔板连接,端横隔板不连接。连续箱梁:考虑到桥梁联长较长及新旧桥收缩徐变的影响,采用D80纵向伸缩缝临时拼接,成桥运营2～3年后再进行永久刚性拼接施工。③对于加宽路基采用复合地基方法(如水泥搅拌桩、素混凝土桩以及PHC管桩)进行软基处理,对于路基拼接段采用提高压实度、应用土工合成材料和挖台阶等几种措施提高路基拼接质量。

(6)西潼高速公路。

西潼高速公路是陕西修建的第一条高速公路,是潼宝高速公路的重要组成部分,路线全长163.4 km,其中,潼关至华阴段设计速度为100 km/h,路基宽24.5 m,华阴至西安段设计速度为120 km/h,路基宽26 m;西安绕城高速公路北段设计速度为120 km/h,路基宽35 m,除西安绕城高速公路为6车道外,其余路段均为4车道。

随着区域经济的快速发展,西潼高速公路的4车道通行服务能力已无法跟上经济发展的节奏。西安至潼关高速公路改扩建工程于2008年10月全面开工,其中潼关至华阴段采用设计速度为100 km/h的双向8车道高速公路标准,整体式路基宽度为41 m;华阴至西安段采用设计速度为120 km/h的双向8车道高速公路标准,整体式路基宽度为42 m。

西潼高速公路改扩建工程采用两侧直接拼接加宽为主、局部分离的扩建方案,"边施工边通车"的施工组织模式,以及分项工程同步交叉施工、分幅通行的施工方法,对处于同一施工序列的分项工程合并考虑;拼宽路基施工维持既有4车道的通行,路面施工维持2至4车道的通行。2010年西潼高速公路改扩建工程正式完成,西潼高速公路由4车道扩容至8车道,彻底改变了以前车辆拥堵的状况。

西潼高速公路的主要技术创新如下。①路基差异沉降控制技术。为减少湿陷性黄土地基湿陷量,降低路基工后差异沉降,主要采用五种地基处理方法:重锤夯实+砂砾回填处理新路基、灰土挤密桩+灰土垫层处理新路基、水泥搅拌桩+灰土垫层处理新路基、碎石挤密桩+砂砾垫层处理新路基及抛石挤淤处理新路基。②旧料的再生利用技术。铣刨料分别采用泡沫沥青冷再生和水泥厂拌冷再生,节省造价2800万元;废旧轮胎加工成橡胶粉改性沥青作为应力吸收层的结合料,既解决反射裂缝、渗水等问题,又变废为宝,减少了环境污染。

第 2 章　高速公路路基改扩建施工

2.1　既有路基利用与处治

2.1.1　既有路基处治利用规定和主要措施

路基是路面的支撑结构物，其性能状态对路面结构性能的优劣极为重要。施工过程中局部路基土压实度不够，或地下水位升高以及地表水的渗入导致路基整体强度降低，从而导致路面结构出现不均匀沉降、沉陷和结构性车辙病害。一般而言，在高速公路拓宽工程中，考虑施工工期、经济成本以及对环境造成的不利影响，除对路基承载能力明显不足导致严重病害的路段外，通过刨除上部路面结构再处治路基很困难的，易造成极大的资源浪费。因此，应针对既有路基的实际状态和问题根源进行分析评估；应根据既有路基病害的类型、特征、成因及危害程度，结合气象、水文地质、工程地质等因素，选择合理、有效、经济的处治方案，避免路基的病害反映到改建后的路面结构上。

既有路基结构物的利用及处理应符合下列规定。

（1）既有结构物的处理及利用应满足路基改扩建的技术要求。

（2）查明既有结构物无明显损害，且强度及稳定性满足改扩建要求时，应全部利用；若部分损坏或不满足改扩建要求，可加固利用或拆除重建。

（3）加固利用的既有结构物，新、旧混凝土或砌体结构应紧密连接，形成整体。

既有路基的利用应与既有路面的利用及加铺设计相结合，根据路基病害或拼宽结构的影响程度，采取针对性的处治措施，包括以下主要措施。

（1）当既有路基回弹模量满足新建路基的要求，既有路面未出现破损，且拼宽后，通过加铺设计可满足路面设计要求时，宜充分利用既有路基。

（2）当既有路基回弹模量不满足新建路基的要求，且路面出现严重破损时，可分别采取改善排水、补充碾压、换填处治等工程措施。

(3) 当条件受限不能翻挖既有路基时,可采取路基补强措施,如注浆等。注浆材料通过高压注入软弱土基进行加固,灌浆材料可长期与土发生化学反应,使土体固结,逐渐达到土基稳定的目的。利用注浆加固技术对道路进行养护时,不必进行开挖,具有节约资源、施工方便快速、对交通影响小的优点。

(4) 当既有路基处于中湿状态以下时,应增设排水垫层或布设地下排水设施等。

2.1.2　既有路基清理处治

在对既有高速公路进行拓宽建设之前,需对既有高速公路的路基进行相应的清理和处治,主要包括以下几个方面。

(1) 在填方地段应对原地表面进行清理,按照植土厚度来确定清理深度,对于清理出来的种植土按照要求集中堆放,原地表清理完后,按照要求进行压实,方可进行路基填筑。对于路基范围内的水井、墓穴、沟渠等,按有关要求提前处理。

(2) 拼接路堤的清表分以下两个部分。

①加宽段路基基底清表,清除表面杂草、树根、种植土。填方地段在清理完地表后应整平压实到规定要求,才可进行填方作业。

②原路堤边坡清表,清表深度应该控制在 30 cm 左右,如确有清表深度超过要求,申报有关方面检查批准。对于拆除的防护片石,应在线外集中堆放,作为新路堤排水沟或者隔离栅基础使用。

(3) 加宽段路基清表后,应按设计要求处理完毕再进行挖台阶分层填筑。

(4) 老路堤的排水沟、护坡道及隔离带应先整平。当排水沟低于地表时,将表层挖除,挖除宽度应至少保证压路机的碾压宽度,开挖深度由施工单位与驻地办现场制定,原则为清除原排水沟下的淤泥、淤泥质黏土层。开挖后按有关要求分层回填压实,在开挖过程中应及时做好排水工作,将地下渗水或地表降水及时通过排水或抽水的方式进行清除;当排水沟高于地表时,高出部分的土质应清除至原地面高度,原则上不应作为路基填料。

2.1.3　既有路基防排水处治技术

对于路基内部多余水分,首先依靠路基修筑初期设置的排水设施的引导、渗流进行疏干、排除,因此,路基排水系统是否齐全、配套,直接影响路基的含水率。

在道路运营期,必须对排水设施进行经常性的、预防性的养护和维修,确保其功能完好、排水顺畅;尤其在春融或暴雨等自然因素作用后,应进行全面检查维修,对有冲刷、损坏的须及时修理加固;路基养护中,需根据实际使用情况,针对排水系统不完善的部分,应逐步加以改进、完善,使道路的排水系统成为一个完整的综合系统,使不同水源的水都可以迅速、顺畅地排出。

排水系统对路基内部水分产生作用的前提是:路基内部含水率足够大,可以形成明显的流动自由水。当路基土体含水率大于最佳含水率,但尚无法依靠引导、渗流等排水措施排除时,这部分自由水长期滞留在既有路基内部,会明显降低路基的承载能力,易引发各种路基病害。此时,需采取其他相应措施进行处理,以保证路基的强度。多年以来专家们致力于这方面的研究,形成不同的加固技术和新型材料,为含水率增大导致的路基湿软病害的处治提供指导。常用的既有路基处治方法有灌浆法和置换挤密桩法两大类。

(1) 灌浆法。

灌浆法就是让水泥或其他浆液在周围土体中通过渗透、充填、压密扩展形成浆脉。由于土体的不均匀性,通过钻孔向土层中加压灌入浆液,一方面灌浆孔向外扩张形成圆柱状浆体,钻孔周围土体被挤压充填,紧靠浆体的土体遭受破坏和剪切,形成塑性变形区,离浆体较远的土体则发生弹性变形,钻孔周围土体的整体密度得到提高。另一方面随着灌浆的进行、土体裂缝的发展和浆液的渗透,浆液在地层中形成方向各异、厚薄不一的片状、条状、团块状浆体,纵横交错的浆脉随着其凝结硬化,造成结石体与土体之间紧密而粗糙地接触,沿灌浆管形成不规则的、直径粗细相间的桩柱体。这种桩柱体与压密的路基土体形成一个有较高强度、较好水稳定性及化学稳定性的结构整体,较大地提高了路基的整体性能。

灌浆法几乎无土方工作量,不破坏路基,工程费用较低,施工速度快,施工期间无须中断交通,经济性好。灌浆技术的关键是灌浆压力的选择和控制、浆材配比和灌浆工艺。灌浆参数的选择是一个复杂的问题,只有通过现场试验才能切实地确定。此外,灌浆法施工时浆液易冒出孔外,流失严重,难以控制。

(2) 置换挤密桩法。

置换挤密桩法是利用制孔机械设备在路基中钻孔,填入加固料,以振动或冲击方式挤密形成砂桩。密实的加固柱体在软弱路基土中取代相同体积的软土,桩和路基湿软土构成复合地基,加固料和土体共同作用,增加地基承载力。加固柱体根据填入孔中的加固材料不同可分为碎石桩、生石灰桩、挤密砂桩等。

置换挤密桩法处理路基具有显著的技术经济效果,且造价低、工期短,可提高地基的承载力,但此方法只有当路基水量有限而无法补给时,效果才显著,当地基土的含水率大于 24％、饱和度大于 65％时,不宜采用这种方法。

上述的两种路基处治方法均含有多种不同的形式和材料,在不同工程中,施工质量和处理效果均取得了良好的处治效果,使得路基承载力和稳定性能够得到较大的提高。同时各种方法也存在其弊端,研究发现,有时候使用单一的处治方法效果并不明显,多种方法配合使用效果更佳,但是直接导致施工机械复杂,成本增加,控制难度增大。因此,应致力于有效、简单、经济的既有路基处治方法的研究。

2.2 路基拼接加宽

2.2.1 路基拼接加宽施工形式与要求

1. 施工形式

(1) 单侧拼接。

高速公路改扩建工程施工中,需要对高速公路的分隔带进行调整,主要采取单侧拼接的方式,再运用改造后空拼接方法,确保路基排水顺畅,通常在新路基侧端将纵向集水槽设置在新旧路分隔带上,并间隔 100 m 设置一口集水井。但由于调整分隔带十分复杂,施工量大,无法使改扩建后新旧路径保持强度一致,单侧拼接在近年来的高速公路改扩建中应用较少。同时,随着拼接技术的更新,单侧拼接的劣势也愈发突出,新旧路基宽度不一致,改建成相同宽度时施工量大,将长时间、大范围影响交通;单侧拼接也导致互通、上跨分离式立交、服务设施等的大规模改建;若既有路基设置为双向横坡,很难调整为单向坡。

(2) 单侧分离。

单侧分离的应用相对普遍,因施工中回避诸多技术问题,该形式在多种施工界面上均有良好的适用性,如净空问题突出路段,应用单侧分离更加灵活。在具体操作中,需先将初有路基设定为半幅路基,再利用中央隔离带将初有路基通过隔离法划分,最后按照施工设计方案中的要求,针对初有路基一侧进行施工即可。其有平面、纵面两种分离方式,平面分离相当于新建分离式路基,加宽侧可自由布置,但新建路基的宽度过大时,工程量更大,且会造成互通、上跨分离式立交、服务设施的大规模改建,难以将既有路基的双向横坡调整为单向坡构造物,若不调整则需要将原中带取消,不利于安全通行;而纵面分离不改变平面,遇到困难地段可平纵面同时分离,但纵面抬高路段需要进行高架桥施工,成本过高,施工量过大。

(3)两侧拼接加宽。

与以上两种拼接形式相比,两侧拼接加宽的应用频率更高,其使用价值突出,且工程量小、操作方便、消耗少、成本低、施工期间占据空间少,更受到行业青睐。在具体施工实践中,若不得不对工况做出调整,则选择两侧拼接加宽的改扩建方式,直接在已有高速公路两侧搭建即可。但需注意的是,为保障路基、路面拼接的稳固性,拼接处通常设置为台阶。当台阶面、路床底面之间的距离不足130 cm时需要作为一个台阶开挖,超出130 cm则可按照100 cm与剩余高度两个高度开挖。但两侧拼接加宽形式也存在明显的劣势,比如:会导致路基挠度偏大;后续也涉及大规模互通、服务设施改建;若加宽宽度较小,更不利于施工。

2. 施工要求

路基拼接施工中为预防旧道路病害对路基稳定性与承载力产生影响,需要在分段施工时及时处理既有高速公路已出现的病害再进行后续施工;因施工中面临的地质条件不同,针对特殊地质,拼接施工中也需要做出特殊处理,如软土路基稳定性差,施工期间影响大型机械设备的使用,施工后也影响路基性能,针对既有高速公路软基可采取清淤、换填、使用塑料排水板等方式进行处理,加宽软基可采用粉喷桩、预压、土工布、湿喷桩等方式进行处理;施工中需采用强夯、重夯进行路基处理时,加宽地段路基需预留出充足的面积;高度重视路基排水工作,选择合适的排水方式,保障排水顺畅,若地区降水量大、地下水位高,施工中需设置临时排水设施;既有高速公路因使用时间较长,存在不稳定部位或已经发生损坏的结构物,需提前做好防护或加固处理。

2.2.2 路基拼接段施工技术要点

1. 台阶处理

地表清理工作结束后,则需翻松开挖区域土体,并将6%的石灰土掺入,重新进行压实处理,压实需按照标准规程进行。旧路边坡开挖作业期间,整体结构为台阶样,并对外呈现,台阶宽度应在 1.0 m 以上、外倾斜坡度为 3.0%、高度在 0.6 m 以上,具体如图 2.1 所示。为保障台阶开挖质量,开挖过程中需要采取针对性防护措施,比如:在地表清理后将防水土工布铺筑在表面,减少雨水渗透,维护边坡稳定。完成台阶开挖后则可开展分层填筑施工。

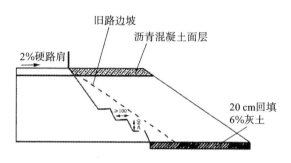

图 2.1　台阶示意图(单位:cm)

2. 粉煤灰路基

目前,粉煤灰是高速公路路基填筑施工中最常用的材料,其优势十分突出,可缓解路堤自重荷载,降低路堤沉陷发生概率。诸多高速公路改扩建施工采取土质护坡措施,选择粉煤灰作为填筑材料更加经济、高效。根据路堤底部情况,需在土质护坡施工结束后合理设置排水盲沟,采用梅花状进行交叉布设,断面尺寸为 20 cm×30 cm。排水沟在投入使用初期易发生堵塞问题,因此还需增设具有过滤功能的无纺土工布。填筑厚度需控制在 40 cm,压实度要求达到 93%,并形成厚度为 40 cm 的顶封层,顶封层压实度需控制在 95% 以上。

3. 路基碾压

路基填筑结束后进行碾压施工,受水分蒸发影响,碾压效果难以控制,为降低自然环境产生的负面影响,建议调整工序,待完整摊铺作业后进行粉煤灰路基碾压,碾压前需要进行地表清理,厚度约 20 cm,翻松土地后掺入 6.0% 石灰土再进行碾压。但路基碾压期间需要注意既有路基与新路基的碾压标准不一致,既有路基使用时间长,沉降趋于稳定,密实性以及弹性模量有所提升,而新路基由于缺少荷载作用,必然有压缩,从而使新旧路基在沉降上出现差异。因此应提高新路基压实度标准,可根据施工实际情况在施工规范要求基础上提高。

4. 补强压实

为保证新路基压实度满足要求,应在基底及基底以上部位间隔 2 m 采用液压压路机进行填土压实,压实不少于 5 遍;所选液压式压路机的夯击势能上限为 30 kJ,夯点净距离控制在 50 cm,从而通过补强压实消除路基自身的压缩变形,缩小新旧路基之间的沉降差异,提高路堤整体压实度与稳定性。

2.2.3 新老路基的拼接关键措施

1. 选择路基填料

(1) 选择填料。

为了更好地控制新老路基间的不均匀沉降,新路基应使用与老路相同的填料,尽量与老路基形成整体结构,保证稳定性。当受到条件限制不能满足此要求时应尽量选择含石量较多的山皮土或砂砾石,它具有可压缩性较小、压缩模量较大等特点,并且水稳性较好。采用砂砾石填料可大大减小路堤的压缩变形,提高承载力。材料应满足以下要求:碎、砾石的粒径为 0.5~10 cm,碎、砾石及山皮土中碎、砾石含量应在 30%~50%;碎、砾石及山皮土的回弹模量为 30~40 MPa,密度为 1.85~1.95 g/cm³,CBR≥8%,含水量为 10%~15%。

(2) 轻质填料填筑路基。

如地区条件允许,路基填料可选择轻质填料。轻质填料因自重低、压缩变形小等特点,用于路基填筑不仅能缩小新老路基间的强度与刚度差异,还可以减小新路基的工后塑性累积变形,减小二者间的不均匀沉降。从理论和实践结合来看,采用轻质填料填筑路基是路基拼接方案中比较理想的措施。

目前应用比较广泛的轻质填料有二灰土(石灰、粉煤灰)、聚苯乙烯(EPS)块体、粉煤灰等。

2. 老边坡及加宽基底的处治

(1) 削坡。

挖除老边坡坡面 0.3 m 范围内及外侧的路肩 0.5 m 范围内的表层土并进行填料。原因是这部分表层土长时间受到外部环境侵蚀及水流冲刷等的影响,且不会发生侧限效应,相对压实度较低,新老路基结合部分比较薄弱,抗变形能力下降,就会使得新老路基拼接效果较差。

(2) 基底清表。

路基拼接施工前,应该清除原地表层土及草皮、树根等。一是防止原地表植物的腐烂、生长等使得新老路基拼接面产生孔隙而引起土体塌陷。二是防止对路基填料的次生污染而降低土体强度,使得加宽路基产生滑裂面,最终影响路基的稳定性。除此之外,还应把淤泥水段疏干、整平压实,达到加宽路基的地基要求。

3. 台阶开挖

为保证新老路基拼接部位的良好结合,增大接触面,要对边坡进行开挖台阶处理。

(1) 台阶样式。

台阶样式主要有四种:标准样式、内倾样式、竖倾样式和内挖样式。

①标准样式。

标准样式就是台阶的宽度与高度由处理后的老路基边坡坡度来确定,优点是方便施工,宽度与高度确定后即可开挖;缺点是老路基边坡的坡比经常发生变化,因此有时不能同时达到宽度和高度的标准。工程实践中,往往单独控制开挖台阶的宽度或者高度,例如:为了保证加宽路基拼接部位的质量,应控制台阶的高度;而为了增加锚固土工格栅长度,应控制台阶的宽度。

②内倾样式。

内倾样式台阶就是在标准样式台阶的水平面上向内开挖形成一个向内倾斜一定角度的倾斜面,是目前完工加宽工程的常用样式。

③竖倾样式。

竖倾样式台阶就是在标准样式的基础上,在开挖的垂直面上设置一个向路基中线倾斜角。优点是方便压实下一个台阶面上的路基填土,缺点是减少了锚固土工格栅长度。

④内挖样式。

内挖样式台阶就是开挖台阶的坡度相比老路基更缓,优点是拼接部位的压实质量可以保证,土工格栅可以有足够的锚固长度,缺点是工程量有一定的增加。

(2) 台阶尺寸。

《公路路基设计规范》(JTG D30—2015)6.3.4 第 2 款规定:拓宽既有路堤时,应在既有路堤坡面开挖台阶,台阶宽度不应小于 1.0 m;当加宽拼接宽度小于 0.75 m 时,可采取超宽填筑或翻挖既有路堤等工程措施。

在已经完工的高速公路改扩建工程中,加宽路基拼接的台阶高度一般不超过 80 cm,而宽度是根据边坡坡度来确定的,一般为 60～200 cm。为方便施工土工格栅的锚固,建议台阶宽度控制在 100～200 cm,高度随着坡度而变化,设计成 20 cm 的倍数,方便分层填筑路基。

(3) 台阶内倾角。

在已经完工的高速公路改扩建工程中加宽路基拼接的台阶内倾角一般在 2‰～4‰,但具体情况还要结合工程实践,根据工程特点、施工条件、气候条件等来确定。

4. 土工格栅应用

(1) 作用与机理。

土工格栅在旧路加宽工程中铺筑于路基内,路基填料嵌入其网孔内,利用其高抗拉强度起到加筋作用,与路基填料形成相互咬合力,增强了新老路基拼接的整体稳定性,故在旧路加宽路基拼接工程中被大量使用。

土工格栅在旧路加宽新老路基拼接工程中的作用机理主要为:土工格栅具有较高的抗拉强度,可传导路基内的应力,减小拼接部位的作用力,在与路基填料的联合作用下,起到了加筋作用,协同了新老路基间的不均匀沉降,提高了整体稳定性,防止了新老路基的裂缝以及滑裂破坏。

在实际工程应用中,土工格栅铺设的层数、位置、模量以及地基土强弱等因素,都能影响其铺设效果。

①增加铺设土工格栅的层数起到的效果要比仅铺设一层好,但不是简单的正相关的关系。随着层数的增加,土工格栅起到的效果减弱。

②土工格栅在路基填料中的位置不同,起到的效果就不同。土工格栅在路基底部铺筑时起到的效果比在路基中部时更加显著,在路基的顶部铺筑时对路基的不均匀沉降及稳定性作用效果不明显,而对路面起到明显作用。

③土工格栅抗拉模量越大,对减小新老路基间的不均匀沉降及横向位移效果越明显。

④土工格栅在软土地基段路基上铺筑,起到的效果比较明显。

(2) 土工格栅铺筑工艺。

土工格栅铺筑工艺流程为:路基整平碾压→铺设土工格栅→铺设铺料→路基填筑→整平碾压。

①路基整平碾压。

土工格栅的铺设要求有较高的路基平整度,因此必须控制与土工格栅接触的路基面填料碾压平整度,以方便铺筑土工格栅。

②铺设土工格栅。

将土工格栅裁剪好,按照顺风的方向叠层铺平,土工格栅之间横向叠压不小于10 cm,用U型钢卡钉将土工格栅钉入路基固定好,U型钢卡钉间距不超过2 m。

③铺设铺料。

土工格栅铺设后,其上铺料不可用干密度小、粒料含量多的山皮土或石渣料等。工程实践表明,铺料干密度小会造成碾压困难而影响施工进度,粒径大会破坏土工格栅,影响其功能的有效性。因此铺料以强风化砂岩为宜。

④路基填筑。

上料车不能在土工格栅上行驶,可从一端或从两侧逐渐填筑,使铺料布满格栅。

⑤整平碾压。

使用平地机将达到厚度的填料整平,注意不要刮碰土工格栅,然后按照先轻后重的原则进行碾压,符合密实度规定后为止。

5. 控制压实度

高速公路改扩建工程拼接路基压实过程中,应在新路基两侧分别增加30 cm进行超宽填筑碾压,新路基台阶填土与旧路基台阶顶面平齐后,同时碾压新老路基,直至符合压实度标准,压实度标准可在《公路路基施工技术规范》(JTG/T 3610—2019)的基础上适当提高。

(1)分层碾压。

在压实过程中,应分层填筑,逐层碾压。路床的松铺层厚度不应大于30 cm,其他部分的松铺层不应大于50 cm,同时要控制新老路基拼接部位填料的含水量,过大时先要进行晾晒干燥处置,符合压实工艺要求后才能进行压实。

在用重型压路机(大于25 t)逐层碾压时,距离路基顶0～80 cm范围内的压实度应大于97%,距离路基顶80～150 cm范围内的压实度应大于95%,距离路基顶150 cm以下范围内的压实度应大于93%。在新老路基拼接部位每填筑两层还要使用冲击压路机加强压实,在新路基每填筑四层也要使用冲击压路机加强压实。

新路基的碾压顺序要从两侧开始向路基中线移动,以利于碾压形成路拱,超高路段应从低一侧向高一侧逐渐移动,并保证路基碾压均匀。此外,前后两次的碾压要使轮迹重叠 50 cm 以上。

（2）冲击压实技术。

在高速公路改扩建路基拼接工程中，为保证新老路基紧密拼接，应严格控制并尽量提高新路基的压实度，冲击压实的技术被大量地应用于路基的加强压实中。

冲击压实就是非圆形的压实轮子在行进过程中从一定的高度落在压实路基土体上，产生动能与势能共同作用的压实效果，提高压实度，达到压实目的。冲击压路机产生的高振幅低频率的冲击能量大大高于普通振动压路机产生的高频率低振幅的冲击能量，更容易使冲击波向路基底层传播，具有地震波的特点，一般 25 kJ 的冲击压路机可产生 10 倍以上振动压路机的冲击量能，对压实路基土体产生 2500 kN 冲击力，有效影响土层深度达 1.5 m。

6. 软基处理

目前国内外有关软土加固处理的方法有 40～50 种，按处理深度可分为浅层处理和深层处理，下面介绍几种常用的软基处理方法。

（1）软基的浅层处理方法。

①换填法。

换填法是将路基下的全部软土挖除后，重新填筑强度高、渗透性强优质填料，如砂砾石、碎石等。此法能彻底改善不良地基，一般适用于软土层距地表较浅、土层厚度不超过 2 m，并且排水容易的施工带。

②砂垫层法。

砂垫层法就是在软土地基的地表面先铺一层薄砂，再进行路基填筑。此法能促进地基进行排水固结，提高强度和沉降速度，大多适用于施工期较长、路基高度小于 2 倍的极限高度且表面不存在隔水土层的路况，而对深厚软土、高路堤、短工期路况不适用。

③反压护道法。

反压护道法是在路堤两侧填筑适当高度（一般低于极限高度）与适当宽度的护道，以抵抗路堤两侧地基的挤出趋势，从而保证路堤的稳定性。该方法施工简易，但土石方量大，占地面积大，工后沉降也大。

（2）软基的深层处理方法。

①竖井排水法。

竖井排水法包括砂井法和塑料排水板法，能加速排水固结，加快沉降发展，减小工后沉降,但软基强度增长相对缓慢,施工周期长。该法适用于软土深厚、路堤稳定、填土高、工期要求不紧的软土路基,不适用于次固结量占很大比例的土类,如泥炭、有机质黏土等,对于工期紧、路堤稳定性差的软基路段应用效果也不好。

②碎石桩。

碎石桩是利用振动或冲击方式在软弱地基土中成孔后,将砂、砾石、卵石、碎石等材料挤压入土孔中,形成较大直径的密实碎石粒料桩,与软土共同作用形成复合地基。此法能提高软土排水固结的速度,提高地基的强度及稳定性,减小总的沉降量及工后沉降,但在特别软弱的黏性土中往往成桩困难。

③加固土桩。

加固土桩就是把水泥、粉煤灰和生石灰等当作加固地基的材料,在软基中采用粉喷或者浆喷的方式形成加固土桩,与软土共同作用形成复合地基。此法具有提高地基的强度及稳定性、适应快速加载、减小总的沉降量、工期短等优点,但由于施工技术的限制,其有效处理深度一般在 $15\sim20$ m 之间,对于深度超过 20 m 的超深软土地基,加固土桩成为悬浮桩,其下卧层软土工后沉降较大,处理效果就不理想。

因此,在进行路基拼接工程设计和施工过程中应合理地选择处治方法,以取得满意的效果。

在低填路基段,如果地基土的软弱程度不是十分明显,那么新加宽的路基就可以参照一般的路基对地基的技术要求。其原因就是路基结构自重相对较小,对地基产生的应力影响不大。因此,在设计和施工时,原状土结构的强度都应最大限度地利用,尽可能避免对下卧层土造成扰动,必要时铺设土工格栅,强化新老路基的板体作用及整体强度,防止不均匀沉降的产生。

在高填路基段,软土地基必须采取处治措施。其原因就是高填方路基段因其自重大而引起的沉降量相对较大,若不对地基不采取处治措施,新老路基间的不均匀沉降将变大,从而出现新老路基间的纵向裂缝。因此,在设计和施工时,软土上填筑高路基必须采用碎石桩、粉喷桩等处治措施,并尽可能采用轻质路基填料填筑。

在高填路基段的软土地基处治中,换填砂石或加固土的处治方式不能单独使用,因为其只适用于低填路基段和地基的浅层处治的情况,可以在新老路基拼接开挖台阶处与土工格栅联合使用或与粉喷桩、砂井排水等措施联合使用,形成综合处治措施。

高填路基段一侧的路基需要加宽时,非常容易造成新路基失稳。这是由于路基自重大、附加应力亦大,产生的不均匀沉降差同样也会加大,非常容易在拼接部位产生滑动剪切面。所以,高填路基段加宽时,一定要防止新路基的失稳,加强稳定性的验算,采取有效的处治措施。

7. 新老路基不均匀沉降的观测及施工的控制

为了更加有效地控制新老路基间的不均匀沉降,增加路基的整体性能,路基填筑施工期间,必须注意沉降观测。当分层填筑第一层结束后,需在规定的位置反开槽埋入沉降标,进行观测,以便在分层填筑中获取沉降数据,为下一层的路基填筑提供参考。沉降标设置如下。

(1) 沉降观测。

路肩沉降的观测桩,即混凝土的小方桩,一般埋入既有道路路肩之上,测量该桩的竖向位移值。水平型沉降管,为 7 cm 直径的高精度测斜管,将其水平放入加宽路基底部,延伸至新的护坡道,测量该加宽路基横断面上的各个点竖向位移线,每填筑一层就要测一次,到设计高程之后每半个月或一个月观测一次。

(2) 稳定检测。

位移边桩,即混凝土的小方桩,一般埋入新路基护坡道的外侧或加宽桥头路基前端,测量该桩的水平位移值,每填筑一层,就要测一次,到设计高程之后每半个月或一个月观测一次。通过观测结果来确定施工进度,若沉降过快,就应减缓施工进度,达到沉降达到规定要求后才能进行下一层的路基施工。

施工中要严格控制填筑速度,尽量匀速施工,以保证原路面的稳定。

2.2.4　路基拼接施工控制关键点

1. 质量控制

台阶开挖施工中,应在机具、物料质量达标基础上展开,且尽量在晴朗天气施工,避开雨季;开挖期间避免出现路基大范围裸露情况,建议采取逐层、逐级开挖的填筑模式;密切观察未拆除垫层的状态,理想状态下可将垫层作为后续施工的防水层,完成全部台阶开挖后,各项性能与参数达到施工设计标准要求后方可进行分层拆除。

高填方位置施工难度较大,施工前应对此处稳定性进行检验,挖掘过程中也需要展开单次进尺调控;由于施工时间长,路基易渗入雨水,需在合适位置设置排水设施,可综合多种设施提高排水效率、提高抵抗雨水冲刷的效果。路基填筑前应做好充分的准备工作,在台阶顶面填补石屑;在台阶立面 30 cm 范围内,需要填补碎石。

2. 沉降控制

施工后沉降计算年限宜在 15 年以下;拼宽部分路基沉降控制标准为:一般路段小于等于 15 cm,通道或涵洞小于等于 10 cm,桥头小于等于 5 cm;相邻路段发生差异沉降时纵坡变化应控制在 0.4% 以内,拼宽部位路拱横坡增大情况控制在 0.5% 以内。

3. 工期控制

路基拼接施工影响改扩建工程的整体进度,为保障在工期规定时间交工,且保证高速公路安全通行,填筑速率应保持在每月 1.5 m 以内;拼宽路基部分沉降速率不得超过 5 mm/d,坡脚位移不得超过 3 mm/d。

2.2.5　路基拼接加宽工程常见病害及机理分析

1. 路基拼接工程常见病害

高速公路改扩建工程中,与新老路基拼接不良有关的病害主要有新路基失稳、路面损坏及整体性能下降。

(1) 新路基失稳。

新路基失稳就是加宽后新路基沿着新老路基拼接面发生滑移,严重的可能发生整体坍塌。此种病害一般发生在山区陡坡路段、软土地基路段、高填方路堤段等。当新路基沿着拼接面产生较小滑移时,新老路基拼接部位的路面就会开裂,经干湿循环、冻融循环作用后,拼接面强度会迅速降低,产生严重失稳隐患,当产生较大滑移,甚至整体坍塌时,就会造成加宽路面的整体破坏。

(2) 路面损坏及整体性能下降。

新老路基由于沉降量、沉降速率的不同,导致旧路改造路基拼接工程中的常见病害就是新老路基间的不均匀沉降。新老路基上部的路面结构受此影响也同时出现病害,主要表现为:沥青路面的面层破碎、路拱横坡变化、结合料松散等,甚至是路面的纵向裂缝;水泥混凝土路面的唧泥、脱空等,甚至是路面纵缝及板块的断裂。

纵向裂缝产生后,路基横坡会受到影响。降水后产生的路面积水沿着裂缝下渗,使拼接结合面路基土强度下降,新老路基之间的不均匀沉降继续扩大,在冬季就会产生冻胀的情况。在上述病害相继发生后,加宽道路的结构性能和使用状况就会降低。

在行车荷载及上述病害的反复作用下,加宽路面的路用性能急剧降低,最后由路面损坏导致路面整体性能下降,影响行车安全。

2. 病害的机理分析

高速公路改扩建路基拼接工程中常见病害的成因机理,主要是新路基稳定性不足和新老路基不均匀沉降,与工程的勘察、设计、施工等环节均有关。

(1) 稳定性不足的机理分析。

稳定性不足就是指新老路基拼接结合强度不足或者新路基自身稳定性不能充分满足稳定要求。

①地基坡面过陡。

当加宽路基处于山区地基段时,坡陡条件复杂,路基的填筑经常要在陡坡地基上完成,此时就必须要采用重力式挡墙或者轻型挡墙进行支挡,以保证新拼接路基的稳定性。在设计路基支挡结构时,因没有完整的地质勘查资料,一般就会以经验为主,不进行稳定性验算,在施工中也会因基础埋深的未知性限制着支挡结构的整体功能性。

②地基存在软弱下卧层。

地基存在软弱下卧层时,新老路基拼接结合的强度如果不足,在软弱层以上的加宽路基就会沿着拼接面产生滑移。同时,软弱下卧层土体因具有流变性和侧向变形大等特点,软弱地基土就会向路基外侧方向挤出,导致路基坡脚起拱,随着起拱塑性区域的扩大,最终导致边坡失稳。

③新老路基拼接结合强度不足。

新老路基拼接结合强度不足主要表现以下几个方面。

a. 新老路基拼接结合施工难度大,施工工艺复杂,容易产生因人为因素引发的质量问题,如压实度不够、台阶开挖不符合设计要求、老路基削坡处理不符合要求等。

b. 在新老路基拼接施工中没有采用土工格栅,就不能起到加筋的作用。

c. 新路基填料不符合要求,抗风化、抗侵蚀的性能不足,导致新路基整体强度较低,稳定性就会降低。

d. 排水设计不合理,设施布置不完善,受水的影响,强度就会急剧下降。

(2) 不均匀沉降的机理分析。

老路基在长期的作用下已经达到了固结稳定状态,而新拼接的路基改变了原来的应力分布,增加了地基中的附加应力分布,因此新老路基间的不均匀沉降是地基和路基的固结沉降与压缩塑性累积变形的空间差异在路基顶面上的反映,按照变形原因可分为以下两个方面。

① 新老路基自身的压缩变形。

压缩变形产生的原因是路基填土的压实度不够。老路基已经使用了一定的年限,路基本身及行车荷载作用下的压缩变形基本完成,而新路基在拼接施工完成后也会发生一定的压缩变形。在地质条件不良或者路基本身压缩沉降为主要变形时的情况下,新老路基间的不均匀沉降就会导致路面破损。

② 新路基荷载的作用产生的地基固结沉降。

此种情况主要是在地基土质条件较差时发生。软弱地基在新的附加应力的作用下会产生超孔隙水压力,而且需要一定的时间才能消散,从而引发新加宽路基的沉降。如果地基土质情况较好,加宽后新地基的沉降大部分能够在施工期间完成,工后的沉降值就会很小,对新加宽路基的性能影响较小;如果地基土质软弱或者地基土质渗透性较差,则会发生新的较大沉降或历时较长的沉降,工后的沉降值就会很大。而老路基荷载作用下的地基土的固结沉降已基本完成,在新增的加宽路基荷载作用下发生了不均匀的沉降,老路基在远离新路基的部分产生了较小的沉降,而靠近新路基的部分产生了较大的沉降,这种不均匀的沉降最终反映到路基顶面,造成了路面结构的损坏。

2.2.6 路基不均匀沉降

1. 路基不均匀沉降的产生

高速公路改扩建路基拼接时,新路基土作为附加荷载作用在老路基之上,就会引起老路基的附加沉降,在老路基的不同位置附加沉降因附加荷载的不同也会不同,就会造成老路横坡的变化。当附加沉降较大时,新老路基的拼接部位就会产生纵向裂缝。新老路基的拼接除产生附加沉降之外,还会因新老地基土的固结程度不同加大新老路基之间的不均匀沉降,因此新路基工后沉降较大,老路基工后沉降较小。

此外,由于土的弹塑性变形特性,除弹性变形外,路基还会产生累积塑性变形。由于车辆荷载是不均匀分布的,不同车道的荷载分布是不相同的,通常情况下外侧车道荷载大且集中,产生的塑性累积变形相比其他车道更大,因此新老路基间的不均匀沉降在外侧车道会更加明显。

2. 路基拼接处沉降量观测

在等同路基位置选择断面,埋设沉降板,检查路基拼接施工结束后是否发生沉降。某高速公路改扩建项目中,路基拼接结束后选择3个断面,统计新旧路基沉降量结果如表 2.1 所示。由此可以看出,新旧路基存在明显的差异性沉降问题,但由于差异小,未导致路基出现不均匀沉降病害;不同施工段因地质条件、交通运输流量差异,新旧路基沉降量变化幅度不一致;但随着高速公路投入使用时间延长,新旧路基沉降量均有所增加,普遍情况下新路基沉降量在各个时期均大于既有路基,仅在极特殊情况下为相反情况,如断面 3 在使用 100 d 后则出现既有路基沉降量大于新路基沉降量的现象。

表 2.1 拼接路基沉降量观测结果

时间/d	断面 1		断面 2		断面 3	
	既有路基/mm	新路基/mm	既有路基/mm	新路基/mm	既有路基/mm	新路基/mm
16	3	4	4	4	5	4
26	6	8	7	9	7	8
66	8	13	9	15	12	17
86	17	19	21	24	21	25
100	22	27	26	33	32	29

3. 路基不均匀沉降预防对策

(1) 路基前期准备。

在实际的高速公路路基工程施工时,相关施工单位必须做好充足的准备工作,其中包括以下几个要点:一是提前做好对施工区域的地质勘查工作,做好详细的记录报告,重点是对其地形地貌以及水文地质特征等的记录;二是根据实际的勘查报告制定最佳的施工方案,并且在设计方案时还要考虑施工期间地下水以及外界因素对施工的影响,最大限度地保证路基施工的质量和效率。

(2)路基施工阶段。

①严格按照施工方案施工。

在实际的路基施工期间,不仅要做好前期的准备工作,同时还要在实际的施工中按照前期设计的方案规范施工,保证施工顺序的一致性,并且严格管控施工成本以及质量和效率,确保在规范工期之内完成项目。除此之外,施工人员还要做好路基和构造物相互之间的衔接,根据实际的现场施工需要,合理地分配施工技术人员和相应的设备,避免出现因人为因素和设备不足导致的施工进度和质量问题,最大限度地提高整体路基处理质量。

②做好填土之前的准备工作。

在进行填土工作之前,相关工作人员必须要将基底清理干净,尤其是软土土质以及树根、树叶等杂质,并做好透水性材料的换填工作,对于低填方路段,施工期间要十分重视路基的处理工作,如果在施工期间出现草炭层或者裂缝,那么就必须按照标准严格规范回填工作。如果路基要通过田地,施工人员要着重清洁表层土,因为表层土中包含相对较多的水分,可以确保后续压实满足相关标准,另外还要做好对土地的晾晒和翻土工作。

③规范路基的碾压工作。

在实际的路基碾压工作期间,相关工作人员要做好分层填筑和分层碾压,这样可以保证压实度。一般情况下,最佳的压实度要控制在 30 cm,对于不同的填料不能同时填筑,对于填筑厚度的控制,必须确保在设计的范围之内。但是还要注意的是,对于路基的填筑工作必须连续进行,保证一次完成任务。同时在实际的碾压过程中,施工人员还要做好与机器设备的协调工作,对于那些机器设备不能碾压的区域,施工人员就需要采取一定的措施来处理,最大限度地保证整个高速公路路基可以得到充分的碾压,并保证碾压质量符合相关规范。

④合理规划排水系统。

除了要规范路基施工,为了最大限度地确保路基不会产生沉降现象,施工人员在施工期间必须重视排水系统的部署工作,这可以在很大程度上稳定路基土壤中的水含量,有效地避免地表水和地下水对路基产生影响。合理布置排水系统,可以有效避免积水现象,同时施工人员还要定期清理排水系统,最大限度发挥排水系统的作用。

4. 合理应对已经出现沉降现象的路基

（1）换填处理方法。

路基已经出现不均匀沉降，相关技术人员就需要开挖沉降地基区域，并根据实际的施工情况对挖出的部分重新进行填土，填土的过程中要注意分层信息，且分层的厚度要小于 40 cm。一层回填后需要将地基进行压实，然后再进行下一层的回填压实操作。最后相关人员还需要使用装载机将软土地基的回填路面处理平整，再次进行最后的压实操作，这次碾压需要进行多次，保证软土地基真正压实，一般压实次数控制在 6 次左右。

（2）强夯法施工技术。

强夯法就是利用相对很重的物体对软基进行强夯处理工作，使软基更加紧实，从而有效增大地基的承受压力，避免在后续的操作中出现不均匀沉降的情况。一般来讲，该方法适用于黏性土、低饱和粉土以及杂填土等软土土质。除此之外，在具体的施工前期，相关人员还要做好放样测量工作，确定要进行强夯的具体位置和各个位置之间的相互距离，夯实的次数一般选择 3 次，在实际的施工中施工人员要从两边向中间施工。

2.3　特殊路段路基处理

2.3.1　高速公路特殊路基的概况

1. 高速公路特殊路基的内涵

随着高速公路工程规模的不断拓展，在高速公路改扩建工程施工中可能遇到各种特殊路基（特殊路基一般是指在不良地质、特殊地质或者特殊气候环境下的路基）。这些特殊路基可能存在自然平衡上的问题，可能存在周围斜坡的问题，可能出现地质承载能力不强的问题，使得原本的地基施工技术和方案难以发挥其效能，此时需要使用特殊的路基施工方案，才能够确保其有效性。

2. 高速公路特殊路基的类别

对于高速公路特殊路基工程案例进行归结，可以依照实际路基土的差异性，将其进行类别划分:粉煤灰路基;水田和水网区域路基;沼泽地区路基;盐渍区域路基;软土路基和沙漠地带路基等。很明显相比一般的路基,这些路基的环境是比较差的,此时在进行改扩建路基施工方案设计时,就需要做到具体问题具体分析。

3. 高速公路特殊路基处理和防治的必要性分析

高速公路改扩建工程中,路基建设属于基本环节,此环节施工质量会影响高速公路改扩建工程的质量和效益。施工人员需要正确认识特殊路基,确保找到实际施工的要点和难点,尤其需要找到不良因素,将其作为实际质量控制的关键点。再者,施工人员还需要依照其特殊性,综合考量,确保后续的施工技术方案是合理的,这样才能够确保后续施工行为朝着有效的方向发展,确保道路的安全性。当然也需要看到,不同的路基实际的特点不同,此时需要关注的风险隐患控制管理节点也有所差异。比如在黄土路基地质环境下,实际的路基施工就需要高度关注收缩性指标,还需要关注膨胀性指标,有的甚至还需要关注积水的问题,这样才能够确保实际的施工方案与其膨胀收缩的风险处于吻合的状态,由此进入理想的质量管理格局。

2.3.2 高速公路特殊路基的处理技术

1. 低填浅挖路基处理技术

这种技术的应用前提是对应的路堤高度在 2 m 以下,属于一般性土质,此时需要在冲击碾压位置上设置 30 cm 厚的材料,还需要对其透水性进行检查,达到理想状态才能够使用,清表之后还需要设置 80 cm 厚的材料,同样也对透水性提出了高要求;路堑高度在 2 m 以下,属于一般性土质的,实际的冲击碾压位置同样需要依照上述的要求,设置 30 cm 厚的材料,接着路床超挖 80 cm 之后,进行分层回填,压实厚度为 50 cm,在此基础上铺设 30 cm 厚的材料;对于地基含水量在 20% 以上,处于低填地段的,实际清表环节完成之后,需要实现砂砾垫层的铺设,实际的厚度为 80 cm,浅挖段开挖到路床之后,都需要依照对应的基准进行回填操作。在上述技术标准和规范制定之后,对实际低填浅挖路基处理的规模进行统计,确定其填高和挖深参数之后,设定对应的处治方案,就是在超挖路床顶面以下的位置进行回填,确保使用的材料透水性达到理想的状态,以碾压处理为主导。

2. 填挖交界路基处理技术

填挖交界是路基处理的重要环节,此环节的技术是否科学有效,关乎路基工程的整体质量。此类工程中,需要注意的技术要点有以下三个方面。

(1)在界定交界处数量的时候,要从纵向填挖交界外、横向填挖交界处、陡坡填挖交界处三个维度入手。接着对高差参数进行统计,对于纵向的需要确保填料质量处于更高的状态,压实度需要控制在之前的2%左右,还需要在底部进行填筑操作,一般情况下会以移挖的方式来进行,每个层次循序渐进地开展。另外还需要清除对应底层的土壤,选择透水性好、风化层次低、颗粒不大的材料,这样可以起到良好的过渡作用。

(2)在土质挖方填到上路堤顶面的后续环节,需要使用冲击压路机来进行压力补充,此时需要设置土木格栅,并且做好固定处理,在此基础上再去进行下路床的铺设工作,接着在下路床顶层开展下面的铺设工作,同样需要注意固定环节,不能出现违规的施工行为。

(3)确保土工格栅施工过程朝着有序的方向发展。也就是说,在此环节需要依照对应的步骤来进行,首先是平整场地,确保其他配套设施可以有效发挥其作用,做好相关预设,以确保土工格栅进入施工状态,接着依照设计规范来进行路基格栅铺设工作,并检查其平直性,如果用钢筋锚钉来连接,就需要确保其整体性。在此之后就是要确保填土环节的有效开展。多数情况下,会依照先两边后中间的顺序来进行,这样可以避免出现填筑风险,在此过程中需要将填料卸载在完成铺设的区域,避免直接将其堆放在格栅上,并且还需要控制卸土的高度,不要出现超负荷的情况。依照上述的操作步骤来进行,确保每个层的格栅都铺设达标,在此基础上就可以将焦点放在上部路堤的建筑上。

3. 高填方路基处理技术

要想发挥该技术的效能,首先需要确保其保证条件处于理想状态。在此环节,在进行基底换填时要确保干燥度处于理想状态,如果有积水,就需要设置排水系统,或者借助抽水机来进行处理;对于换填层次要以分层填筑的方式来进行,依照对应标准完成填筑之后,还需要做好压实处理工作,分层松铺厚度也需要进行合理的控制,一般情况下不超出 30 cm,换填土层应该选择黄土,修筑台阶与实际材料保持衔接。另外,在进行高填方路基换填时,还需要确保排水方案是合理的,要杜绝出现积水现象。如果在施工的过程中遇到地面有水,应及时通知对应责任人,迅速制定修正方案。在土工格栅铺设完毕之后,还需要对其张拉性进行检查,避免出现松弛情况。在确定实际压实度达到标准之后,可以使用高性能压路机以确保补强压实方案的有效性,细节需要严格依照对应文件来执行。在实际施工的过程中,同样需要树立标准,监测对应的施工行为,如果监测数据与实际数据存在差异,就需要业主、设计和监理单位三方协商,制定对应的改善方案。

对于此类工程而言,还需要注意深路堑路基的处理工作,确保实际技术方案合理。需要处理的技术节点有3个。首先,对土质或者软质岩挖方边坡参数进行分析,如果边坡高度大于20 m,或者石质挖方边坡高度大于30 m,就将其界定为最差路段,以系统锚固的方式来进行处理。其次,依照对应的路基设计规范,确保锚孔位置处于准确的状态,孔位的误差也需要进行控制,锚杆钻孔的时候不要使用水钻,这样可以使孔壁的连接性能处于优质的状态。最后,在实际钻进的过程中,还需要对地层的变化参数、钻进的状态参数、地下水的情况进行记录,依靠记录来进行施工方案的判定,避免各种质量缺陷。

2.3.3　高速公路特殊路基的防治策略

1. 做好研判工作,实现施工处理和制定防治技术标准

这里提及的研判,是指对多年以来高速公路特殊路基施工案例、施工数据进行汇总,在此方面有实力的施工企业、管理企业、技术研究协会、技术研究组织、权威专家共同参与实际案例的精细化分析,专门设定对应的课题研究小组,集中更多的数据案例资源,使用更加先进的数据分析手段,确保提取出高速公路特殊路基施工行为的固定模式,然后对当前我国高速公路特殊路基施工处理和防治的现状进行客观全面的评价,由此本着促进行业发展的理念,实现对应施工处理、防治技术标准和规范的构建。在实际高速公路特殊路基施工处理、防治技术标准和规范构建的过程中,可以设定不同层次的技术参数,一般情况下可以从国家标准、行业标准和企业标准三个维度入手:国家标准是国家对实际特殊路基施工处理的技术要求,其需要经过对应建筑部门的检验审核,是最为基础的标准;行业标准是从行业发展的角度设定的特殊路基施工处理技术规范,其需要对于行业内部的各种施工行为进行管理和控制;企业标准是在企业不断提升自身工程效益的过程中,结合自身实际施工水准,制定出更加具有针对性的技术标准和规范,确保后续的各项施工工作都依照这样的标准来进行。从上述的三个维度

来看,这三者会在宏观和微观上发挥协同效能,继而引导实际高速公路特殊路基施工行为朝着更加理想的方向发展。在上述施工处理、防治技术标准的规范制定之后,要鼓励建筑部门、建筑行为主体、施工企业积极参与,从而确保实际的技术标准迅速地成为引导对应行为模式转变的依据。

2. 注重施工团队建设,打造专业化的特殊地基施工队伍

要注重高质量施工团队的建设,确保专业化的特殊地基施工队伍能够成长起来。在此过程中需要做好的工作主要如下。

(1) 注重人力资源的专业化发展,将在地基施工方面有经验的员工召集起来,设定对应持续性的教育培训方案,将特殊地基地质专业知识、特殊地基施工案例、特殊地基施工程序、特殊地基施工技术规范和标准、特殊地基施工行为反思等作为重要的课程板块,形成完善的培训机制,以常态化的方式来进行,确保实际的施工人员的专业素养得到不断提升。

(2) 在特殊地基施工实践中,形成师徒机制,由技术好、资历高的师傅带领徒弟,师傅可以领取对应的绩效和奖励,由此使得其以更加主动的心态处理师徒关系,确保对应的关键性的施工技术可以得到有效的传承和发展,以实现整体专业施工人员素质的提升。

(3) 注重特殊地基施工方案的优化设计,在此过程中要确保设计人员与施工人员进行充分交底,不能一味地依照个人经验来判定,而要积极对实际的地质数据信息进行研判,然后进入共同探讨的状态,这样形成的实际地基施工技术方案才是精细化的,才能够便于后续施工人员有效地将其贯彻执行下去。在此过程中,地基施工人员需要有配合的意识和参与设计的意识,这也是其专业素养提升的重要节点之一。

3. 强化质量管理控制,形成完善的施工过程精细化管理体制

在引导高速公路特殊地基处理和防治工作发展的过程中,除了依靠技术标准和人才,还需要关注质量管理工作的开展,强化过程性的管理,确保施工技术严格依照对应要求来进行。需要关注以下几点。

(1) 建立完善的特殊地基施工技术管理组织,专门对特殊地基施工行为进行监督和管理,主要工作内容为:检查对应的技术规范和标准是否得到有效落实,对应的施工行为中是否存在不合理的现象,实际的施工过程与工程参数是否吻合。如果在此期间出现了对应的技术缺陷或者施工缺陷,就需要及时分析原

因,然后要求对应的施工方进行改正,避免情况恶化。

(2) 在实际质量管理的过程中,要建立完善的岗位责任制度,即施工人员有着详细的环节负责表,如果某个环节出现问题,就需要向对应的施工人员进行问责,并且将这样的责任制度与员工的绩效管理、薪酬管理融合起来,使施工人员以更高的觉悟参与实际施工流程,使管理人员以更加积极的心态参与实际的管理工作,避免出现玩忽职守的情况。

(3) 要积极将 PDCA 理论运用到实际的施工行为管理中,即定期引导施工人员反思自己在技术执行过程中存在的问题,遇到了哪些困难,在不断反思中寻求改善之道,寻找提升之道,这样就可以不断地提升自身施工能力。

2.4 路基排水施工

2.4.1 路基水来源

路基在使用过程中,受到各种外界因素的影响,路基内部土体含水率处于动态变化状态。路基水的来源如图 2.2 所示,主要包括大气降水、地面水、地下水等。

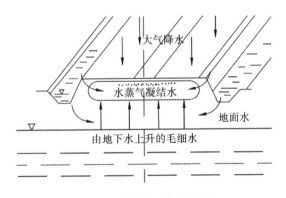

图 2.2 路基水来源示意图

(1) 大气降水。大气降水可浸透路面、路肩或者边坡,通过毛细作用向路基中部扩散,并可能下渗而湿润铺面下的路基部分,或者沿路面接缝和裂缝处渗入路基。

(2) 地面水。边沟的流水、地表径流水因排水不良形成积水,逐渐渗入路基。

（3）地下水。地势低洼、排水不良时，积滞在邻侧沟渠或较高处土层内的水分，可通过毛细管润湿或渗流作用而进入路基；当地下水位较高时，路基下面一定范围内的地下水会侵入路基或者通过毛细作用进入路基。

（4）毛细水。路基下的地下水通过毛细管作用上升到路基。

（5）水蒸气凝结水。在路基土的空隙中流动的水蒸气，遇冷凝结成水，存留在路基内部。

（6）薄膜移动水。在土的结构中，水以薄膜的形式从含水率较高处向较低处流动，或由温度较高处向冻结中心周围流动。

水对高速公路路基造成的损毁十分严重，路基大多数病害都直接或间接与水相关。这是因为水分渗进路基后，在外界环境变化和车辆反复荷载的作用下，路基的抗变形能力和整体稳定性降低，从而影响路面的使用性能。高速公路改扩建路基中的水分主要来源于以下四个方面。

（1）中央分隔带下渗水。如果高速公路的中央分隔带没铺防水层或没有设置内部排水设施，雨水容易下渗进入路面结构层和路基内部。

（2）路面下渗水。降雨结束后，一部分雨水会沿着路拱横坡漫流至路基范围之外，另一部分雨水会通过路面裂缝渗入路面结构层。

（3）侧向渗入水。当地表存在大量积水且路堤高度较低时，或路基坡面未做防护，水容易沿边坡坡面渗入路基内部。

（4）毛细水上升。如果路基填料为粉质土，且处在地下水位较高的区域，地下水会沿着土颗粒间的孔隙上升至路基，上升高度与土体孔隙大小、初始含水率、压实度等参数密切相关。

2.4.2　路基土体含水率影响因素

影响路基土体含水率的因素非常复杂，大致可分为客观因素和主观因素。

1. 客观因素

（1）气候因素。

①降雨量。降雨量对路基土体含水率的影响较为复杂，且通常受当地气候条件的显著影响。李侠对实体工程路基土体含水率进行观测，分析路基土体含水率受降雨入渗的影响后得出，降雨进行渗流作用对路基土体瞬态含水率的影响较大：降雨强度增大时，路基土体含水率增加19%～25%；降雨强度小于一定值时，路基土体含水率对降雨强度变化较为敏感；路基土体含水率接近饱和状态

时,雨水渗流作用逐渐减弱,继续增大降雨强度,路基土体含水率不会显著增加。

②蒸发量。研究发现,蒸发量仅影响路基边缘和路肩处的含水率状况,而对路基中心处含水率的影响可忽略不计。对处于干旱或半干旱状态地区的路基,路基土体含水率状况受蒸发量影响显著,甚至完全受蒸发量控制。

③大气温度。除水之外,影响路基土体含水率的另一个重要因素是当地大气温度。含水率与温度变化对路基产生的共同影响称为路基的水温状况。沿路基深度出现较大的温度梯度时,水分在温差的影响下以液态或气态由热处向冷处移动,并积聚在该处,这种现象在季节性冰冻地区尤为严重。对冰冻期路基状况的研究发现:路面下路基土体含水率变化与温度有关,路基土体含水率因温度变化而产生 1%~5% 的改变,水分通常因能量级别的不同而从地下水位处被吸引到冰冻区附近。

④地下水。地下水是影响路基土体含水率的另一个重要因素。地下水的渗流运动会改变路基的含水率,从而影响路基的承载能力、稳定性。研究发现,地下水位较浅时,对路基土体含水率影响显著的是地下水位,而非气候因素。绝大多数情况下,地下水位因季节变化而产生波动。

(2) 地形地质条件。

①地形条件。平原地区路基土体含水率影响因素较为单一,其含水率也比较均匀;而丘陵地区路基土体含水率受复杂地形条件影响,变化较大;挖方和填方部分路基土体含水率相差较大,一般挖方条件下路基土体含水率较填方路基大,且填方路基高度越大,其路基土体含水率受地下水位影响也就越小。

②土质类型。土质类型主要包括颗粒粒径、矿物成分、级配组成,它们综合影响土的吸水和持水能力。如在雨季,砂土含水率比粉土或者黏土增加得多,一般砂土路基土体含水率增加 3%~4%,粉土增加 2%~3%,而黏土仅增加 1% 左右。雨季过后,路基土体含水率回落时,砂土恢复得比粉土、黏土快;而细粒土比粗粒土具有更强的持水能力等。

2. 主观因素

(1) 路面条件。

对路基土体含水率变化有重要影响的路面相关因素主要有路面状况、排水设施、路肩及其边缘等。

①路面状况。面层的作用之一就是减少水分对整个路面和路基的侵蚀。较差路面状况(如出现裂缝、坑槽等病害多)下的路基土体含水率受季节变化和降

雨影响显著,在雨季来临时,路面裂缝使得雨水基本上能自由进入路基内部。若路面结构排水条件较差,其内部水分很难排出,路基土体含水率显著增大,路基模量显著降低,在行车荷载作用下,加速了路面结构损坏。而路面状况良好时,面层较好地保护了路基,路基土体含水率(除靠近路基边缘外),其季节变化显著降低,且相对处于稳定状态,以至于可以忽略不计。

此外,路面混合料类型及结构组合也会对路基土体含水率产生影响。密级配沥青混合料路面较开级配沥青路面覆盖效应好,因为开级配混合料存在可贯通的孔隙,有利于路基排水及水分蒸发,虽然毛细水作用聚集的水分相同,但是长时间的蒸发减小了水分对路基土体含水率的影响。

②排水设施。路基土体含水率往往与其上各层材料的排水性能及路基路面的排水设施是否完善有关。路基土体含水率增大的一个主要原因就是进入路基内部的水分不能及时排出。路基路面排水不畅时,进入路基内部的多余水分会滞留在路基内部,导致路基内部土体含水率动态变化且不断增大;若路基路面排水系统良好,能够及时将从各种来源聚集的水分排出路界范围,使得路基土体含水率保持在一个平衡状态,这时路基土体含水率就不会增长很多。

③路肩及其边缘。一方面,路面结构的边缘是水快速进入路基的薄弱地带;另一方面,路面边缘部分比路面中央存在更多的能渗入路基的水分,且由渗入水导致的路基土体含水率变化与路肩类型有直接关系。调研发现,不同类型的路肩存在两个共同特点:一是密封的路肩比开放的渗入水少;二是路肩越宽,进入路基内部的水就越少。

(2)施工因素。

①路基深度。在不受外界特殊气候因素影响的前提下,聚集到路基内部的水分通常都是随着路基深度增加而增多。路基在天然地面以下开挖越深,则越容易受到地下水的影响;而路堤填土高度越高,受地下水的影响就越小。

②施工期不利天气。施工期影响路基土体含水率的最不利气候因素就是降雨,因此,路基、路面施工一般都要避开雨季。即使在非雨季进行道路施工也很有可能遇到降雨天气,施工前应做好各种防排水措施。对于必须在雨季进行施工的路段,还应做好雨季施工组织计划。但是各种防排水措施以及雨季排水计划都不可能完全保护路基不受降雨影响,所以道路施工期间的降雨天气将会增大路基土体含水率。施工期降雨天数越多、降雨量越大,则对路基土体含水率的影响就越大。

2.4.3 中央分隔带排水

中央分隔带有诱导视线、绿化防眩、埋设通信光缆及设置防撞护栏等作用。但是中央分隔带在发挥作用的同时,也给水侵蚀路基路面留下了很多通道,并给排水带来很多困难。

多雨地区降雨量较大且持续时间较长,在中央分隔带内很容易形成表面积水。表面积水将在中央分隔带表面形成漫流,漫流至路面表面增加路面排水量,若中央分隔带表面未进行封面,还会将中央分隔带内的泥土冲刷至路面表面,污染沥青路面表面,引起路面打滑,同时加重路面上水膜的形成,使行车时产生水雾,影响司机视线,形成安全隐患;在冰冻季节,路面表面可能会形成冰面,降低了路面的抗滑性能,危害行车安全。

另外,降水通过中央分隔带进行下渗,下渗水一部分向两侧渗入,在与路面结构层交界面处渗入路面结构层内,另一部分渗入基层和路基。路基在下渗水的长期浸泡下逐渐软化,在车辆荷载的反复作用下逐渐失去结构强度和抗变形能力,产生沉陷,从而使水泥混凝土板断裂或沥青混凝土路面产生裂缝。路面水沿裂缝渗入路面基层直至路基,使路基稳定性下降。

对于中央分隔带,设置完善的排水设施能阻止地表水下渗,保护路基不受中央分隔带下渗水的破坏,同时能够防止表面积水,避免交通安全隐患。因此中央分隔带排水成为中央分隔带设计的一个主要内容。

1. 常见的中央分隔带排水方法

中央分隔带的排水方案要根据分隔带宽度、绿化要求、交通安全设施的形式和分隔带表面的处理方式、工程所处地区的降雨强度和雨季长短等因素来综合确定。中央分隔带的排水方法有很多种,目前常用的方法有中央分隔带铺面、分隔带内设排水设施、锯槽防渗墙、分隔带内设双向向内横坡、碎石排水墙等。

(1) 中央分隔带铺面。

当中央分隔带宽度较窄时,常在中央分隔带内回填石灰处置土,使其压实度达到一定的强度。另一种中央分隔带铺面的方法是在分隔带顶面夯实一层黏土,然后在其表面喷洒沥青,并立即撒石屑,形成一层隔离层,以防止水分下渗。

中央分隔带铺面的优点:投资较小、施工方便;一定时期内能有效阻隔地表水下渗。缺点:易产生缝隙,使地表水下渗、水渗入后无法排出;对于改扩建道路,中央分隔带原有的水分无法排出;增加了路面表面排水量,使路面水膜加厚,不利于行车安全;景观效果差。

(2) 分隔带内设排水设施。

当中央分隔带表面未采用表面排水措施,降落在分隔带的表面水会下渗到分隔带土体内部。在这种情况下,应在分隔带内设置地下排水设施(渗沟和带孔排水管)来汇集渗入水,且间隔一定距离设置集水井和横向塑料排水管排出中央分隔带的水。

具体形式为,在中央分隔带底部设置纵向砂砾或碎石盲沟,路面结构层内侧边部抹一层水泥砂浆,在其上涂刷一层乳化沥青并铺设一层防水土工布,以防止水分渗入路面结构层中,中部回填素土并压实,中央分隔带内植草绿化、植树防眩等。这种方法的优点:规范推荐的方案,技术成熟,可参照的工程实例多;下渗到中央分隔带内部的水可通过渗沟和横向排水管排出,能减小下渗水对路基的危害。缺点:改建道路时工程量较大;由于原有道路的存在,横向排水管设置困难;同时将中央分隔带的水引入路基存在一定的危险性;开挖中央分隔带的废料污染环境。

(3) 锯槽防渗墙。

锯槽防渗墙是设置在中央分隔带两侧的一种隔水措施,主要是防止水分通过分隔带进入路基路面结构中,引起道路水损害。

其基本原理是,在地面上用一种特制的机具,沿工程的开挖线,开挖一道狭窄的深槽,槽内注入泥浆护壁,当槽段开挖完毕后,在泥浆下浇筑混合浆液,筑成一道防渗墙,起截水防渗、挡土或承重之用。

锯槽防渗墙的优点:墙体厚度小(厚度一般不超过 300 mm)、施工简便、速度快、消耗少、防渗效果好。缺点:只有单一的防渗作用;与路基弹性模量相差大,刚性材料防渗墙易受外力影响产生裂缝,大大降低其防渗效果。

(4) 分隔带内设双向向内横坡。

将分隔带表面做成向内的双向坡,使分隔带中部形成微凹区,汇集中央分隔带表面水,然后由路线纵坡排向泄水口,泄水口采用格栅式,其尺寸按过水断面内的流量和允许的积水深度确定。

这种方法用于中央分隔带表面未采用铺面封面的路段。如果中央分隔带作绿化带用,将会影响中央绿化带的景观,使景观视觉效果降低。

(5) 碎石排水墙。

其基本原理是,沿工程的开挖线,开挖一道狭窄的深槽,当槽段开挖完毕后,回填碎石压实,深槽周围包裹反滤织物(土工布),以免渗入水携带的细粒将渗墙堵塞。

进入中央分隔带的渗滞水通过迁移进入空隙率较大的碎石墙,水分沿墙体下渗汇流到墙底的集水管,再通过横向排水管排出路基,从而保证路基在大部分时间内处于干燥状态。这种方案的布设方法与锯槽防渗墙相似,但作用原理却恰恰相反。

碎石排水墙的优点:墙体厚度小、施工简便、速度快、消耗少;能将渗入中央分隔带的水排出;可排除中央分隔带和既有路基中含有的渗滞水,符合改扩建的要求;能在一定程度上降低地下水位;与路基模量相差小,变形协调;污染相对较小。缺点:工程应用较少、实践经验少。

2. 中央分隔带排水典型结构

从路面的防水考虑,为防止中央分隔带中的绿化浇水、雨水渗入路面中,便改绿化带为表面用水泥混凝土或者沥青层封住,将水排到路面上。但是为了景观的需要而保留绿化时,则应考虑中央分隔带的排水设计。中央分隔带排水典型结构如图 2.3 所示。

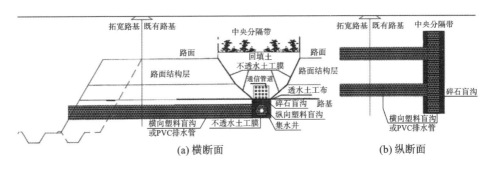

图 2.3 中央分隔带排水典型结构图

为排除中央分隔带填土内的积水,可在通信管道下设置纵向碎石盲沟,盲沟设于路床顶面以下,采用梯形或者矩形尺寸。渗沟周围包裹反滤织物,反滤织物选用由聚酯类、尼龙或聚丙烯材料制成的具有渗滤功能的无纺织物,能透水,但细粒土不能随水一起透过,以免水携带的细粒将渗沟堵塞。渗沟上的回填土与路面结构的交界面处铺设涂双层沥青的土工织物隔渗层或者直接采用不透水土工膜,纵向塑料盲沟顶面铺透水土工布。纵向集水管可采用软式透水管、PVC管或者塑料盲沟,间隔 40～80 m 设置横向排水管,横向排水管为 PVC 管时,为避免其被压碎,可包裹混凝土或者直接浇筑在混凝土槽中,管伸出加宽的路基边坡,用涂有沥青的网布包裹以防堵塞,出水口下方铺设防冲刷混凝土垫板。

3. 新老路基结合部设分隔带的排水结构

新老路基结合部上方设置分隔带时,需在分隔带设置排水设施。分隔带由纵向集水沟和排水管组成,下方铺设不透水土工布。渗入分隔带的水分,先流入由透水性材料组成的纵向集水沟,并汇流入沟中的带孔排水管(或槽口)内,再由间隔一定距离布设的横向出水管排引出路界(见图2.4)。

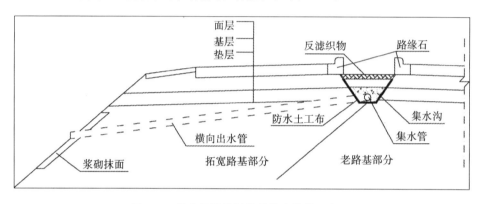

图 2.4 结合部设分隔带的排水结构示意图

集水沟的断面形状多设置成梯形或碟形,梯形坡度为 1∶1.5～1∶1,深度通常与垫层底面齐平或略低些,在冰冻地区,集水管应尽可能在冰冻深度以下。集水沟中的不透水材料可由不含细料的开级配碎石、砾石等组成,集水管两侧各有至少 10 cm 宽的透水性填料。透水性填料的底面和外侧铺设防水土工布,集水沟的顶面以反滤织物覆盖。集水沟和集水管的纵向坡度不低于路线纵坡。集水管设在集水沟的底部,沿纵向集水管,间隔适当的距离设置不带孔的横向出水管,纵向集水管上游起端与横向出水管相接。

出水管的横坡为 3% 以上,视出口处的路基排水情况选定。埋设出水管和通气管所挖的沟须回填低透水性材料。出水口的下方应对泄水坡面进行浆砌抹面防护,且出水水流尽可能排引至涵洞、边沟或排水沟中。

2.4.4 新老路基内部排水

排除路基地下水的方法宜用拦截、汇集、隔离和导流等形式,在某些情况下,还需降低地下水位(见图2.5)。

常用的方法有:①用土工布作隔离层排除路基地下水;②利用天然砂砾排除路基地下水;③用盲沟排除地下水;④暗沟排水;⑤渗沟排水;⑥深边沟排水等。

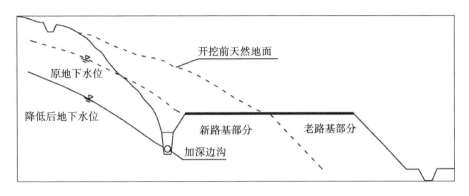

图 2.5 拦截地下水的纵向地下排水沟

2.4.5 路界表面排水

高速公路综合排水应以防、排、疏相结合,路面排水、路基排水、路基防护、地基处理以及特殊路基地区(段)的其他处治措施等相互协调,形成完善的排水系统。排水设施的布设应结合地形和天然水系,做好进出口的位置选择和处理,并要防止出现堵塞、溢流、渗漏、淤积、冲刷和冻结等现象。

在拓宽路基的外侧,往往需要重新设置路界表面的排水设施。首先应拆除清理老路原有的边沟、截水沟、急流槽等表面排水设施,然后换填砂、碎石等性能好的材料整平压实,再重新设置拓宽路基的地表排水设施,各地表排水设施的设计和施工与新建路界表面排水相同,其沟顶均应高出设计水位 0.2 m 以上。

拓宽路基为填方路堤时,拓宽路基外侧需重新设置边沟;拓宽路基为挖方路堑时,拓宽路基外侧需重新设置边沟及截水沟。

常见的道路改扩建工程中的其他排水设施有下面几种。

1. 地面排水设施

(1) 边沟。

设置在挖方路基的路肩外侧或底路堤的坡脚外侧,用以汇集和排除路基范围内及流向路基的少量地面水的沟槽称为边沟。边沟的断面形式一般有梯形、三角形和矩形等。边沟的深度一般取 0.4～0.8 m,只有当路线通过分水岭时,路中的石质边沟在凸形变坡点处,边沟最小深度可减至 0.2 m,底宽不应小于 0.4 m,在水流较多的情况下,需适当加宽加深。

为控制边沟中的水不致过多,可以充分利用地形,在较短距离(在平原区和重丘山岭区梯形边沟长度一般不宜超过 300 m,三角形边沟一般不宜超过 200 m)内即将边沟水排至路旁洼地、沟谷或河道水库内。一般每隔 300~500 m(特殊情况 200 m)设排水涵一道,用以及时将边沟水排至路基范围之外;边坡的沟底纵坡与路线纵坡相同,并不宜小于 0.2%(在特殊情况下容许减至 0.19%),以免水流阻滞淤塞边沟,若路线纵坡不能满足边沟纵坡要求,应采用加大边沟、增设涵洞或将填方路基提高等措施;当沟底纵坡大于 3%时,应对边坡进行加固;当纵坡超过 6%时,水流速度大而且冲刷严重,可采用跌水或急流槽的形式缓冲水流。

(2) 排水沟。

排水沟是将边沟、取土坑和路基附近低洼处积水排至路基、构造物以外的蒸发池或天然河沟的人工沟渠。在平丘区,当原有地面沟渠蜿蜒曲折,并且影响路基稳定时,可用排水沟来改善沟渠线路,有时为了减少涵洞数量,也使用排水沟来合并沟渠。排水沟断面一般为梯形,底宽不小于 0.5 m,深度根据流量而定,但不宜小于 0.5 m,边坡坡度视土质情况而异,一般可取 1∶1.5~1∶1.1,排水沟沟底纵坡宜大于 0.5%。排水沟应尽量做成直线,如必须转弯,其半径不宜小于 10 m,排水沟长度按实际需要而定,通常不宜大于 500 m。当排水沟中的水流流入河道或沟渠时,应使原水道不产生冲刷或淤积。

(3) 拦水缘石。

为避免高填方边坡被路面水冲毁,可在路肩上设置拦水缘石,将水流拦截至挖方边沟,或在适当地点引离路基。

拦水缘石一般可用浆砌片石、混凝土预制件或沥青砂现场筑成,高度为 0.40~0.50 m。其中超出路肩部分的高度为 0.15~0.20 m,埋入路肩部分的高度为 0.25~0.30 m。拦水缘石的顶宽为:浆砌片石 0.15~0.20 m;混凝土 0.08~0.12 m。

但路面拦水缘石在客观上增加了路表水的滞留时间,减缓了路表水的排出。拦水缘石开口数量的限制,经常会造成路肩甚至行车道部分积水,不仅增大雨水下渗的可能,也给路面行车带来危险;部分路表水沿硬路肩边缘流向纵坡底部,并在路面边缘的凹处产生积水。

为避免以上现象的发生,建议在填土高度较小的路基部分不设置拦水缘石,而采用排散方式,同时对路基边坡加强防护,防止边坡冲刷。

对于高路基,设置路面拦水缘石是非常有必要的,但拦水缘石具体的布设方法应做一定的调整,可将拦水缘石设置在路基边坡上,使路肩上不出现纵向排水,让路面汇水直接漫过硬化或绿化后的土路肩,通过边坡拦水缘石形成的纵向边坡集水沟汇流至边坡急流槽中,最终排至路基外。由于拦水缘石设置在路基边坡上,拦水缘石与坡面形成的拦水带纵坡不受路线纵坡的影响,可以根据实际情况做调整,如将其纵坡设置为大于路线纵坡或将其纵坡设置为双向纵坡等,使其满足排水的要求。

2. 防护与加固处理中的排水设施

(1)坡面防护。

坡面防护,主要是保护路基边坡表面免受雨水冲刷,减缓温差及湿度变化影响,防止和延缓软弱岩土表面的风化、碎裂、剥蚀演变过程,从而保护路基边坡的整体稳定性,在一定程度上还可兼顾路容美化和协调自然环境。常用的坡面防护设施有植物防护和工程防护两种。

植物防护,可美化路容、协调环境、调节边坡土的湿度,起到固结和稳定边坡的作用。它对于坡高不大、边坡比较平缓的土质坡面是一种简易有效的防护设施,其方法有种草、铺草皮和植树。工程防护则是指对于不适宜于草木生长的较陡的岩石边坡,可以采用抹面、锤面、喷浆、勾(灌)缝等方法进行防护。

常见的边坡排水方式有三种,即集中式排水、横向漫流式排水和边坡设置截水沟配合吊钩,这三种排水方式的优缺点如表2.2所示。

表2.2 边坡处理方案对比

排水方式	集中式排水	横向漫流式排水	边坡设置截水沟配合吊钩
适用情况	路堤较高	纵坡平缓、路堤较低	路堤较高、路线纵坡较小
优点	边坡冲刷较小	不会形成路面积水	不会形成路面积水;不会冲刷边坡
缺点	需要设置拦水带急流槽;易形成路面积水	会冲刷边坡;需要在坡面做全防护	施工相对较烦琐

在路基较高时,路面采用集中式排水方法在一定程度上能减轻边坡冲刷,但当边坡较高时,坡面的汇水面积依然很大,还是会造成对边坡的冲刷,尤其在接近坡脚时,这种冲刷现象更加明显。为避免这种现象的发生,可以采用边坡设置截水沟配合吊钩的方案;当边坡特别高时,可设置多级截水沟。

(2) 冲刷防护。

沿河路基直接承受水流的冲刷,为了保证路基坚固、稳定,必须采取措施予以防护。防止冲刷的措施有两种:一种是加固岸坡的直接防护,直接防护措施除坡面防护和石砌护坡外,还有抛石、石笼、柔性混凝土块板及浸水挡土墙等;另一种是改变水流性质的间接防护,间接防护措施包括各种导流构造物,如丁坝、顺坝及拦河坝等。在具体工程实践中,应根据河流情况、水流性质及岸坡受冲刷现状,单独使用一种或同时使用两种措施进行综合治理。

在抛石防护中,抛石主要用于受水流冲刷和淘刷的路基边坡和坡脚,最适于沿砾石河床路基的防护,且不受气候条件限制,对于季节性浸水和长期浸水的情况均适用。一般在枯水季节施工,附近盛产大块砾石、卵石,以及废石方较多的路段,应优先考虑采用此种防护措施。

常用的抛石类型有两种,即适用于新筑路堤的抛石垛和适用于旧路堤的抛石垛。抛石粒径应大于 0.3 m,并小于设计抛石厚度的 1/2。抛石厚度一般为粒径的 3~4 倍,或为最大粒径的 2 倍。石料要求质地坚硬、耐冻且不易风化崩解。为了在洪水下降后,使路堤迅速干燥,减少冲刷,应在抛石背后设置反滤层。抛石时,宜用不小于计算尺寸且大小不同的石块掺杂抛投,使抛石保持一定的充实度。如采用嵌固的抛石防护类型,宜采用打桩嵌固方法。

(3) 支挡构筑物。

支挡构筑物的作用是支挡路基体,以保证路基在自重及各种自然因素作用下保持稳定。常用的支挡构筑物主要是挡土墙。挡土墙是支承路基填土或山坡土体,以防止其变形失稳的结构物,可以利用石料修建干砌或浆砌石料挡土墙,也可以利用水泥及钢筋砂石材料修建混凝土挡墙及钢筋混凝土挡墙。由于挡土墙的种类不同,其施工方法也千差万别。

2.5 高速公路路基改扩建施工案例

2.5.1 工程概况

晋阳高速公路改扩建工程路基全长为 34.082 km,起点位于冶头村东南,设泽州南枢纽与晋济高速公路及规划晋城东南环高速公路相接;终点位于洪上村北与 S229 阳济线相接,预留远期西延接规划的阳运高速建设条件。该项目技术标准如表 2.3 所示。根据标段实际情况,将全线划分为三个标段进行平行施工,本书将主要围绕 K0+000～K12+044.325(含南村枢纽)路段对路基拼接工艺展开论述。

表 2.3 晋阳高速公路改扩建工程技术标准

序号	项目		技术标准
1	公路等级		双向四车道;双向八车道高速公路
2	设计公路荷载		公路-Ⅰ级
3	设计行车速度		80 km/h
4	最小曲线半径		400 m
5	最大纵坡		5%
6	横断面宽度	整体式	25.5 m;40.5 m
		分离式	2×12.75 m;2×20.25 m

2.5.2 工程特点、难点及路基拼接方式

1. 工程特点

晋阳高速公路改扩建工程特点可总结为以下几点:第一,不能中断现有晋济高速公路和晋阳高速公路的交通,车流量较大;第二,需拆除左幅既有旧桥,因此将右幅新桥建设完成且可以正常通车后方可将旧桥拆除;第三,施工线路较长,构造物分散且施工难度大;第四,作业现场相邻旧晋阳高速,在个别路段开挖时将影响原有晋阳高速的路堤、边坡,对晋阳高速车辆通行安全产生一定影响;第五,改扩建施工线路较长,与城区相邻,环保管控严格。

2. 工程难点

晋阳高速公路改扩建工程的难点主要体现在新旧路基结合位置的处理,应通过技术措施避免结合位置出现差异沉降。分析该项目在施工时可能产生差异沉降的原因如下:

第一,在改扩建施工时路基结合位置的施工填料性能不同,将挖方土作为路基填料,在填料中存在大量的腐殖土;

第二,改扩建路基结合位置处的土工格栅施工质量较差,未高效结合填土部分,土工格栅的优势未能完全发挥出来;

第三,路基排水工程施工不合理,导致路基含水量较高,对路基强度产生影响。

3. 路基拼接方式

路基拼接方式是影响改扩建工程差异沉降的关键因素,结合不同加宽方式的优缺点及施工现场实际情况,在晋阳高速公路改扩建工程中综合运用单侧拼接、单侧分离、两侧拼接加宽等路基拼接方式。

2.5.3 路基拼接施工技术方案

1. 施工准备

晋阳高速公路改扩建工程路基拼接施工准备工作包括如下几点:第一,对高速公路沿线地形地貌、地质情况、地基土层结构、地下水分布情况等进行全面调研并拟定特殊地基的处理方案;第二,记录沿线路基路面存在的质量病害,包括剥蚀、裂缝、路基边坡失稳等,并进行针对性处理;第三,结合现场实际情况,制定软土地基处理方案,为改扩建工程路基结构的整体性提供保障。

2. 特殊地基处理

为确保填挖过渡段路基整体的稳定性和路面的平顺性,规避不均匀沉降问题,在纵向填挖交接位置,纵向开挖长度不小于 0.8 m,完成砂砾回填、冲击碾压、强夯等处理措施。为保证路基拼接施工质量,在该项目中严格控制特殊地基的沉降控制指标:

①完成加宽路基施工后,桥头沉降≤5 cm;
②通道与涵洞位置沉降≤10 cm,其他路段沉降≤15 cm;
③加宽路基的路拱横坡增加值≤0.5%,相邻路段纵坡变化≤0.4%;
④路堤中心线地面沉降速率≤10 mm/d,坡脚位置水平位移≤5 mm/d。

3. 挖除旧路面

利用挖掘机联合自卸汽车倒退开挖的方式对旧路面予以挖除。在对路基施工进行修整时,为保证软土路段的压实度,对相应路段槽顶层进行重新开挖并回填碾压。在路槽表面洒水后由压路机进行全面碾压,并由专业人员跟随检查轮胎印迹以及表面质量等情况,从而检查路槽表面施工质量。在轮胎印迹明显的路段重新进行洒水碾压,对翻浆部位使用挖掘机配合人工挖除后,回填粗粒料并进行碾压处理。完成碾压检查后,对路基结构的压实度及弯沉值进行全面检测,确保达到规范标准后进行路面结构施工。若上述指标经检验未达到技术标准,则将路槽下挖 80 cm,重新进行回填碾压。

4. 路基加宽拼接

为避免对既有路基结构产生过大影响,在晋阳高速公路改扩建工程中由下至上开挖台阶,将台阶地面到路中心的横向坡度控制在 3%。填筑加宽路基前,对既有路基边坡和加宽路基的基底沿着垂直坡面方向 30 cm 的清坡进行处理,在基底位置冲击碾压 20 次左右(12 km/h),避免新旧路基间出现横向或纵向裂缝。

由于施工路段的路基填料中存在一定量的砂土和粉质黏土,施工过程对台阶高度予以严格控制。非粉煤灰质路基,控制坡脚位置第一台阶的宽度和高度分别为 150 cm 和 100 cm;上部台阶的宽度和高度分别为 100 cm 和 66.7 cm,随着台阶的开挖进行填筑。在对路床底面台阶结合处施工时,将路基距离路床底面 70 cm 视为一个台阶进行开挖回填。若距离在 70 cm 以上则拆分为 40 cm 与大于 30 cm 两个台阶进行开挖回填。路床位置单独开挖 80 cm 的台阶,开挖范围为原路基土路肩外缘至路中线的 80 cm 位置。

此外,为保证改扩建施工范围路基土的抗剪强度和路基结构的稳定性,在路基填筑时于基地位置铺设一层土工格栅,在路床底部铺设宽度为 6 m 的钢塑格栅。在铺设时人工辅助拉紧,避免产生褶皱,利用 U 形钉在土层表面做好固定。土工格栅施工要求总结为如下几点。第一,在铺设土工格栅时保证平顺拉直,与下承层紧贴,其缝合、重叠、锚固等均需符合图纸及监理要求。第二,在铺设时保证强度最大方向与路堤轴线方向垂直,横向搭接长度在 100 mm 以上,纵向搭接长度在 150 mm 以上,在搭接位置使用铁丝绑扎牢靠并使用 U 形钉在地面做好固定,避免因填土而导致位置移动。第三,在土工格栅铺设完成后在规定时间内从路堤中线对称向两侧进行填土。第四,在土工格栅铺设时,要求人工拉紧,避免出现褶皱,保证在土层表面平整铺设,避免表面有石块等坚硬的凸出物。在距离土工格栅 8 cm 内的路堤进行填料,控制粒径在 6 cm 以内。第五,土工格栅铺设完毕和填料回填时间控制在 48 h 以内。第六,在回填土工格栅上首层填土时,利用轻型推土机由路堤中线向两侧填土,要求现场作业车辆必须沿着路堤轴线方向行驶。第七,在施工时若发现土工格栅损坏,应及时进行更换铺装,确保施工质量。第八,此次施工双向土工格栅抗拉强度在 50 kN/m 以上,伸长率在 3% 以上。

路段填高高度在 80 cm 以下时,针对既有路基边坡进行 40 cm 的清坡处理,将第一级台阶的开挖宽度及高度分别控制在 150 cm 和 80 cm。对于清表施工后仍未达到路床标高的情况,则开挖到路床底部,冲击碾压后再填筑,保证新旧路基结合的质量,避免出现差异沉降问题。

5. 新旧路基结合处补强处理

晋阳高速公路改扩建工程以液压夯实的方式对新旧路基结合位置的台阶边缘进行补强处理。在新建路基范围内填筑 100 cm 厚度后,则对相邻拼缝立面的 200 cm 范围内进行 3 次夯实补强,如图 2.6 所示。在补强夯实前,先使用规格为 100 cm×100 cm 的白灰方格线确定夯实范围,沿着外侧方格夯实后对内侧方格进行夯实处理,最后夯实补夯交接位置。

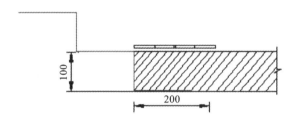

图 2.6 新旧路基结合处补强示意图(单位:cm)

6. 半刚性基层结合处施工

施工缝处理在晋阳高速公路改扩建工程质量控制中是较为关键的施工工序之一。该项目半刚性基层结合处施工工序总结如下:

①均匀喷洒水灰比为 1∶2 的水泥砂浆,喷洒量控制在 2~3 kg/m²,提高层间黏结效果;

②在新旧结构均匀涂抹环氧乳液和水泥配合比为 2∶3 的 3 cm 厚度的混凝土稳定剂,喷洒量控制在 4~6 kg/m²;

③材料摊铺前在台阶上以倒三角形状布置混合料,避免在接缝处出现大粒径过于集中或离析现象;

④初压完成后,安排现场施工人员剔除大粒径骨料,对缺料位置使用稀料进行填补;

⑤碾压新建基层时,在接缝位置50 cm处密实碾压新铺料,每次向内部碾压10 cm,确保接缝位置碾压密实;

⑥对新旧路基面结合处使用大吨位压路机跨缝碾压,保证结合处混合料充分密实。

7. 路基排水施工

为确保晋阳高速公路改扩建工程路基拼接结构的稳定性,施工中充分剖析项目沿线周边环境及地质情况,以防水、排水、集水等形式对全线路基进行排水施工,以现浇混凝土的形式建设边沟、截水沟、排水沟、急流槽等。此外,为强化路基排水效果,在施工时对路基下排水设施予以完善,对地下水位较浅的位置通过渗沟排水的方法进行排水施工,确保渗沟底部宽度满足地下水最大流量的排水需求。由于高速公路路面排水效果将对路基的稳定性产生影响,在设计施工时对填方路段予以集中排水,对挖方路段予以分散排水。为了避免自然雨水下渗至基层结构,在土路肩内设置横向与纵向排水盲沟,同时在分隔带底部和路面结构层侧面铺设防渗复合土工布,避免中央分隔带的水分下渗至路面结构层或者路基结构产生侵蚀。

2.5.4 质量检验

对特殊地基段予以沉降监测,以验证路基拼接施工沉降控制情况。沉降控制标准参照新建路基施工控制标准:沉降速率≤10 mm/d;坡脚位置水平位移≤5 mm/d。通过埋设沉降板测量高程的方法对完工后沉降值予以观测后发现,实测沉降值均在推算数值范围内。设计观测结果与推算结果表明,晋阳高速公路改扩建工程工后沉降及设计年限内总沉降量均符合设计要求标准,路基拼接施工质量得到有效控制。

第 3 章 高速公路路面改扩建施工

3.1 既有路面处治

3.1.1 旧沥青路面补强与处治

随着我国交通基础建设的快速发展,不少先期建成的路面损坏越来越明显,许多地区的路面达不到设计使用年限,在使用初期即出现车辙、坑槽、开裂、沉陷等破坏,路面使用性能迅速衰减,使用寿命大大缩短,给社会造成了巨大的经济损失。出现这些状况的主要原因是车辆普遍的超载化和重载化,路面承受的实际荷载超过设计荷载,此外还有先期建成路段的设计标准较低及养护维修不及时等原因。这些路段已无法适应目前大交通量的需求,面临着改建、扩建或提升路面等级等问题。

不论是新建还是扩建高速公路,都要涉及对既有高速公路路面的处理问题。路面破损严重的路段一般要把既有路面挖除,然后按新建路面的设计方法重新设计施工。对有中度、重度破损的路段,应视具体情况采取铣刨路面或者进行灌缝、修补坑槽等防裂措施。这部分高速公路的改扩建工程不会对既有路面进行大的翻修,而仅对既有路面进行再生处理之后铺设加铺层。

1. 路面补强的原则

路面补强处置方案的确定应遵循以下设计原则:
①尽可能利用原则;
②与新路面结构相协调的原则;
③尽可能解决既有高速公路路面的技术问题。

2. 路面常见病害维修方法

根据《公路沥青路面养护技术规范》(JTG 5142—2019),沥青路面常见病害的维修方法如下。

1) 裂缝的维修

在高温季节全部或大部分可愈合的轻微裂缝,可不加处理。在高温季节不能愈合的轻微裂缝,可采用以下两种方法进行处治。

(1) 将有裂缝的路段清扫干净并均匀喷洒少量沥青(在低温、潮湿季节宜喷洒乳化沥青),再均匀撒一层 2~5 mm 的干燥洁净石屑或粗砂,最后用轻型压路机将矿料碾压。

(2) 沿裂缝涂刷少许稠度较低的沥青。

对于路面的纵向或横向的裂缝,应根据裂缝的宽度按以下步骤分别予以处置。

(1) 缝宽在 5 mm 以内:

①清除缝中杂物及尘土;

②将稠度较低的热沥青(缝内潮湿时应采用乳化沥青)灌入缝内,灌入深度约为缝深的 2/3;

③填入干净石屑或粗砂并捣实;

④将溢出缝外的沥青、石屑及砂清除。

(2) 缝宽在 5 mm 以上:

①除去已松动的裂缝边缘;

②用热拌沥青混合料填入缝中,捣实。缝内潮湿时应采用乳化沥青混合料。

因沥青性能不好,或路面设计使用年限较长、油层老化等出现的大面积裂缝(包括网裂),此时如基层强度尚好,通过技术经济比较,可选用下列维修方法:

①乳化沥青稀浆封层,封层厚度宜为 3~6 mm;

②加铺沥青混合料上封层,或先铺设土工合成材料,再在其上加铺沥青混合料上封层;

③改性沥青薄层罩面;

④单层沥青表处。

由于土基、基层强度不足或路基翻浆等引起的严重龟裂,应先处置基层,再重新施作面层。

2) 拥包的维修

对于施工时操作不慎将沥青漏洒在路面上形成的拥包,将其除去即可。

已趋于稳定的轻微拥包,应用机械刨削或人工挖除。如果除去拥包后路表不够平整,应予以处置。

因面层沥青用量过多或细料集中而产生较严重的拥包,或路面连续多次出现拥包且面积较大,但路面基层仍稳定,则应用机械或人工将拥包全部除去,并低于路表面约 10 mm。扫尽碎屑、杂物及粉尘后用热沥青混合料重新施作面层。

对因基层局部含水率过大,面层与基层间结合不良而被推移变形造成的拥包,应把拥包连同面层挖除,晾干水分,或用水稳定性较好的材料更换已变形的基层,再施作面层。

由于基层局部强度不足或水稳性不好,使基层松软而导致的拥包,应将面层和基层完全挖除。如土基中含有淤泥,还应将淤泥彻底挖除,换填新料并夯实。在地下水水位较高的潮湿路段,应采取措施引出地下水,并在基层下面加铺一层水稳性好的材料,最后施作面层。

3)沉陷的维修

因路基不均匀沉降而引起的局部路面沉陷,若土基和基层已经密实稳定,不再继续下沉,可只修补面层,并根据路面的破损状况分别采取下列处置措施。

(1)路面略有下沉,无破损或仅有少量轻微裂缝,可在沉降处喷洒或涂刷黏层沥青,再用沥青混合料将沉陷部分填补,并压实平整。

(2)因路基沉陷导致路面破损严重,矿料已松动、脱落形成坑槽的,应按照坑槽的维修方法予以处置。

因土基或基层结构遭到破坏而引起路面沉陷,应参照"2)拥包的维修"中"由于基层局部强度不足或水稳性不好,使基层松软而导致的拥包"基层处置办法,将基层处理好后再施作面层。

桥涵台背因填土不实出现不均匀沉降的,可视情况选择以下处理方法。

(1)挖除沥青面层,在沉陷的部分加铺基层后重新施作面层。

(2)对上台背填土密实度不够的,应重新作压实处理,台背死角处的压实宜采用夯实机械夯实。

(3)对含水率和孔隙比均较大的软基或含有有机物质的黏性土层,宜进行换土处理。换土深度应视软层厚度而定。换填材料首先应选择强度高、透水性好的材料,如碎石土、卵砾土、中粗砂及强度较高的工业废渣,且要求级配合理。

(4)采用注浆加固处理。

4)车辙的维修

车道表面因车辆行驶推移而产生的车辙,应将出现车辙的面层切削或铣刨清除,然后重新铺沥青面层。在高速公路上可采用沥青玛蹄脂碎石混合料(SMA),或 SBS 改性沥青混合料,或聚乙烯改性沥青混合料来修补车辙。

路面因横向推挤形成的横向波形车辙,如果已经稳定,可将凸出的部分削除,在波谷部分喷洒或涂刷黏结沥青并填补沥青混合料,找平、压实。

因面层与基层有不稳定的夹层而形成的车辙,应将面层挖除,清除夹层后,重新施作面层。由于基层强度不足、水稳性能不好,使基层局部下沉而造成的车辙,应先处置基层。其方法可参照"2)拥包的维修"中"由于基层局部强度不足或水稳性不好,使基层松软而导致的拥包"的基层处置办法进行。

5)波浪与搓板的维修

属于面层原因形成的波浪或搓板可按下述方法进行维修。

(1)路面仅有轻微波浪或搓板,可在波谷部分喷洒沥青,并均匀撒适当粒径的矿料,找平后压实。

(2)波浪(搓板)的波峰与波谷高差起伏较大时,应顺行车方向将凸出部分铣刨削平,并低于路表面约 10 mm。削除部分喷洒热沥青,再均匀撒一层粒径不大于 10 mm 的矿料,扫匀、找平,并压实。

(3)严重的、大面积波浪或搓板,应将面层全部挖除,然后重铺面层。

若面层与基层之间存在不稳定的夹层,则面层在行车荷载的作用下推移变形而形成波浪(搓板),应先挖除面层,清除不稳定的夹层后,喷洒黏结沥青,重铺面层。

因基层局部强度不足,或稳定性差等造成的波浪(搓板),应先对基层进行处置,再重新施作面层。其处置方法可参照"2)拥包的维修"中"由于基层局部强度不足或水稳性不好,使基层松软而导致的拥包"的基层处置办法进行。

6)冻胀和翻浆的维修

因路基冻胀使路面局部或大面积隆起影响行车时,应将胀起的沥青路面刨平,待春融后按翻浆处理的方法予以处置。

因冬季基层中的水结冰引起冻胀、春融季节化冻而引起的翻浆,应根据情况采用以下方法之一予以处置。

(1)换填砂粒。

(2)局部发生翻浆的路段,可采用打石灰梅花桩或水泥砂砾桩的办法加以改善。

(3)加深边沟,并在翻浆路段两侧路肩上交错开挖宽为 30~40 mm 的横沟,其间距为 3~5 m,沟底纵坡不小于 3%,沟深应根据解冻情况,逐渐加深,直至路面基层以下。横沟的外口应高于边沟的沟底。如路面翻浆严重,除挖横沟外,还应顺路面边缘设置纵向小盲沟。交通量较小的路段也可挖成明沟,但翻浆停止后,应将明沟填平恢复原状。

因基层水稳定性不良或含水率过大造成的翻浆,应挖去面层及基层全部松软的部分;将基层材料晾晒干,并适当增加新的硬粒料(有条件时应换填透水性良好的砂砾或工业废料等),分层(每层不超过 15 cm)填补并压实;最后恢复面层。

低温季节施工的石灰稳定类基层,在板体强度未形成时渗入雨水,其上层发生翻浆的应将翻浆部分挖除,重新施作石灰稳定基层或换用其他材料予以填补,然后重新施作面层。

7) 坑槽的维修

路面基层完好,仅面层有坑槽时的维修如下。

(1) 按照"圆洞方补、斜洞正补"的原则,画出所需修补坑槽的轮廓线。

(2) 沿所画轮廓线开挖至坑底稳定部分,其深度不得小于原坑槽的最大深度。

(3) 清除槽底、槽壁的松动部分及粉尘、杂物,并涂刷黏层沥青。

(4) 填入沥青混合料(在潮湿或低温季节,宜采用乳化沥青拌制的混合料)并整平。

(5) 用小型压实机具或铁制手夯将填补好的部分压(夯)实。新填补的部分应略高于既有高速公路路面。如果坑槽较深(7 cm 以上),应将沥青混合料分 2 次或 3 次摊铺和压实。

(6) 热补法修补。采用热修补养护车,用加热板加热坑槽处路面,翻松被加热软化铺装层,喷洒乳化沥青,加入新的沥青混合料,然后搅拌摊铺,压路机压实成型。

对于交通量较小的路段,在低温寒冷或阴雨连绵的季节,无法采用常规方法,也无条件采用合适的材料修补坑槽时,为防止坑槽面积扩大,可采取临时性的措施对坑槽予以处置,待天气好转后再按规范要求重新修补。

若因基层局部强度不足等使基层破坏而形成坑槽,可参照"2) 拥包的维修"中"由于基层局部强度不足或水稳性不好,使基层松软而导致的拥包"的基层处置办法进行。

8) 麻面与松散的维修

因嵌缝料散失出现轻微麻面,在沥青面层不贫油时,可在高温季节撒适当的嵌缝料,并用扫帚扫均匀,使嵌缝料填充到石料空隙中。

大面积麻面应喷洒稠度较高的沥青,并撒适当粒径的嵌缝料,应使麻面中部的嵌缝料稍厚,周围与既有高速公路路面接口要稍薄,定型要整齐,并碾压成型。

因沥青用量偏少或因低气温施工造成的沥青面层松散,应采用以下方法加以处置:

(1) 先将路面上已松动的矿料收集起来;

(2) 待气温升至15 ℃以上时,按 0.8～1.0 kg/m² 的用量喷洒沥青,再均匀撒上 3～6 mm 的石屑或粗砂（5～8 m³/1000 m²）;

(3) 轻型压路机压实。

因油温过高、沥青老化失去黏结性而造成的路面松散,应将松散部分全部挖除,重新施作面层。

因沥青与酸性石料之间的黏附性不良而造成的路面松散,应将松散部分全部挖除,重新施作面层。重新施作面层的矿料可不再使用酸性石料。在缺乏碱性石料的地区,应在沥青中掺入抗剥离剂、增黏剂或使用干燥的生石灰、消石灰、水泥等表面活性物质作为填料的一部分,或采用石灰浆处理粗集料等抗剥离措施,以提高沥青与矿料的黏附力,并增加混合料的水稳性。

由于基层或土基软化变形而造成的路面松散,应参照"2)拥包的维修"中的"由于基层局部强度不足或水稳性不好,使基层松软而导致的拥包"的基层处治办法进行基层处置,重新施作面层。

9) 泛油的维修

只有轻微泛油的路段,可撒上 3～5 mm 粒径的石屑或粗砂,并用压路机或控制行车碾压。

泛油较重的路段,可先撒 5～10 mm 粒径的碎石,用压路机碾压。待稳定后,再撒 3～5 mm 粒径的石屑或粗砂,用压路机或控制行车碾压。

面层含油量较高,且已形成软层的严重泛油路段,可视情况采用下述方法进行处置:

(1) 先撒一层 10～15 mm 粒径（或更大的）碎石,用压路机将其强行压入路面,待基本稳定后,再分次撒 5～10 mm 粒径的碎石,并碾压成型;

(2) 将含油量过高的软层铣刨清除后,重新施作面层。

处置泛油时应注意以下事项:

(1) 处置时间应选择在泛油路段已出现全面泛油的高温季节;

(2) 撒料应顺行车方向撒,先粗后细;做到少撒、薄撒、匀撒、无堆积、无空白;

(3) 禁止使用含有粉粒的细料;

(4)采用压路机或引导行车碾压,使所撒石料均匀压入路面;

(5)如采用行车碾压,应及时清扫飞散的粒料,待泛油稳定后,将多余浮动的石料清扫并回收。

10)脱皮的维修

由于沥青面层与上封层之间黏结得不好,或初期养护不良引起的脱皮,应清除已脱落和已松动的部分,再重新施作上封层,所做封层的沥青用量及矿料粒径规格应视封层的厚度而定。

如沥青面层层间产生脱皮,应将脱落及松动部分清除,在下层沥青面上涂刷黏结沥青,并重新施作沥青层。

面层与基层之间因黏结不良而产生的脱皮,应先清除脱落、松动的面层,分析黏结不良的原因。若面层与基层间所含水分较多,应晾晒或烘干,若面层与基层之间夹有泥层,则应将泥沙清除干净,喷洒透层沥青后重新施作面层。

11)啃边的维修

对因路面边缘沥青破损而形成的啃边,应将破损的沥青面层挖除,在接槎处涂刷适量的黏结沥青,用沥青混合料进行填补,再整平压实。修补啃边后的路面边缘应与既有高速公路路面边缘齐顺。

因基层松软、沉陷而形成的啃边,应先对路面边缘基层局部加强后再恢复面层。

应加强路肩的养护工作,保持路肩稳定;随时注意填补路肩的车辙、坑洼或沟槽;经常保持路肩与路面的衔接平顺,并保持路肩应有的横坡,以利排水。

为防止路面出现啃边,宜采取以下措施:

(1)用砂石、碎砖(瓦)、工业废渣等改善、加固路肩或设硬路肩,使路肩平整、压实;

(2)可在路面边缘增设路缘石,或将路面基层加宽到其面层宽度外 20~25 mm 处;

(3)在平交道口或曲线半径较小的路面内侧,可适当加宽路面。

12)磨光的维修

高速公路抗滑能力降低,已磨光的沥青面层,可用路面铣刨机直接恢复其表面的粗糙度。

路面石料棱角被磨掉,路面光滑,抗滑性能低于要求值时,应加铺抗滑层。

对表面过于光滑,抗滑性能特别差的路段,应做罩面处理:

(1)可以采用拌和法或层铺法施工的单层表面处置,也可以采用乳化沥青稀浆封层；

（2）罩面前，应先处置好既有高速公路路面的各种病害。若既有高速公路路表有沥青含量过多的薄层，应将其刮除后洒黏层油。罩面及封层的技术要求应符合现行《公路沥青路面施工技术规范》(JTG F40—2004)的规定。

3. 旧沥青路面加铺

（1）加铺前旧沥青路面处置弯沉控制指标。

对旧沥青路面进行常规病害处理后，采用单点实测弯沉指标（根据既有路面检测数据进行数理统计后而得）对全线旧沥青路面进行控制，达到要求后方可施作加铺层，具体指标和处理方法如下：

①单点实测弯沉值小的路段，不进行处理；

②单点实测弯沉值适中的路段，刨铣沥青路面，处理基层，回填基层＋沥青下封至既有高速公路路面（仅在处理土质路基面积较小的路段回填 20 号水泥混凝土）；

③单点实测弯沉值较大的路段，刨铣沥青路面和基层，采用与基层相同的材料回填底基层和基层＋沥青下封至既有高速公路路面（在处理土质路基面积较小的路段回填 20 号水泥混凝土）；

④采用上述方法处理结束后，施作新路面之前，需再次对旧沥青路面进行弯沉检测，以单点实测弯沉满足要求为标准，对经既有高速公路挖除处理后单点实测弯沉值不满足要求的路段，采用铺贴玻璃纤维格栅的方法处理。

（2）沥青路面加铺的目的。

对于不同状况的既有高速公路路面进行加铺的目的如下：

①加强结构强度以延长使用寿命；

②修复面层外形，以提高行驶质量和路面排水性能；

③恢复因交通而磨光的既有高速公路路面的抗滑性能；

④恢复磨损、老化面层的美观。

沥青混凝土加铺层的性能评价指标包括结构承载力、行驶质量、平整度和耐久性。

（3）路面加铺的几种情况。

目前国内对加铺前的既有高速公路路面处理主要分两种情况：

①保留既有高速公路路面，是指既有高速公路路面经过裂缝、松散和变形处理后仍然保持既有的结构整体稳定，具有较高的抗压强度和刚度，并作为加铺设

计中的主要承重结构层;

②在既有高速公路路面断板、脱空等各种病害损坏严重时,采取断裂或破碎旧混凝土路面,然后再加铺水泥混凝土或沥青混凝土路面的方法。按破碎程度的不同,该方法可分为断裂稳固法和碎石化法。

(4) 加铺方案的设计原则。

①按照科学、可靠、可行、经济的指导思想,尽可能应用成熟技术,确保工程的成功。

②路面结构内部应按照防排结合的原则进行防排水设计,将路面结构与防排水进行综合设计,尽量防止雨水渗入路面结构与路基内部,排除可能渗入路面结构内部的雨水。

③适当提高路面的结构承载能力,以满足交通量的需要,也要考虑超载、重载车辆的行驶;综合考虑不同方向各互通区间交通量的大小与轴重的差别。

④路面结构方案应方便施工与施工组织,确保交通畅通与交通安全,尽可能采用机械化作业,提高劳动效率与施工速度,减少人工作业环节,保障施工质量、施工进度与人员安全。

⑤在满足技术要求(交通量和使用性能)的条件下,按因地制宜、合理选材、节约投资的原则,进行路面结构方案的技术经济比较,选择技术先进、安全可靠、经济合理、方便施工与施工组织的结构方案。

⑥尽可能采用较薄的路面结构,减少对沿线交通设施的影响;减少桥梁恒载;减少对天桥净空的影响;减少对软弱地基及高填方不均匀沉降的影响;减少路线纵坡的频繁变化可能造成的路面纵向不平整和行车舒适性降低。

⑦路面结构方案应注重环境保护的有关规定,合理安排沥青混合料的拌和站位置,妥善处理旧水泥混凝土破碎块体废料及废弃沥青混合料,保护环境,减少对环境的影响。

(5) 加铺设计方法。

《公路沥青路面设计规范》(JTG D50—2017)规定,既有路面破损严重或结构性能不足时,无论采用直接加铺方案还是刨铣至某一结构层再加铺,均应对加铺层进行结构验算,加铺层的设计参数应按新建路面结构确定。既有路面破损不严重或结构性能较好时,采用直接加铺方案或刨铣至某一结构层再加铺时,应同时对既有路面结构层和加铺层进行结构验算,加铺层的设计参数应按新建路面结构确定。对于整体强度符合要求的旧沥青路面,对旧沥青路面局部病害进行维修补强,并换算为一定的有效厚度后,作为加铺新面层的一个结构层。

磨耗层必须具有良好的抗车辙、抗表面开裂、抗滑等性能。采用品质差的沥青混合料作磨耗层时,增加其厚度并不能减小沥青层的车辙,反而可能增大车辙。根据交通条件、环境、当地经验、经济性等,磨耗层可考虑选用 SMA、Superpave 密级配混合料。

如果交通量不大或者货车交通量较低,采用密级配的 Superpave 混合料较适合,混合料的设计主要考虑车辙、不透水性、抗水损性能以及抗磨耗等要求。为提高路面抗车辙、耐久性及不透水性,采用 SMA 作磨耗层可获得较好的效果,特别是在重载交通道路上。

长寿命加铺层的中间层起扩散荷载的作用,必须保证稳定、耐久。稳定性能的获得可以通过粗集料形成石-石嵌挤骨架结构和采用合适的高温等级沥青胶结料实现。为保证稳定骨架结构能形成较高的内摩擦力,要求采用轧制的碎石或破碎砾石,选择较大粒径的集料。如果能形成石-石嵌挤骨架,也可以采用粒径小一些的集料,效果也较好。在进行混合料设计时,宜进行抗车辙等试验。

沥青基层需抵抗在路面荷载反复作用下造成的弯拉应力引起的疲劳开裂,应具有高柔性、抗疲劳、密水性好等特点。从提高混合料抗疲劳性能角度考虑,可以采用较高的沥青用量或者采用改性沥青增加基层的柔性来提高其抗疲劳开裂性能及抗变形能力。采用改性沥青的路面称为耐应变路面,其层底最大拉应变极限值可以提高一些,这样结构相对薄一些。另外,增加沥青层厚度,以降低沥青层层底拉应变,可以显著提高沥青层的抗疲劳寿命。

当考虑水的影响时,采用高含量沥青混合料能保证其水密性,有利于路面结构的受力。

纵观国外已有或将建的长寿命路面材料和结构形式,面层多采用 SMA,中间层采用较高模量的沥青混凝土。

集料级配组成设计必须采用密级配的骨架结构设计,尽量减小混合料的空隙率;且必须要求集料表面粗糙、棱角性好,针片状含量少,以增强其抵抗疲劳破坏的能力。

作为长寿命加铺层的磨耗层,除必须具有抗滑、抗车辙等基本性能外,还必须具有抗疲劳开裂、抗磨耗等路用性能。

对于高速公路扩建工程项目而言,所关心的是沥青路面的使用状况或以下三个指标:①路面结构的承载能力(PSSI);②路面的表面使用性能(PCI);③路表的车辙指数(RQI 或 IRI)。

针对 PSSI 偏低的路段,建议以检测单点弯沉值的测定结果和反算的动态模量为依据,在调查历年养护资料的基础上,对该部分路段进行开窗,即挖除旧沥青面层和基层,然后回填基层和恢复面层。当然,在恢复的过程中,应根据现场状况、施工季节、已有的工程经验、当地的材料等因素合理选择基层、面层结构,一定要保证结构层的承载能力。

对于评价结果中由于 PCI 值偏低而导致评价结果中 RQI 偏低的路段,主要是由于既有路面的表面性能不足而产生的,建议结合检测单位既有公路状况调查的结果,采用灌缝、局部挖补、罩面等措施进行恢复。其中灌缝仅适用于单一裂缝。如局部已经出现网裂、推移,则必须采用挖补方案,要求挖补到出现破坏的层位。如沥青路面结构本身的状况良好,沥青的老化、构造深度不够、局部车辙等影响行车安全,导致路面使用性能下降,则可以考虑采用沥青混合料罩面的方式恢复其表面功能。

4. 沥青路面大修措施

沥青路面可采用的大修措施有三种:加铺沥青混凝土面层、加铺水泥混凝土面层和翻修。其中最常见的措施是加铺沥青混凝土面层,这种措施具有方法简单、工期短、造价低、对交通影响小、修复后的路面服务性能好等优点,近年来得到广泛的应用;加铺水泥混凝土面层的厚度一般不低于 20 cm,其造价要高于加铺沥青层,而且该措施的养护期长达 28 d,即使掺加了外加剂,对交通影响也很大,难以应用于交通繁忙的路段,同时由于水泥混凝土路面自身的特点,如平整度较难控制,还有断板、错台、接缝破碎、板底脱空等损害,而修复这些损害的成本及技术措施都较复杂;至于翻修,一般仅适用于路面破损相当严重,无法加铺沥青层和水泥混凝土层的情况,或路面高程严禁升高的地段,该方法中旧沥青混凝土的清理、运输、废弃均需大量成本,对交通和环境的影响很大。因此,对于重交通沥青混凝土路面而言,其最可行的修复措施是加铺沥青混凝土层。

5. 微表处和稀浆封层技术

对于部分路段产生较为严重的车辙现象,这可以采用微表处和稀浆封层技术进行处理,特别是微表处技术,当然也可以采用薄层罩面的方式。微表处和稀浆封层作为一种单层摊铺厚度仅 3.2~11 mm 的薄层结构,主要具有封水功能、抗滑和耐磨耗功能、填充功能、恢复路表外观的功能。但在使用过程中,应注意:

①路面结构强度不足和出现结构性破坏时,应首先进行补强处理;

②既有高速公路路面有结构性车辙,或者车辙深度过大时,应对车辙进行预先处理;

③既有高速公路路面表面太光滑、完全丧失构造深度时,宜采用双层摊铺;

④既有高速公路路面存在宽裂缝时,应首先进行灌缝处理。

6. 封层和罩面技术

根据工程的实际情况,可采用封层或罩面处理。现对目前工程上所采用的封层或罩面技术阐述如下。

1) 改性沥青混合料罩面技术

在发达国家,改性沥青的应用十分广泛。沥青改性的主要目的如下。

(1) 提高沥青的热稳定性,以减轻路面在高温状态下产生的塑性变形,避免出现泛油、拥包、车辙等病害。

(2) 提高沥青的抗裂性能,以减轻路面在低温状态下产生的刚性收缩,避免出现早期冻裂。

(3) 提高沥青的耐久性能,以减轻路面由于高温拌和、摊铺及使用过程中出现的老化现象,造成老化损害。

(4) 提高沥青与矿料的黏附性能,以保持沥青混合料之间的内聚力,防止水分在界面上的浸入,造成遇水剥落损害。

在沥青路面中罩面工程及大修、改善工程中使用改性沥青混合料,应注意以下几点。

(1) 基质沥青的选择。要根据本地的气候条件、沥青面层结构类型、施工方法、施工季节、施工路段的交通条件、价格及来源等因素,选择具体用于改性的基质沥青标号。若从提高沥青路面使用性能的角度出发,在希望提高高温稳定性的施工路段,基质沥青的标号宜为本地同类高速公路使用的沥青标号;在希望提高低温抗裂性能的路段,基质沥青的标号宜为针入度大一个等级的沥青标号。

(2) 沥青改性剂品种、牌号与掺量的确定。基质沥青选定后,根据沥青改性剂的选择原则,确定沥青改性剂的具体品种与牌号。然后,要对改性沥青进行详细的室内试验,以确定沥青改性剂的品种、牌号和掺量。

(3) 改性沥青混合料技术性能的检验。对于改性沥青混合料,要进行马歇尔试验,以确定合适的改性沥青用量及矿料级配。除了马歇尔试验,还要对改性沥青混合料进行车辙试验、弯曲试验、水稳定性等试验,以评价其技术性能。

2) SMA 混合料罩面技术

与普通沥青混合料相比,SMA 混合料的特点如下:级配设计理论采用间断级配、沥青用量多、粗集料含量高、矿粉用量多、空隙率小、添加纤维稳定剂、配合比设计要求严格等。

SMA 混合料的技术性能非常好,主要有以下几点。

(1) SMA 混合料中粗集料含量高,增加了集料与集料之间的接触面,沥青玛蹄脂部分仅填充了粗集料之间的空隙,交通荷载主要由粗集料骨架承受,即使在高温条件下,沥青玛蹄脂的黏度下降,对这种抵抗能力的影响也会减小,因而 SMA 混合料有着较强的高温抗车辙能力。

(2) 由于 SMA 混合料中的粗集料之间填充了足够量的沥青玛蹄脂,它包裹在粗集料表面,即使在低温条件下,随着温度的下降,混合料收缩变形使集料被拉开时,沥青玛蹄脂仍具有较好的黏结作用,它的韧性和柔性使沥青混合料有着较好的抵抗低温收缩变形能力。

(3) SMA 混合料的空隙率很小,几乎不透水,混合料受水的影响很小,能够大幅度减少路表水对混合料的浸入,再加上沥青玛蹄脂与集料之间的黏结力强,SMA 混合料的水稳定性很好。

(4) 由于 SMA 混合料沥青含量高、沥青膜厚、变形率小,沥青与矿料之间的黏结力很强,混合料的空隙率很小,沥青与空气的接触少,所以该混合料不易发生松散、变形、脱粒等病害,抵抗稳定变化的能力和交通荷载型裂缝的性能均比较好。使用 SMA 混合料,能够提高沥青路面的抗老化性能、耐疲劳性能,其使用寿命大大高于密级配沥青混凝土的使用寿命。

(5) SMA 混合料的高温稳定性比较好,可使路面长期保持稳定而不变形,因而具有较好的平整度和行车舒适性。此外,由于 SMA 混合料压实后表面构造深度大,在雨天行车不会产生大的水雾和溅水,夜间行车会减少行车灯光反射,路面噪声可降低 3~5 dB。

SMA 混合料也有其缺点,主要是配合比设计要求较严,不易达到设计指标;对沥青与矿料的质量要求较高;施工难度较大,大量的矿粉不易加到混合料中,添加纤维稳定剂比较麻烦,摊铺、压实工艺比较讲究;初期投资比较大,成本比较高。

可在交通量大、重载车辆多、使用条件恶劣的高速公路用 SMA 混合料进行中修罩面,或在大修、改善工程中铺筑上面层。

3) 开级配磨耗层(OGFC)

开级配磨耗层(OGFC)具有较高的孔隙率,使水容易经混合料内部的孔隙排出,可显著减轻路面的水漂和轮胎溅水现象,同时可降低路面噪声。这种路面通常主要使用单一尺寸的开级配混合料,以保证有足够的孔隙率。

OGFC沥青混合料设计有别于传统的沥青混合料,在沥青混合料设计过程中应遵循以下原则:足够数量的"石料"、间断级配、有限数量的黏结剂。

OGFC改性沥青混合料在生产与铺筑过程中,由于材料特性的影响应注意如下问题。

(1) 拌和温度不宜超过170 ℃。由于缺少细集料与填料,与传统的密级配沥青混合料相比,沥青胶结料的黏度偏小且更容易受温度的影响,为了防止OGFC沥青混合料在生产、运输与摊铺过程中发生离析,拌和温度不宜太高。

(2) 碾压时应尽可能采用光轮压路机进行静压,以免压碎石料。

(3) 当刚开放交通时,沥青容易粘到轮胎上,从而导致施加切向荷载严重的地方集料剥落。为了防止这种剥落,建议开放交通前在表面撒大约 50 g/m^2 的填料(细粒径<0.08 mm)。

总的说来,OGFC最突出的优点在于提高了路面的防滑性能,尤其是雨天行车时的路面防滑性能。但OGFC在抗松散能力及抗老化能力方面与密级配沥青混凝土相比仍有一定的差距。

4) 碎石封层

(1) 传统的碎石封层。传统的碎石封层就是在沥青喷洒后随即加铺一层集料。这种路面处理方法可用于单层或者多层路面施工。在多层碎石封层中,上层集料的尺寸比下层小。

在铺设碎石封层时,首先将快裂沥青乳液(或胶体沥青)以较大的用量喷洒一遍,随即铺上一层集料。沥青的用量要求为覆盖50%～70%的集料。单一粒径的集料较好,因为它能产生较高的抗滑力水平。集料面层铺好之后要立即用钢轮压路机或轮胎压路机碾压路面,以确保集料最大限度地嵌入路面,碾压完成后即可开放交通,但要控制车速。其不足之处就是当碎石未充分埋入沥青中又未清扫时,容易发生飞石现象,还可能产生交通控制时间较长及路面泛油等问题。

(2) 夹心式碎石封层。夹心式碎石封层是指使用两层碎石封层但只用一遍结合料。这种方法首先铺一层大的集料,然后喷洒沥青乳液,最后再铺一层小的集料。夹心式碎石封层是把单一粒径4.75～9.5 mm经过冲洗的碎石撒铺在清洁干燥的路面上,可用轻型钢轮压路机碾压以封闭该层碎石,然后喷洒传统单层处理用油量的 1.2～1.5 倍的沥青结合料,接着撒铺第二层单一粒径 2.36～4.75 mm 冲洗过的碎石,最后用轮胎压路机碾压。

(3) 好望角封层。好望角封层是在碎石封层上再铺一层稀浆封层。用传统的方法先铺设一层碎石封层,养护之后再铺上一层稀浆封层以填充覆盖层石子之间的孔隙。两者之间应有 4～10 d 的养护时间。好望角封层的特点是表面无松散石子,这种封层最适合交通量大的高速公路,它表面严密,抗滑能力强,服务寿命相对较长,但施工时间过长。

(4) 橡胶沥青碎石封层。橡胶沥青碎石封层与传统的碎石封层相似,只是它的沥青结合料是由磨细的轮胎橡胶与沥青混合而成的,橡胶外掺剂可增强结合料的温度敏感性、弹性和黏结性。用它来处理不太严重的疲劳裂缝和间距很近的随机块段裂缝时效果很好,但它也要求高速公路表面结构完好,不能有变形。

(5) 热预拌碎石封层。热预拌碎石封层与传统的碎石封层有相同的使用目的,只是预先将碎石用少量沥青热拌,表面呈黑色但不互相黏结。它更适用于大交通量的高速公路,因为它可以最大限度地减少松散碎石,并且能够降低噪声,增加表面摩擦力。

(6) 掺加织物碎石封层。掺加织物碎石封层用来处理开裂路面。首先在路面上喷洒第一层沥青,用连续的滚桶铺设玻璃纤维,玻璃纤维按一定的长度剪短,随机撒铺在第一层沥青上;然后喷洒第二层沥青,从而形成"沥青-纤维-沥青"的复合沥青层;最后在该沥青层上铺碎石碾压。这种处理方法适用于交通量较小的低造价路面。

5) 薄层罩面技术

薄层沥青混凝土泛指层厚较薄的沥青混凝土路面,其中又包括两个方面的含义:一是指整个沥青路面结构层较薄;二是指厚度较薄的沥青表面层(15～30 mm)。

目前在国内高速公路上所用到的薄层罩面类型主要有 SMA 薄层罩面、开级配磨耗层(OGFC)、多碎石沥青混凝土(SAC)等。

薄层罩面的主要优点:服务寿命长;可以在受控制的条件下科学设计和施工;能设计成承受重载交通和高剪切应力的混合料;具有平整、抗滑性能好的表面;可被铺成需要的厚度、纵坡和横坡,并压实成平整、耐久的表面层;石料不会脱落,因此不会损坏挡风玻璃;施工过程中产生的尘土量最小;不需要养护期;中断交通时间最短,可以立即开放交通;噪声小;没有沥青泛油现象;可以用作分期建设的一部分;容易养护。

7. 沥青路面防裂技术

半刚性基层材料和沥青材料对温度和湿度变化比较敏感,在其强度形成过程中及营运期间会产生干缩裂缝和低温收缩裂缝。在路面交通荷载的重复作用下,半刚性基层的这种干缩裂缝和低温收缩裂缝会扩展到沥青路面面层形成反射裂缝。路面裂缝不仅影响路面美观、降低平整度,而且会削弱路面的整体强度。特别是路面开裂后水分通过裂缝渗到路面基层、底基层甚至土基,削弱基层、土基的强度,从而加剧路面的破坏程度,缩短路面的使用寿命。

半刚性基层沥青路面的反射裂缝形成原因复杂,影响因素诸多,与材料性能、结构层组合设计、温湿循环、车辆荷载疲劳作用及施工工艺有关。其防治是一项复杂的工作,必须根据相关因素作出全面考虑,采取切实可行的措施才能取得预期的效果。沥青路面防裂措施主要从以下几个方面进行考虑。

(1) 合理选择面层材料。应选用劲度模量大、温度敏感性低的沥青或改性沥青作为面层材料,采用具有良好级配的集料,减少沥青面层自身温湿效应,并增强对基层可能形成反射裂缝的预防。

(2) 合理选择基层材料和水泥剂量。对半刚性基层无机结合料,应通过试验确定其最佳组成成分,以便使其抗裂性能尽量符合当地环境条件的要求,提高其早期强度,增大其弯拉强度,减弱温湿效应,提高耐用性,增强抗裂性能,减少基层自身裂缝或使其不产生裂缝。水泥剂量应通过试验和以往经验确定,一味求高往往会适得其反。

(3) 防止基层开裂。在基层施工中,应注意保湿养护并及时施作封层处理,以防止基层初期破坏和产生干缩裂缝;应确保基层的压实度并充分注意其压实的均匀性,以防止基层不均匀沉陷而导致开裂。另外,在基层上采用预切缝(缝深不小于1/3板厚)也是一种行之有效的方法。可根据实际情况,每隔10~50 m切一道横缝并用沥青胶砂灌缝,并在切缝处铺设土工织物,以防止不规则裂缝产生并向上延伸。

(4) 对于旧水泥混凝土路面改造成的沥青路面,要采取有效办法确保旧混凝土路面板块的稳定,避免板块间异常变形引起反射裂缝。

(5)选择适宜的施工季节进行施工。半刚性基层和沥青面层施工季节宜在春、秋两季,这样不但可减少早期裂缝,同时还可降低温缩裂缝产生的概率。这对于有效防裂非常有利。

3.1.2 旧水泥混凝土路面维修与改造

1. 旧水泥混凝土路面养护与维修技术

遏制混凝土路面病害发展势头,要从导致混凝土路面病害的主要因素上采取措施,逐步采取处治对策,使混凝土路面路况尽快得到改善,其中关键问题是水泥混凝土路面的防排水问题,防水主要是日常养护中对接缝的养护,排水则重点是完善路面排水系统。旧水泥混凝土路面加铺补强层的作用主要有两方面:一是防止旧板裂缝或接缝扩展到沥青面层形成反射裂缝;二是补强路面结构,提高路面承载能力。另外,补强层还能起调平层和刚性、柔性材料过渡层的作用。

(1)接缝养护技术。

接缝是水泥混凝土板块的薄弱部位,填缝料老化要立即更换,否则路表水沿缝渗入,侵蚀基层。填缝料应满足以下条件:与水泥混凝土板缝壁具有较好的黏结力,当混凝土板伸缩时,填缝料能与混凝土壁黏结牢固,而不致从混凝土缝壁上拉脱;具有较高的拉伸率,能随混凝土板胀缩而伸缩,而不致被拉断;耐热及耐嵌入性好,在夏季高温时,填缝料不流淌,砂石杂物不易嵌入,保证混凝土板伸胀不受阻;具有较好的低温塑性,在冬季低温时,不发生脆裂,仍具有一定的延伸性;耐久性好,在野外恶劣的气候条件下,能在较长时间保持良好的使用性能,不过早发生老化;施工方便,价格适中。

接缝板主要有软木板、聚氨酯硬泡沫板、松木板。软木板具有耐磨、耐腐蚀、透水性小、透气性低、富有弹性、质地轻柔等特点;聚氨酯硬泡沫板具有吸水性小、耐磨、耐油、耐腐蚀、耐热等特点;松木板是公路部门多年采用的传统接缝材料,由于木板复原率低,树节较多,易吸湿,易腐蚀,效果较差。

填缝料分为加热施工式和常温施工式。加热施工式填缝料有聚氯乙烯胶泥、ZJ型填缝料、橡胶沥青,其性能参见表3.1。

表 3.1 加热施工式填缝料灌入温度

材料	时间								施工加热温度/℃
	100 ℃	110 ℃	120 ℃	130 ℃	140 ℃	150 ℃	160 ℃	170 ℃	
聚氯乙烯胶泥(软)	6'29"	3'26"	2'17"	52"	19"				130~140
聚氯乙烯胶泥(硬)	21'	5'8"	4'15"	3'12"	1'26"	59"			130~140
ZJ 型填缝料	13"	8"	9"	19"					130~140
橡胶沥青	流淌较困难								170~180
橡胶沥青 1 号					25'			7'	

缩缝施工时,为保证清缝质量,对杂物充填较多的纵缝,必须用切缝机切割,其他缝也应用铁钩对杂物和老化的填料进行清理,然后用高压气体吹净。对加热型填缝材料,按规定进行熔化,使其具有较好的流动性,加热温度不宜过高或过低,时间不宜过长,以避免材料老化或流动性较差。用黄油枪或扁嘴铁壶沿缝方向均匀浇灌加热后的填缝料至缝填满为止(不宜过高或过低),灌缝深度至少应大于 1.5 cm。灌缝应在路面干燥及路面板下没有积水时进行,保证填料与缝壁黏结牢固且不被高压水剥离、挤出。根据填缝料性质,做好施工交通控制工作,待填缝料冷却后开放交通(一般需 30 min),以免其被行车粘掉。坚持周期性养护,根据填料有效使用寿命,对全部构造缝进行全面清缝和普灌,其后每年入冬和雨季之前进行补灌,保证构造缝全部密封。胀缝在日常养护中应用主要有两种情况:对传荷功能正常的胀缝注意检查其伸缩量,及时灌注 TS 胶泥,以防止收缩过大而渗水和嵌入杂物,破坏其作用;高温季节混凝土胀缝易出现拱起和爆裂现象,这种现象主要出现在坡顶和坡下桥头等处,对此应根据不同情况采用切宽胀缝以释放能量,填筑柔性材料代替切除部分。切割宽度可视拱起面板的长度和碎裂的混凝土面板的范围而定,一般不宜超过 30 cm。

(2)裂缝处治技术。

灌缝材料有环氧树脂类、聚氨酯与改性聚氨酯类、烯类及沥青橡胶类。环氧树脂类灌缝材料有耐热、活性高、内聚力高、黏附力强、收缩率较低等优点,但它本身延伸率低,脆性大,因此需对环氧树脂进行改性,加入低分子液体改性剂、增柔剂、增韧剂等。常用的改性环氧树脂类材料有聚硫改性环氧灌缝材料、双组分快速固化灌缝材料。

聚氨酯类灌缝材料耐振动性和抗疲劳性好,且耐低温性能比其他有机类胶黏材料都好,并具有高度的极性和活泼性,对水泥混凝土具有极高的黏附性,聚氨酯固化时几乎没有任何副产物产生,因此不会产生胶接层缺陷。聚氨酯类胶液的化学结构因聚合反应中所用的材料不同而异,主要有多异氰酸酯胶黏剂和端异氰酸酯基聚氨酯预聚体型胶黏剂。前一种胶黏剂具有很高的胶黏性和耐疲劳坚固性,后一种胶黏材料具有起始胶结强度高、弹性好、耐低温、耐疲劳等优点。

烯类灌缝材料主要由烯类聚合物配制而成,主要类型有氯基丙烯酸酯胶黏剂、(甲基)丙烯酸树脂胶黏剂、聚醋酸乙烯酯乳液胶黏剂。氯基丙烯酸酯胶黏剂的最大优点是室外固化时间快,24～48 h 内可达到最高抗拉强度,为 25～35 MPa,另外,它具有黏度低、透明性好、胶结强度高、气密性好等优良性能,但价高且较脆、不耐振动和冲击。(甲基)丙烯酸树脂胶黏剂耐热性、耐水性、耐介质性、耐大气老化性能都比较好,但制备较复杂。聚醋酸乙烯加入适量的增稠剂、增塑剂、溶剂、填料、消泡剂和防腐剂等成分后,通常具有许多优良性能,如耐腐蚀、耐水、胶结性能优良等,但选用它作灌缝材料时应注意修补施工季节,环境温度不宜过低,否则将影响其胶结强度。

水泥混凝土路面裂缝形式多样,处治时要根据具体情况采用相应的技术措施。缝宽不足 0.5 mm 的非扩展性表面裂缝,采用压注灌浆法;局部性裂缝,且缝口较宽时,采取扩缝灌浆法;对贯穿全厚的裂缝,采用条带罩面法。对裂缝宽度大于 3 mm 的裂缝,用环氧树脂与固化剂搅拌均匀后直接灌注。

(3) 错台处治技术。

对出现错台的板块,先采用压浆调整,恢复平顺,调整后仍有高差,且错台量小于 10 mm,可用建筑磨平机打磨掉高出的部分或人工凿除高出部分,凿除(打磨)宽度一般为 10～30 cm。错台量大于 10 mm 的,在低的一侧用沥青砂或细粒式沥青碎石衬平,衬补长度为高差的 1%～2%;也可用聚合物水泥砂浆薄层修补,修补前应用钢丝刷将原路面清理干净。

(4) 非结构性病害处治技术。

大面积麻面、露骨、平整度差等结构性病害,常采用沥青混凝土罩面处理,处理厚度应大于 2.5 cm,施工应满足《公路沥青路面施工技术规范》(JTG F40—2004)的要求,罩面前要对破碎板及整个路面进行修补和压浆处理。一般的麻面可不作处理,只对露骨严重部分作整段处理,可用聚合物砂浆作薄层处理,其配合比为水泥∶砂=1∶2,用 J6 型胶液拌和至均匀稠度,在清洗干净的混凝土表面涂上Ⅳ型超早强界面剂,待稍干后,将聚合物砂浆均匀摊铺在路面上,厚度在 15 mm 以下,抹平、整形、拉纹、养护 8 h 即可开放交通。

(5) 破碎板块修补技术。

采取换板方式处理水泥混凝土路面严重破碎板,即挖除整块破碎板,然后浇筑水泥混凝土,板厚与原面板厚度一致,但一般不宜小于24 cm,否则可采用钢筋混凝土进行修复。板角断裂等破损采用局部修补方式,即将板角断裂的部分凿成正方形或矩形,在原板壁上加装传力杆后,在凿除位置浇筑混凝土。其具体施工要点如下。

①板块破碎、凿除。

先用凿子在破碎板块的边角位置破出临空面(缺口),用风钻或钻子成孔,再打入钢楔子,将板块破开,需利用的板块应基本破为方形,尺寸不大于40 cm×40 cm。

②基底清理。

破碎板块清运后,原路面基层是素土层、软弱层时,应将其彻底挖除,小范围的用15♯混凝土修补,大范围的用水泥稳定碎石等水稳定性较好的材料修补。修补后的基层顶面标高按保证新浇筑的面板厚度控制,表面应平整并满足路拱要求,其相邻的完好板块的基层存在问题时,应将其掏挖5~10 cm宽,并用混凝土进行修补。

③拉杆、传力杆补设。

破碎板块清除后,其相邻板上的拉杆、传力杆缺损的应按原构造要求补设,板角断裂等局部破碎板块清除后,应在其与原板的接合位置增设拉杆,即用冲击钻在原板壁或相邻板壁上打孔至要求的埋置长度,然后用风枪清孔,用配制好的环氧砂浆填充钻孔后,再将拉杆打入(设置传力杆时不用环氧砂浆填充钻孔)。

④混凝土拌和及运输。

采用早强混凝土修补破碎板块,其材料配合比应通过试验确定每立方米混凝土各种材料参考用量。早强混凝土材料配比试验数据如表3.2所示。

表3.2 早强混凝土材料配比(单位:kg)

425♯水泥	石子	砂	水	JK24外掺剂
420	1250	570	150	70
450	1292	540	160	72

即水泥:碎石:砂:水:早强剂=1:2.98:1.36:0.36:0.17或1:2.87:1.20:0.36:0.16,或425♯普通硅酸盐水泥:快通Ⅰ型修补剂:水:碎石:砂=1:0.16:0.386:3.66:1或1:0.16:0.395:3.37:1.55。投料拌

和顺序为:石子→水泥→外掺剂→砂→干拌 30 s→加水→湿拌 60~90 s。拌和后混凝土坍落度应不大于 1 cm,其他指标满足普通混凝土要求,拌和后的混合料应在 30 min 内运输至工地使用。

⑤钢筋网制作。

采用钢筋混凝土进行修复时,一般情况设单层钢筋网,路基软弱处设上、下两层钢筋网,并用架立钢筋绑扎成钢筋笼。且其上下设保护层厚度均不小于 6 cm,钢筋网采用光面Ⅱ级钢筋,钢筋间距、直径应根据计算确定。

⑥混凝土浇筑。

浇筑前应在原板块保留部分的壁面上均匀涂刷界面剂,以增强新旧板块的结合力,其邻板板壁上应涂刷沥青或其他隔离剂。整块板单层网混凝土应分两层摊铺,先摊铺 15 cm,振捣整平后,铺钢筋网,再摊铺顶面混凝土并振捣密实。需设双层钢筋网时,应用垫块固定钢筋笼然后浇筑混凝土。混凝土从拌和到浇筑成型、抹面完成时间应不超过 1 h。

⑦接缝设置。

a. 横向缩缝采用假缝,每 5 m 设置一道缩缝,一般应与原路面横缝对齐,新浇筑的混凝土与旧面板在纵向的接合处应设置成工作缝,并加设传力杆。所有新设缩缝应在开放交通前用聚氯乙烯胶泥或 TS 胶泥灌缝。

b. 横向两块板同时浇筑时应设纵向缩缝并加拉杆,其直径、间距由计算确定。

c. 桥涵两端及原胀缝位置,均应设置胀缝。

⑧养护。

混凝土抹面完成后不迟于 1 h 必须养护,采用"JK"系列早强剂的早强混凝土,养护应用塑料薄膜覆盖,将四周封严,保水养护(不得洒水养护);采用"快通"系列早强混凝土可洒水养护,也可保水养护。养护时间应以新浇筑的混凝土板达到设计强度的 80% 为准,具体时间可参照早强剂型号说明并依试件实验情况而定。一般温度、湿度均较适宜情况下,1~2 d 可开放交通。

(6)脱空板处治技术。

路面使用期间出现的裂缝、破碎板几乎都与板底脱空情况有关,即使一些当时看来既没有破碎又没有裂缝的板块,其板底仍可能存在脱空情况,这种病害较隐蔽,但危害性非常大。在路面修复中,脱空板若不处理,即使加铺层达到 20 cm,也无法防止反射裂缝的出现。

水泥混凝土路面由于其自身的特点需设置胀缝及施工缝,因施工及使用等常出现裂缝,这些都是雨水渗入路面结构内的途径。而渗入路面结构内的水,会降低基层强度与刚度,在行车荷载的重复作用下,引起唧泥、脱空、错台乃至断板,导致路面结构破坏。因此,完善现有水泥混凝土路面排水系统是养护的关键技术之一。

（7）路表排水系统完善技术。

对边沟淤塞、积水路段,加强经常性清理、疏通,改变边沟纵坡,加深、加大边沟尺寸;对应设边沟而无边沟的路段,利用混凝土破碎板或片石增砌边沟及排水沟;对通过城区、乡镇路段,利用涵管采取明沟和暗沟结合的方法设置排水系统,使路表水和路基边沟汇水尽快排出路外,全面解决路基积水浸泡问题;对地下水位高,路基低或通过农田、水塘路段,加深浆砌排水沟或增设截水沟,防止雨季路基外侧水渗入路基。

为使路面降水迅速排入路基边沟中,对设置高路缘石或高路肩,由泄水槽集中排水的路段,当排水能力不足或路表滞水时间较长、积水较多时,应增加泄水槽数量。对一般路段,土路肩横坡应大于路面横坡 1%～2%,并加强路表各种缝隙的灌填封闭工作,减少路表水下渗。

（8）现有水泥混凝土路面结构排水完善技术。

已建成的水泥混凝土路面增设内部排水设施,将从各种缝隙下渗到路面结构内部的自由水迅速排除到路面和路基以外,可减少路面唧泥现象的发生,改善路面使用性能,延长路面的使用寿命。在已建成水泥混凝土路面与硬化路肩的结合处增设纵横向排水设施。

①排水量的确定。

排水量的大小将直接影响到排水设施的结构尺寸,排水设施所需尺寸和透水性材料应具有的渗透系数,须满足其泄水能力大于表面水的渗入量,满足自由水在透水层内的渗流时间小于规定的最大容许值(小于 2 h)。渗流时间越长,表明自由水在路面结构内部滞留的时间越长,对路面结构强度和性能的影响越大。根据《公路排水设计规范》(JTG/T D33—2012)可确定排水设施所需排泄的径流量,当基层材料为无机结合料稳定细粒土时,可在计算排水量的基础上,适当加以扩大,以保证渗入自由水在短时间内尽快排出。

②排水结构类型的确定。

在计算的基础上,根据施工的可能性、难易程度与路基断面形式,确定排水结构。整体纵横向排水系统通常以高透水性的空隙混凝土或级配碎石盲沟为纵向排水结构,预制混凝土暗沟或级配碎石盲沟为横向排水结构。空隙混凝土是由普通水泥、中粒径碎石(2～4 cm)和少量中(粗)砂加水拌和而成的。其配合比可为水泥∶4 cm碎石∶砂∶水＝1∶7∶2.825∶0.43,混凝土的空隙率为22%,渗流速度为0.6 cm/s。空隙混凝土在满足排水需要的同时,也具有一定的强度,可承受交通荷载。

暗沟由普通35♯混凝土预制块砌筑而成,根据计算排水量确定结构尺寸。通常空隙混凝土(盲沟、暗沟)的厚度设计为14 cm,宽度为0.5 m,盲沟设计高度20～25 cm,其底部低于混凝土板底5～10 cm。空隙混凝土的顶面用普通混凝土或与硬化路肩同类的基层、面层材料加铺至与混凝土路面标高一致。横向暗沟(盲沟)单侧10～50 m一道,双侧交错排列。

③排水系统施工。

a.纵向排水系统的施工。

从混凝土路面与硬化路肩相接处的路肩边缘方向开挖沟槽,宽度约30 cm,深度为混凝土面板厚再加深5～10 cm,然后修筑深约20 cm的级配碎石盲沟,并填筑路肩及其面层。暗沟要先安放首块混凝土暗沟预制块,再安放其他预制块,浇筑厚度为14 cm的空隙混凝土,用平板振动器振实并使其表面平整。待混凝土凝固,养护2～3 d后,再浇筑厚度为10 cm的35♯普通水泥混凝土。

b.横向排水系统的施工。

横向级配碎石盲沟的设置方法与纵向级配碎石盲沟设置方法相同。横向盲沟则要在纵向暗沟建立的基础上,沿预埋首块暗沟的位置,开挖与纵向暗沟同深(向外按坡度加深)、宽30 cm的横向沟槽,安放并砌筑暗沟预制块,或填筑级配碎石。修筑完成后,在暗沟上面铺筑面层。纵横向排水设施连接起来,形成纵横向贯通的排水系统,这样就能及时地把渗入混凝土路面结构内部的自由水排出路面结构以外。

实践表明,采用碎石暗沟、混凝土预制块暗沟和空隙混凝土等设施之后,能有效遏制因原混凝土路面排水不良引起的破坏,为行车提供了良好的条件。

(9)新建水泥混凝土路面排水设计与施工建议。

从现有水泥混凝土路面使用状况可知,排水不良是路面损坏的主要原因之一,因此,新建水泥混凝土路面设计与施工中,应重视排水系统的设计与修筑。边缘排水设施施工时,在混凝土路面设计宽度外侧52 cm的范围内同步填土,并碾压成型。在水泥混凝土路面施工完成后,用切缝机在水泥混凝土路面基层外缘及距混凝土路面边缘50 cm处,切两条纵向缝,两条缝的横向间距50 cm,人工开挖成一道纵向沟槽并清理干净。在槽内铺设单层土工布,在纵向路槽中间铺设直径为 5 cm，每隔 2 cm 一排、每排 3 个孔等间隔排列的纵向集水管，并固定好，再铺筑厚度为 25 cm 的空隙混凝土直到养护完成，最后铺筑硬化路肩的基层与面层。

透水层结构施工是在路面下基层施工完成以后，在底基层顶面铺设一层土工布，然后在土工布上面铺设一层厚度为 20 cm、与路基同宽的空隙混凝土或级配碎石层，最后在空隙混凝土上面铺设水泥路面基层与面层。

2．旧水泥混凝土路面改造施工技术

（1）加铺沥青层施工技术。

旧水泥混凝土路面沥青加铺层的施工与新建高速公路沥青路面的施工基本相同，施工中主要环节如下。

①处理破碎板。

将原路面严重破碎板，严重裂缝、板角断裂等破碎板块挖除，用早强混凝土或早强钢筋混凝土进行修补至与原路面齐平，原路涵洞盖板铺装层出现破碎的也应一并处理。

②稳定原路面板。

对唧泥、脱空的混凝土面板及轻微、中等裂缝的面板进行板底压浆处理，使混凝土面板处于稳定状态。对使用时间较长，原路面基层为石灰土等水稳定性不良结构的路段，为保险起见，可对全部原有的混凝土面板进行压浆处理。

③提高原路面防水能力。

对所有缩缝、纵缝、裂缝清缝后，用填缝料灌缝，然后在原混凝土路面上加铺土工布隔离层或加铺 1.5～2.5 cm 沥青混合料隔离层，不做隔离层的应洒布黏层油，以减少路表水下渗并提高加铺层与原路面的结合能力。

④加铺沥青层。

在隔离层（黏层）上加铺沥青混凝土面层一般应分为两层，下面层较厚（一般 4～8 cm），采用热稳定性较好的开级配粗粒式或中粒式沥青碎石或沥青混凝土，上面层较薄（一般厚 2～9 cm），采用防水性能较好的密级配细粒式或中粒式沥青混凝土。原水泥混凝土路面横坡较小时，通过沥青面层调整路面横坡不小于 1.5%。桥面部分可仅加铺上面层，桥头两端 50 m 内的下面层应进行调坡。

为防止沥青层渗水导致混凝土路面加铺后再次出现唧泥问题，可在旧板与沥青层间铺筑玻璃纤维布隔离层，方法是在混凝土面上均匀浇洒一层乳化沥青，洒布量为 0.3 kg/m²，然后全幅摊铺幅宽 1.2 m 的玻璃纤维布，纵缝处搭接宽度 0.2 m，横缝处搭接宽度 0.4 m，其上再均匀洒布一层乳化沥青及石屑，洒布量分别为 0.5 kg/m²、0.01 kg/m²，碾压成形后再摊铺沥青面层。实验检测表明，此种隔离层透水率为零，对唧泥现象有明显效果。加铺层关键工序之一是解决混凝土路面与沥青面层的层间结合问题，对此，采取了新浇筑的混凝土面板不磨光，原混凝土路面磨光较严重的用切割机切出深度 2～3 mm、间距 10～15 cm 的凹槽的方法以增加层间黏结力，并在全部路段浇洒乳化沥青黏层油，洒布量 0.8 kg/m²，以改善混凝土路面与沥青面层的层间黏结性能，通过采取以上措施可较好地控制拥包、推移现象。若沥青加铺层的厚度较厚，对层间黏结的要求可适当降低。

(2) 脱空板处治技术。

许多早期修建的水泥混凝土路面基层多采用石灰土。实践表明这种材料的水稳性与抗冲刷能力较差，受水侵蚀后强度便会下降，并因冲刷引起流失，加之我国目前公路管养部门对混凝土路面养护——尤其是接缝养护重视不够，故板底脱空成为水泥混凝土路面的常见病害。这种病害表面看并不严重，而且不易察觉（有时伴有唧泥现象），只有车辆通过时，才感觉板轻轻晃动，似乎对行车使用影响不大，然而这时正是路面病害处理的关键时期，如不立即处理，就会导致板的断裂、破碎等严重病害。因此，无论是平时的小修保养，还是路面大修改建，都应认真处治好这一病害。许多工程实践表明：当混凝土板处于活动状态时，即使其上部加铺 15 cm 乃至 20 cm 的补强层，也不能有效防止底部接缝、裂缝的向上辐射，因而要使路面结构处于良好的受力状态，有效地控制病害发展，就必须填充混凝土板底的脱空，使其有稳定均匀的承托，并能在基层顶面形成保护层，增强防水浸蚀的能力。板底脱空可使用钻孔压浆法处理，此法是借鉴后张法预应力构件的孔道压浆原理，在混凝土面板底部有脱空处钻孔，通过孔洞利用高强压力将流质材料压入脱空空隙，流质材料凝固后产生一定的强度，对面板产生均匀承托的作用，进而达到稳固板块的目的。

①压浆材料。

压入板底的材料具备以下特征：一是颗粒粒径小、流动性大，能顺利压进板底空隙；二是弱收缩性，能充分填充板底空隙；三是应具备比较高的强度以承受板重及车辆荷载的作用。国内外都有使用乳化沥青作填隙材料的经验，乳化沥青作填隙材料虽具有较好的流动性，但强度偏低，且受温度影响大，温度高时易软化，在荷载作用下容易从板底唧出，因而不宜选用。而选用纯水泥浆做试验，要达到正常施工的流动性，则需要很大的水灰比，造成材料强度偏低且泌水收缩率大。实验发现选用水泥粉煤灰浆,采用较低的水灰比就可达到较好的流动性,且强度较高,收缩量小。采用水泥∶粉煤灰∶水＝1∶0.5∶0.45配合比制作的灰浆试件,其室内3 d的抗压强度高于5 MPa,可作为压浆材料。

②压浆设备。

压浆设备主要有:钻孔设备——钻孔取芯机;制浆设备——灰浆拌和机;压浆设备——灰浆泵;紧固装置——膨胀螺栓压浆头。

③施工准备。

调查发现,混凝土路面使用中出现的断板、破碎板等病害大部分是唧泥脱空形成的,因而这种类型的板底均有脱空,应进行压浆。完好无断裂破碎的板块,板底也可能存在脱空,这种类型的脱空板虽然判断较困难,但仍可采取外观观察弯沉测试相结合的方法进行判断。雨后上路观察是否唧泥最直观,无雨季节则采取间接方式判断:人在板的边缘感觉重型车辆通过时有垂直位移翘动的板块;板角相邻两条缝填缝材料严重剥落的板块;相邻板间出现错台时,位置较低的板块一般有脱空存在。对外观不易判断的板块,可测定四个边角的弯沉(板角位置是一块板中弯沉最大、受力最不利的位置,唧泥脱空首先出现在板角),弯沉值超过0.3 mm者,需要压浆。理论上,唧泥、脱空首先出现在板角,然后沿板的纵横缝延伸发展,因此,完好或轻微裂缝的板块,在填缝料剥落或接缝外出现错台的板角钻孔压浆即可,钻孔位置一般应距边角20～40 cm;断裂较严重出现错台的板块,断缝位置也存在脱空,板角、断缝均应钻孔压浆,考虑其边角位置可能已有支撑,钻孔距边角太近时,灰浆很难压进且压注压力极易从边角散失,因此板角的钻孔应距边角40～60 cm;挖补板的周边板块,四角都应进行压浆。

④施工方法。

具体的工艺流程:定位→钻孔→制浆→压浆→压浆孔封堵→交通控制→弯沉检测。

工艺要求如下。

a. 定位:根据外观与弯沉检测相结合的方法调查唧泥脱空板,标画钻孔位置。

b. 钻孔:施工人员使用钻孔取芯机按标定的位置钻孔,钻孔深度与板厚一致,孔径D与压浆头直径d相匹配,且$D-d=1\sim2$ mm。

c. 制浆:按配合比将材料在灰浆拌和机中拌和,至均匀无灰团方可使用,使用中应持续拌和,防止沉淀。

d. 压浆：用灰浆泵将拌和好的灰浆由压浆孔压入混凝土板底，压力控制在 2.0 MPa 左右，直至邻孔或接缝中溢浆或无溢浆而板块略有上升为止。压浆过程中溢浆的孔应及时用圆状木塞封堵，防止压力过度散失。注浆孔在压浆头拔除后也应及时用木塞封堵，防止灰浆反流。所有木塞应保持 3~5 min 方可拔除。

e. 压浆孔封堵：木塞拔除后，用灰浆或取出的混凝土芯样将压浆孔封严。

f. 交通控制：压浆完成后的板块，禁止车辆通行，待灰浆强度达到 5 MPa 以上，方可开放交通，一般需要 3 d。

g. 弯沉检测：压浆完成 3 d 后，用 JN-150 黄河标准轴载车、贝克曼梁复测压浆板四角的回弹弯沉值，当弯沉值超过 0.3 mm 时，应重新钻孔补压。

⑤压浆效果检验与分析。

混凝土板底压浆的目的在于填充板底空隙，给板块提供均匀的支承，减少板的翘动和振动。以下几种方法可检验压浆效果。

a. 直观观察压浆前后重型车辆通过脱空板时的运动位移情况（限于压浆前有明显垂直位移的板块），一般表现为压浆后，板的翘动、振动幅度明显降低，垂直位移大幅度减小。

b. 钻孔取芯检查灰浆充填情况：选择典型的压浆板按距注浆孔 0.5 m、1.0 m、1.5 m、2.0 m 的距离范围取芯，注浆效果好的芯底将粘有灰浆，否则表明效果较差。同时对注浆的影响范围还可进行分析，以确定合理的钻孔间距。

c. 采用 JN-150 黄河标准轴载车、贝克曼梁对压浆板逐块检测板四角的弯沉值。通过板底压浆处理，板的弯沉值将会明显减小，稳定性增强。

工程实践表明，采用压浆工艺处理板底脱空，经济可行，简便实用，效果明显，既可用于水泥混凝土路面日常养护，也可用于路面的改建工程。在保证施工和易性的前提下，降低灰浆水灰比，并添加适当的早强剂、微膨胀剂，能够减少硬化收缩，更有效地充填空隙，促使其早期强度提高，尽早开放交通。对性能优良的压浆机，还可考虑添加部分中细砂，提高灰浆强度与抗折性。

（3）土工布施工技术。

为了防止和控制加铺层的反射裂缝，通常在旧水泥混凝土板与沥青加铺层之间设置防裂夹层，国外应用较多的是土工布。土工布铺设时使用黏层油粘贴，由于沥青渗入土工布的孔隙中，土工布的力学性能和力学行为有了很明显的变化，形成了所谓的"沥青土工布"体系，在路面结构中起到了防水和释放应力的作用。土工布可全幅铺设，也可以局部设置，如在路面已有的接缝、裂缝处铺设或间隔一定的间距铺设。

土工布化学成分是长链多聚物,其中聚酯纤维含量通常在85%以上,土工布要求有较好的抗化学侵蚀性,在自然因素的作用下有较强的抗老化能力。物理力学性能要注意以下指标:为了承担部分应力,减小应力集中,抗拉强度应满足要求;为了使应力在较大的变形中消散,土工布拉断时的延伸率应达到某一要求;土工布与沥青要有较好的结合性,能较多地吸附沥青共同组成防水体系,以起到防水、隔水的作用;土工布还要有一定的耐热性,熔点应在沥青混合料摊铺温度以上。

① 施工准备工作。

施工路段必须阻断交通,铺设土工布前旧混凝土路面要用空压机或其他方法清扫干净,使得混凝土路面表面无泥土、水和其他杂物。既有路面病害要提前处理好,接缝和较宽的裂缝用热沥青或其他材料浇灌饱满。表面平整度应达到要求,必要时可加铺找平层,较大的接缝、裂缝用填缝料填充。进场的土工布应检查其生产日期、质量等情况,土工布不能露天堆放,应有一定的防雨和防照遮蔽措施,防止受潮或在紫外线照射下退化。天气不适时,不能进行土工布铺设。使用普通热沥青作黏层油时,气温不宜低于100 ℃;使用乳化沥青作黏层油时,气温不宜低于160 ℃。

② 洒布底黏层油。

黏层沥青的质量必须符合规范要求。沥青可使用乳化液体沥青,其形式可根据施工时矿料种类和气候条件选用。乳化沥青应有较好的稳定度,存放时不离析、不凝结、不破乳,分裂时间要实际测定,并检查是否符合施工速度要求。黏层油也可直接使用性能较好的热沥青或改性沥青。实践表明,热沥青对土工布的黏结优于乳化沥青,但应有效控制施工速度以防止沥青冷却后无法黏结土工布。沥青洒布量应根据试验确定,推荐用量:一般乳化沥青当路面完全干燥时为 $1.087\sim1.631\ kg/m^2$;普通热沥青为 $0.7\sim1.0\ kg/m^2$。沥青温度应控制在130~140 ℃,过高则可能烫坏土工布,过低则会冷却过快。沥青乳液也可加热喷洒,温度宜为54~71 ℃,温度过高就会引起乳化沥青提前破裂分解。全幅铺设土工布时黏层油洒布必须使用洒布车,局部铺设土工布时可以用人工刷涂沥青,也可以用洒布车,范围根据需要粘贴的土工布大小确定。沥青洒布车要求能按需要控制洒布数量与洒布速度,洒布装置能均匀地喷洒沥青,不能出现条纹、遗漏、局部过多等现象,同时要求有控制喷洒的手动阀门。沥青洒布量要提前调节好并检测符合要求,洒布速度应根据土工布铺设等后续工序的速度确定。沥青洒布要均匀一致,局部洒布过量的沥青应予以及时清除。使用乳化沥青时,铺设土工布及面层施工应在破乳后进行。

③铺设土工布。

土工布铺设应在底黏层油洒布完成后立即进行。土工布沿缝铺设时宽度不能小于 1.0 m,在施工前要剪切成块,沿缝铺设必须居中。全幅施工时要考虑路幅宽度和土工布宽度相配合,以免造成浪费,尽量用整幅宽土工布,铺设用机械装置完成,可用专用设备或改装设备,无条件时可直接人工铺设。其他的施工工具有用于整平土工布的扫帚、剪断土工布的剪刀或刀片、人工局部刷涂沥青的毛刷。铺设土工布要平整,无褶皱,铺完后可用扫帚或轮胎压路机碾压使之结合紧密。全幅施工时土工布纵向搭接宽度要大于 0.2 m,横向搭接宽度要大于 0.5 m。土工布重叠搭接的地方要手工刷涂沥青进行粘贴,出现破坏和粘贴不好的地方要除去后重铺。土工布有褶皱的地方要由专人用剪刀剪开并整平,刷涂沥青重新粘贴,使得碾压后上下两层土工布黏结为一体。

④洒布上黏层油与罩面。

在土工布铺设后宜立即洒布上黏层油以备摊铺热沥青混合料。为了防止摊铺机或其他车辆在施工时把浸透沥青的土工布粘起,可视情况洒上少量砂。若土工布铺设后无法进行沥青混合料的摊铺,可在土工布上撒砂(严禁撒石屑,以防土工布损坏),从而使施工车辆便于通过,洒布用量为 $0.18\sim1.09$ kg/m^2,并用轮胎式压路机碾压,但与沥青层施工时间间隔不宜过长。

土工布不仅可用于旧水泥混凝土路面沥青加铺层结构,而且可用于半刚性基层沥青路面结构及其他基层裂缝对面层有影响的路面。应用土工布及其他土工材料防止路面中的反射裂缝。

3.2 旧沥青路面材料的再生技术

路面在使用一段时间后,其整体性能将不能满足路用要求,以前沥青混凝土路面在达到使用寿命或发生结构性破坏后,一般将旧沥青混合料铣刨废弃后再重新铺筑新路面。这种做法虽然能保证道路的使用性能,但是废弃的旧料没能用作其他用途。旧料只是在功能上有所降低,除其中的沥青在环境和荷载作用下部分老化外,砂石等作为路用材料仍有很高的再利用价值。再生技术可使用这些材料重新铺筑道路,既能满足甚至提高路用性能要求,又可以节省大量材料资源和资金,还可以避免环境污染,实现循环经济发展模式和可持续发展。

沥青路面再生利用技术是将需要翻修或废弃的旧沥青混合料路面经铣刨、破碎,再和新沥青材料或新集料适当配合,重新拌和,形成具有一定路用性能的再生沥青混合料,用于铺筑路面面层或基层的整套工艺技术。

3.2.1 沥青路面再生技术的意义

在我国已建成的高级路面中,沥青路面的数量占有很大的比重。这些沥青路面大多是采用铣刨旧面层,然后加铺新面层的措施进行翻新的。预计旧沥青路面材料废弃量将达到每年200多万吨。对于这些被铣刨下来的材料(recycled asphalt pavement,RAP),如果仅仅采用抛弃这种简单的处理方式,不仅会占用大量的土地,还会造成周边环境的污染,就材料本身而言,也是一种极大的资源浪费。采用再生技术,使得既有高速公路路面的材料得到重新利用,是一项符合可持续发展思想的有效措施。

沥青混合料的再生利用,能够节约大量的沥青和砂石材料,节省工程投资,大大减少筑路材料的用量。特别在缺乏砂石材料的地区,由于砂石材料都是从外地远运而来,成本较高,采用沥青路面再生技术,能够节约大量的材料费用。根据美国联邦公路管理局的调查数据,采用沥青混合料再生利用技术,可节约材料费用53.4%,路面造价降低25%左右。1980年美国使用了约5000万吨旧青混合料,节约投资约达3.95亿美元。

目前我国的公路建设每年以数千亿元的投资规模飞速增长。但长期以来,我国沥青路面的设计和施工标准较低,这使路面养护工程和翻修工作量增加,工程材料的需求量大大增高,而且价格提高很快,尤其是沥青的价格成倍翻升。

采用沥青路面再生技术可以有效解决大量沥青路面废料的堆放、资源的有效利用、环保等问题。沥青路面再生技术通过重复利用沥青混合料(主要为砂石料和沥青材料),达到节约资源、保护生态环境、维护自然景观和生态环境的目的。沥青路面再生技术充分利用既有高速公路路面材料,解决了既有高速公路路面翻修所产生的大量废料的污染;减轻了开山采石对环境的破坏;缓解了沥青材料供不应求的紧张状态。

采用沥青路面再生技术,不存在旧沥青混合料的运输和废料随意弃放的问题,施工过程中没有粉尘和废气的污染,因此,沥青路面再生技术有显著的经济效益和社会、环境效益,在公路建设中被人们称为"绿色"施工技术。

再生路面与同类型的全新沥青路面相比较,无论从外观上,还是从实际使用效果上都有明显差别,用旧沥青路面材料铺筑的再生路面,要比新沥青路面的热稳性好得多;夏季无泛油、推挤、波浪等现象,路面平整坚实。再生路面在防水、防滑性能上也能满足要求。从实际使用效果来预估其使用寿命,再生路面具有维持正常使用的持久能力。

3.2.2 沥青路面再生技术的应用情况

在国外,美国于1915年对沥青路面再生技术进行研究,但当时并没有进行大规模的研究。直到1973年石油危机爆发,原油价格上升,美国才开始对再生技术进行广泛研究。到20世纪80年代末期美国每年全部路用沥青混合料有近一半为再生沥青混合料,并且在再生剂的开发、再生混合料的设计、施工设备等方面也进行了全面的研究。沥青路面的再生利用在美国已经是常规实践,并且出台了一系列的沥青路面再生技术手册与指南,目前其重复利用率达80%,相比全部使用新沥青混合料的路面,可节约成本10%~30%。

20世纪90年代后期,美国的伊利诺伊州、印第安纳州、密歇根州、明尼苏达州、密苏里州和威斯康星州联合开展了再生沥青混合料研究。他们对美国中北部地区的各种材料进行反复试验,认为新拌沥青混合料掺加40%~50%的再生沥青混合料,仍然可以满足美国《沥青及沥青混合料路用性能规范》。

日本自1974年开始对沥青路面再生技术进行研究,并于1984年制定了《路面废料再生利用技术指南》,对路面再生料的设计、再生所用材料、配合比设计、拌和设施、施工与质量检测等方面作出了一些指导性的建议和规定。2000年后日本的再生沥青混合料已达50万吨,占全年沥青混合料产量的58%。

欧洲一些国家对沥青路面再生技术的研究大多始于20世纪70年代中期,德国在1978年已将全部废弃沥青路面材料加以回收利用,并且以法律形式加以执行,1983年出版了《沥青路面冷拌再生技术手册》。芬兰几乎所有城镇都组织回收和储存旧沥青路面材料。法国近年来也开始在高速公路和一些重交通道路的路面修复工程中推广再生技术。最近,欧洲沥青路面协会EAPA在互联网上宣布,其成员国的旧沥青路面材料应100%通过再生方式加以利用。

我国的沥青路面再生研究始于1982年,交通部将沥青混凝土路面再生利用作为重点科技项目研究,对沥青混凝土路面再生技术开展了比较系统的试验研究。1983年建设部下达了"废旧沥青混凝土再生利用"的研究项目,当时的主要研究方向是在旧渣油路面加入适当的软油使之软化,来代替常规的沥青混合料,根据所铺筑试验路的观测结果,表明再生路面的综合路用性能不低于常规沥青混凝土。我国于1991年颁布了《热拌再生沥青混合料路面施工及验收规程》(CJJ 43—1991),用于指导热再生施工。2008年我国颁布了《公路沥青路面再生技术规范》(JTG F41—2008),主要内容包括:再生混合料材料技术要求,旧沥青路材料的回收处理及试验要求,再生混合料设计及技术要求,各种再生方法的施工工艺及质量控制、验收标准及相关试验方法等。

截至1997年,国际经合组织对14个国家的调查表明旧料利用率为75%~100%不等。近几年随着国内一些高速公路养护改进工程的实施,再生技术也有了多项工程应用实例,如沪宁高速公路改扩建项目采用厂拌乳化沥青冷再生技术将再生料应用于无锡段柔性下基层(主线下基层采用二灰碎石再生层),江西昌九高速公路采用了12 cm乳化沥青再生层作为上基层,广佛高速公路采用厂拌热再生沥青混合料AC-25用于下面层,将再生料LSM-25用于基层补强层,西宝高速公路改扩建工程采用14 cm泡沫沥青再生混合料作为上基层,等等。目前沥青混合料的再生技术在国内已比较成熟,具备大规模应用的条件。

3.2.3 沥青路面再生技术方案

根据再生混合料拌制和施工温度的不同,沥青路面再生可分为冷再生和热再生。在冷再生过程中,对旧路铣刨、新旧料的拌和与摊铺是在常温下进行的,冷再生结合料通常采用乳化沥青或泡沫沥青。在热再生过程中,对旧路面铣刨、新旧料拌和时需要加热。根据施工场合和施工工艺的不同,沥青路面再生可以分为厂拌再生和就地再生。就地再生与厂拌再生的区别在于拌和过程发生的地方,就地再生的拌和过程是在旧路面现场进行的,而厂拌再生的拌和过程是在拌和厂进行的。在路面大修工程中,常用的再生方案有就地冷再生、厂拌冷再生、就地热再生和厂拌热再生等。每种再生技术各有特点,适合于不同状况的路面。在再生利用前,对路面状况进行详细的调查分析,选择最佳的再生方案,以实现效益最优。

1. 沥青路面再生途径与再生剂

沥青路面在长期使用过程中,在车辆荷载和气候因素的作用下,其构成材料的质量发生了变化,性能发生了衰减,主要表现为矿料级配的退化和沥青的老化。根据旧沥青的老化状况,可采用以下三种方式进行再生。

(1) 新旧沥青调和再生。新旧沥青调和再生即将标号较高的新沥青与旧沥青掺配混合,使掺配后的沥青达到路用沥青标准。沥青胶体结构理论认为沥青是一种胶体分散体系。研究表明，只有当沥青中各组分的相对比例满足一定的关系时，沥青才具有较好的性质。沥青路面质量劣化的实质是沥青结合料发生老化，即沥青胶结料的组分发生变化，芳香酚减少，胶质和沥青质增加。沥青化学组分的这种变化引起的沥青物理、力学性质的变化，会导致针入度变小、延度降低、软化点和脆点升高，沥青变硬、变脆，延伸性降低。根据组分调节理论，老化沥青中加入其所失去的组分，使组分比例重新协调就能恢复沥青的性能。由于新鲜的软沥青中含有较多的软沥青质成分，通过调和可使旧沥青的性能达到一定的水平，从而达到沥青再生的目的。

(2) 再生剂再生。再生剂再生即在旧沥青中加入适量的添加剂，添加剂既可以调节旧沥青的黏度，又能补充旧沥青所失去的化学组分，恢复原沥青的性能，甚至还能超过原沥青的性能。在选择沥青的再生方法时，应根据旧料中沥青的含量和老化程度来综合确定是否需要使用再生剂。为了尽可能地利用旧料，工程中希望采用较大的旧料掺配率，但如果沥青老化较为严重，采用新旧沥青调和再生需要较大的新沥青掺配比例，经济性较差，这时可以考虑采用添加再生剂的沥青再生方法。一般认为，当回收的旧沥青的针入度小于 40(0.1 mm)时，宜考虑使用再生剂进行再生。再生剂的一般定义为：用以改善结合料的物理、化学性质而添入沥青之中的材料，或能改善已老化沥青物理性能的碳氢化合物。再生剂有以下作用：①再生剂可降低旧沥青的黏度，以达到沥青混合料所需的黏度；软化过于脆硬的旧沥青混合料，使其在机械和加热作用下充分分散，以便与新沥青、新集料混合均匀，并保证胶结料具有足够的黏附性；②再生剂渗入旧混合料中，并与旧沥青充分交融，重新溶解、分散那些在老化后凝聚起来的沥青质，调节沥青胶体结构，以达到改善沥青流变性质的目的。

已有的经验表明，当沥青路面材料中旧沥青的针入度低于 30(0.1 mm)时，应考虑使用低黏度油料作为再生剂。用作再生剂的低黏度油料主要是石油系列的矿物油，如精制润滑油时产生的抽出油、机油和重油等，有些植物油也可作为再生剂。在工程中还可利用上述油料的废料，以降低成本。再生剂含有大量的轻质成分（主要是芳香酚和饱和酚），将其添加到老化沥青中能调节沥青组分，改善沥青的流动性能。当旧沥青中加入再生剂时，再生剂中缩合度高的芳香烃对老化沥青中的沥青质和胶质的吸附、溶解作用，要远远高于原老化沥青中小分子芳香酚和饱和酚对它们的吸附、溶解作用。因此，旧沥青与再生剂的化学组分的重新分配，将改善沥青四种组分之间的配比关系，形成更为稳定的胶体结构，从而改变沥青的流变性能，使沥青性能满足规范的要求。

(3) 混合再生。混合再生即在添加新沥青的同时,加入再生剂加以混合,使再生料获得较好的性能。

2. 再生方案的特点及其适用条件

不同再生技术具有不同的适用范围,应根据工程的实际情况,选择最适宜的再生技术方案。

1) 沥青路面冷再生技术

冷再生技术具有环保、经济、施工工期短的优点,同时具有较高的交通安全性。根据施工工艺,冷再生分为就地冷再生与厂拌冷再生。

(1) 就地冷再生技术。

就地冷再生技术是指采用专用的就地冷再生设备,对沥青路面进行现场冷铣刨、破碎和筛分(必要时),然后根据筛分结果和混合料的配合比设计,掺入一定数量的新集料、再生结合料、活性填料(水泥、石灰等)和水,经过常温拌和、摊铺、碾压等工序,一次性实现旧沥青路面再生的技术。

就地冷再生技术是在冷铣刨技术的基础上发展起来的,其特点是:除少量的添加剂外,不需要运输原材料,节省大量运输费用;全部旧沥青路面得到再生利用,节省了大量宝贵资源;具有施工效率高、成本低、开放交通快等优点。冷再生沥青混合料具有一定的柔性,如用作沥青路面的基层,可吸收半刚性基层裂缝引起的反射裂缝的尖端应力,降低反射裂缝的发生率。此外,与重建基层的维修方法相比,就地冷再生技术的成本效益要好很多。就地冷再生技术适用于一、二、三级公路沥青路面的就地再生利用,在用于高速公路时应进行论证。

就地冷再生施工由专用再生机械(如铣刨机等)实现,其核心是一个装有若干个硬质合金刀具的切削转子。转子旋转时向上切削现有旧路铺层材料(若只铣刨面层,则称浅层再生;若面层和基层、底基层一起铣刨,则称深层再生),在转子切削材料的同时,来自再生机前面并由再生机推动前行的水罐车中的水通过软管输送给再生机,并由机载系统喷洒进拌和罩壳内。喷水量由再生机的微机控制系统进行精确的计量,在拌和罩壳内与被切削下的材料进行充分均匀的混合,以便达到压实所需的最佳含水率。同时,为了提高再生基层材料的强度,也可以加入一种或多种其他种类的稳定材料,如乳化沥青、泡沫沥青、水泥等。

(2) 厂拌冷再生技术。

厂拌冷再生技术是将回收的沥青路面材料运至拌和厂,经破碎、筛分,以一定的比例与新集料、沥青类再生结合料、活性填料(水泥、石灰)、水进行常温拌和、铺筑形成路面结构层的沥青路面再生技术。厂拌冷再生可使用乳化沥青或泡沫沥青作为再生结合料,再生混合料的拌和宜采用专用拌和设备。另外,厂拌冷再生混合料每层压实厚度宜为 6～16 cm。

厂拌冷再生技术的特点是:不能充分利用废弃材料中的旧沥青,但其生产过程几乎不需要专用设备就可实现;可以有效解决不能热再生回收的旧料(如改性沥青混合料,老化严重、难以再生的混合料)废弃和环境污染问题;对各种废旧材料进行再生处理,对材料的处理和路面状况无关,具有很大的工艺柔性;厂拌冷再生材料的质量较容易控制。但厂拌冷再生通过冷铣刨旧路面,先将旧材料运回工厂再生,再运输到施工现场,其运输成本比就地冷再生要高。厂拌冷再生可对各等级公路的沥青路面材料进行冷拌再生利用,再生后的沥青混合料根据其性能和工程情况,可用于高速公路的下面层及基层、底基层。

2) 沥青路面热再生技术

(1) 就地热再生技术。

就地热再生技术也称表面热再生技术,是利用一整套的沥青路面热再生机组,对旧沥青路面进行加热软化、耙松后,将旧材料收集到机组的卧式连续搅拌机中,添加新骨料,补充新沥青(或再生剂),经拌和后倾倒于机组的摊铺器上,然后进行摊铺、捣实、熨平,再用压路机压实,最终实现旧路的就地再生的一项技术。

就地热再生施工速度快,实现了沥青路面材料的就地再生利用,并且不需材料的往返运输,节省了运输费用,一般用于高等级公路沥青路面表面层病害的修复。沥青路面的就地热再生可以实现以下目标:①修复沥青路面表面层的病害;②恢复沥青表面层的物理力学性能;③恢复沥青路面的平整度,修复沥青路面的车辙;④实现旧路面沥青层材料的就地再利用。

就地热再生的局限性主要表现在以下几个方面:①处理厚度小,翻修深度仍只局限于表层,故适用于处理车辙、泛油、麻面和磨光等表面缺陷;②由于其不加或很少加入新材料,无法有效地调整配合比,故不适用于表面层集料级配不满足要求的路面;③新骨料搅拌重铺后会改变原路面的高程,不符合原高速公路的纵断面标准;④对层厚不均匀或质量状况变化大的路面,难以保证其施工质量;⑤暂无法处理采用改性沥青铺筑的表面层;⑥初期设备投资大。

就地热再生技术适用于那些只存在浅层轻微病害的高速公路。就地热再生技术的再生深度一般为 20～50 mm,再生层可作上面层或中面层。原路面上有稀浆封层、微表处、超薄罩面、碎石封层的,不宜直接进行就地热再生。在就地热再生前,应先将其铣刨掉,或经充分试验分析后,作出有针对性的材料设计和工艺设计。改性沥青路面的就地热再生宜进行专门论证。

(2) 厂拌热再生技术。

厂拌热再生技术是指先将旧沥青路面铣刨后运回工厂,经破碎、筛分后,根据旧料中沥青含量、沥青老化程度、碎石级配等指标,掺入一定数量的新集料、新沥青和再生剂,并重新进行配合比设计,使混合料达到规范规定的各项指标,最后按照与新建沥青路面完全相同的方法重新铺路面。

国外多年的实践经验证明,厂拌热再生沥青混合料路面能够达到所要求的各项性能指标。这种再生方式属于结构性再生,能够有效地用于各种条件下旧沥青路面的再生利用,是一种应用范围广泛、灵活、简单,又能保证施工质量的旧沥青路面再生技术。

厂拌热再生技术具有以下优点:①厂拌热再生技术有精确的计量、筛分控制装置,能够保证配合比的精确度,并可获得再生质量更好的旧沥青混合料;②厂拌热再生技术能够在进行面层的再生之前,对破坏的基层进行补强,因此,可以用于处理基层损坏的路面;③厂拌热再生技术可对各等级公路的沥青路面材料进行热拌再生利用,再生后的沥青混合料根据其性能和工程情况,可用于各等级公路的沥青面层及柔性基层。

3.2.4　沥青路面再生技术分类

1. 沥青路面冷再生技术

根据再生结合料的不同,沥青路面冷再生技术可分为乳化沥青冷再生技术、泡沫沥青冷再生技术和无机结合料冷再生技术。在这里主要介绍前两种应用较多的冷再生技术,即乳化沥青冷再生技术和泡沫沥青冷再生技术。就地冷再生技术和厂拌冷再生技术都可使用乳化沥青和泡沫沥青作为再生结合料。

1) 泡沫沥青冷再生技术

泡沫沥青,即将热沥青和水在专用的发泡装置内混合、膨胀,形成含有大量均匀分散气泡的沥青材料。泡沫沥青冷再生,即对旧有路面及基层材料(也可掺入一定比例的新石料),利用发泡技术使沥青呈泡沫状态,与再生骨料黏结在一起,经过摊铺、碾压、成型,然后在上面铺筑一定厚度的沥青面层,从而形成柔性基层(全深式)或混合式基层的沥青路面结构。泡沫沥青冷再生技术替代常规再生黏结技术,形成新型路面再生材料,其施工适应性好,具有突出的节能和环保优势,且泡沫沥青冷再生工艺可使损坏的路面在很短的时间内恢复行驶性能,能够即时开放交通,这也是泡沫沥青冷再生技术最近几年在欧美得以迅速推广的主要原因,同时该技术在我国旧路改造中也具有非常好的推广意义。

(1) 泡沫沥青冷再生技术的特点。

泡沫沥青冷再生包括厂拌冷再生与就地冷再生两种再生方式。其中,泡沫沥青就地冷再生除设计较烦琐外,在施工中是相当简单的,而且具有开放交通快、施工时间充裕、后期面层厚度限制小、病害少、使用年限长等优点,特别适合公路的大中修、养护等旧路升级改造作业。泡沫沥青厂拌冷再生是将原路面材料集中厂拌后的再生使用,与泡沫沥青就地冷再生相比,具有以下特点:采用强制式拌和设备,拌和效果好,同时可以滤除超粒径材料,从而保证再生材料的质量;拌和料采用摊铺机进行施工,施工工艺成熟,平整度较好;厂拌再生技术可以较好地控制维修后的路面高程,从而保持原路面高程;铣刨后可以及时发现下承层的病害,并进行相应的处理。鉴于泡沫沥青再生层出色的结构强度和抗裂缝能力,并且在其上加铺的沥青罩面可以减薄,一般采用泡沫沥青再生料作柔性基层。与半刚性基层相比,泡沫沥青柔性基层不仅具有更好的抗疲劳性能,而且可以延长高速公路使用寿命。泡沫沥青再生层施工完成后,可直接在其上加铺沥青面层,这样不但大大缩短了工期,而且减少了维修施工对交通运行的影响。另外,若未能及时对泡沫沥青再生料进行摊铺,即使露天存放数周,也不会产生质量问题,从而提高了施工的灵活性。

(2) 泡沫沥青发泡机理与过程。

①泡沫沥青发泡机理。泡沫沥青的发泡机理,是通过将少量的常温水和空气喷入普通热沥青(160~180 ℃)中,水遇高温沥青即迅速蒸发,形成饱和蒸汽,导致热态沥青产生爆炸泡沫,其体积迅速膨胀至原来的 15~20 倍,形成泡沫沥青。同时,沥青的黏度降低,从而能够与集料在常温下拌和,形成的泡沫沥青混合料可以在常温下储存,可随取随用。在冷水和空气的喷入过程中,冷水首先在气压的作用下分散为数量众多的细微水体(近似于水雾状态)。当这些分散的细微水体遇到热沥青时,两者在极短时间内完成的热交换即可使水体微粒达到汽化温度,再加上压缩空气的同时注入,热沥青内部会形成众多蜂巢状的膨胀空气室。此时,汽化水体微粒表面的沥青薄膜的表面张力、汽化水体及压缩空气共同形成的内部气压达到相对平衡状态,即沥青发泡状态。

②沥青发泡效果评价指标及影响因素。沥青发泡效果通常采用膨胀率和半衰期两个指标评价。膨胀率衡量泡沫沥青黏度,是指沥青发泡时所能够达到的

最大体积与原始体积的比值(无量纲)。沥青的体积膨胀倍数越大,施工和易性越好。半衰期衡量泡沫沥青的稳定性,是指沥青发泡状态达到最大体积的时刻至泡沫消散至最大体积的一半时所需的时间(以秒计)。半衰期越长,表明沥青泡沫衰减得越慢,施工中能提供的有效拌和时间越长。

因此,需要选择膨胀率较大、半衰期较长的发泡条件来制作泡沫沥青。然而,国内外对泡沫沥青的膨胀率和半衰期的要求范围不尽相同。我国《公路沥青路面再生技术规范》(JTG/T 5521—2019)规定泡沫沥青膨胀率大于等于10,半衰期大于等于8 s。

(3) 泡沫沥青冷再生混合料配合比设计。

①泡沫沥青冷再生技术要求。

作为沥青稳定材料,泡沫沥青冷再生材料的成型原理不同于热拌沥青混合料,但同时作为冷拌和材料,泡沫沥青冷再生材料又具有柔性材料的性质。所以,应结合其自身的特点,进行混合料的组成设计。

②泡沫沥青冷再生混合料设计步骤。

a. 取样。为了给试验室混合料设计提供准确、可靠的试验样品,应依据路面再生的方式,采集具有代表性的试样进行混合料的设计。对于就地冷再生施工,应该根据路面结构设计的再生深度,采用铣刨机铣刨现场取样;进行厂拌冷再生配合比设计时,应从处理后的 RAP 料堆中取样。一般情况下,建议取样槽的长度为 2～4 m,深度为再生所要求的深度,宽度为再生机的铣刨宽度。取样时,应从取样槽的中部取样,并且注意取料的均匀性,防止产生离析。在道路大修前的路况调查阶段,如果能够专门开挖测试坑进行有关的调查和试验,并提取材料进行试验室配合比设计最好。

b. 试样分析。铣刨材料自然含水率的测定:将所取样品材料放进 60 ℃通风烘箱中烘干 48 h 至恒重,计算其自然含水率,作为现场施工和试验室试验的参考数据。铣刨材料筛分试验:采用四分法从铣刨料中取筛分样品,将准备筛分的两种样品放入 60 ℃通风烘箱,烘干至恒重,然后密封冷却至室温,随后进行筛分。试验铣刨材料的砂当量与塑性指数试验:砂当量指标可以有效反映细集料的含土率,是评价集料洁净程度的一项有效指标。同时,为了检验铣刨材料的塑性指数,按照《公路工程集料试验规程》(JTG E42—2005)中规定的方法进行砂当量和塑性指数试验。铣刨材料密度的测定:依据《公路工程集料试验规程》(JTG E42—2005),分别采用网篮法和容量瓶法测定粗集料的毛体积密度以及细集料的表观密度。对于回收的沥青路面材料,分成 0～5 mm 和大于 5 mm 两档分别予以测定。

c. 沥青。沥青应符合《公路沥青路面施工技术规范》(JTG F40—2004)中关于"道路石油沥青技术要求"的 70 号或 90 号沥青的规定。在使用选定的沥青制备泡沫沥青之前,需要对该种沥青进行发泡试验,每种沥青发泡特性的评价指标为膨胀率和半衰期。发泡试验的目的是确定适宜的发泡温度和发泡用水量,以便使给定的沥青在该条件下获得最佳的发泡性能(最佳的膨胀率与半衰期)。发泡试验可在 2～3 个发泡温度下进行。应先确定每一个发泡温度下的最佳发泡用水量,然后再比较在最佳发泡用水量、不同发泡温度下的发泡效果,以此最终确定最佳发泡条件。

d. 级配设计。在确定泡沫冷再生混合料级配时,根据材料的筛分结果,按照尽量靠近级配曲线中值以及控制 0.075 mm 筛孔的通过率不低于 3% 的原则进行设计。与 AC 型矿料的级配范围进行比较,发现泡沫沥青混合料的级配要偏细,对细集料含量的要求较高,尤其是对 4.75 mm 以下各筛孔通过率的要求很高。由于大多数铣刨材料中的细集料偏少,因此,常常需要向铣刨料中添加一定量的细集料。可以根据细集料的级配选取不同的添加比例,如 10%、20%、30%,然后分别测试不同添加比例的材料在不同沥青含量下的物理力学性能,从而确定细集料的添加量。

③泡沫沥青冷再生混合料配合比设计要点。

a. 泡沫沥青用量。为了寻求每组材料的力学指标随沥青含量变化的情况,可向每组级配中加入不同沥青含量的泡沫沥青,进而通过马歇尔试验确定最佳沥青用量。泡沫沥青冷再生混合料中,泡沫沥青添加量折合成纯沥青后,占混合料其余部分的干质量的百分比一般为 1.5%～3.5%,水泥等活性填料剂量一般不超过 1.5%。

b. 拌和用水。泡沫沥青混合料在拌和与压实时需要加入一定的水,以保证较好的拌和效果与压实度。水的预拌主要有三个方面的作用:促进结团集料的分解;在拌和过程中有利于沥青的扩散;在集料基体间充当润滑剂。但是,过多的水将会影响压实效果及混合料的强度,因此,在拌和以及压实的过程中,必须确定一个最佳用水量。根据研究成果,最佳拌和用水量与材料的级配及拌和、成型温度有一定关系。考虑到泡沫沥青混合料抗水损害性能的要求,应根据材料的级配、当时的气温等条件,选取拌和用水量。

c. 试件的制备。按规范要求拌和混合料,并制成标准的马歇尔试件(每面击实 75 次),试件击实后在室温下养护 24 h 后脱模,再置于 40 ℃ 的通风烘箱中进一步养护72 h，以确保混合料中不含水分。

d. 养护。养护就是泡沫沥青混合料经过一段时间，伴随水分含量的减少而逐渐形成强度的一个过程。研究表明，压实后的泡沫沥青混合料并没有达到其最大强度，进行养护能使混合料强度逐渐增长。经养护后的试件要进行水稳性试验（可以采取浸水的方法进行试验）。通过试验可知浸入25 ℃的水中24 h后，试件会处于完全饱水状态。据研究，混合料的养护方法如下：试件成型后（75次马歇尔双面击实），首先不脱模养护1 d，其次40 ℃通风烘箱养护至少3 d，最后浸入25 ℃的水中1 d。

e. 设计沥青用量的确定。在同一坐标轴上绘制所有试件（干燥和浸水）的ITS-沥青含量（加入的沥青）关系曲线。选取浸水试件的最大ITS所对应的沥青含量作为沥青含量的设计值，用于泡沫沥青混合料的设计。

2）乳化沥青冷再生技术

乳化沥青，即石油沥青与水在乳化剂、稳定剂等的作用下，经乳化加工制得的均匀沥青产品。乳化沥青冷再生技术是指以乳化沥青作为再生结合料的沥青路面冷再生技术。

(1) 乳化沥青的优点。

乳化沥青具有无毒、无臭、不易燃烧、生产工艺简单、原料价廉易得、便于冷施工等特点，其主要技术特性为储存稳定性和混合过程中的稳定性等。与其他冷再生料的添加剂相比，乳化沥青或改性乳化沥青具有明显的优势，其主要优点如下。

①乳化沥青，特别是改性乳化沥青再生混合料比普通沥青混合料的低温抗裂性、高温稳定性、耐久性更好，其强度特征接近石灰（或水泥）稳定粒料（半刚性材料），但具有一定的柔韧性和良好的抗疲劳特性。用其取代半刚性基层材料铺筑道路基层，可以有效防止反射裂缝、减少温度裂缝、增强抗车辙能力以及改善早期强度。

②乳化沥青中沥青微粒带有电荷，可与带有相反电荷的骨料微粒作用，使二者能牢固、均匀地吸附在骨料表面。同时，与热沥青相比，采用乳化沥青可节约30%的沥青。

③采用乳化沥青可缩短工期、提高工效、延长施工季节、降低对气候条件的依赖程度。乳化沥青冷再生料拌好后，可立即进行摊铺碾压，压实结束后2 h即可开放交通，有效降低了对交通的影响。

④常温下的乳化沥青呈液态，集料在冷湿状态下即可与乳化沥青拌和，可以

节省大量的能源。因此,乳化沥青混合料是一种经济、环保的道路材料,乳化沥青冷再生技术也是一项绿色的道路维修改造技术。

⑤改善施工条件,减少环境污染。乳化沥青可在常温下使用,既改善了施工条件,防止烧伤、沥青中毒等事故的发生,也减少了对环境的污染,但是乳化沥青需要在专业工厂内进行加工,生产成本高、质量控制要求严。由于乳化沥青中含有40%左右的水,在与原路面材料进行拌和的过程中,有可能出现水量超过最佳含水率的现象,导致无法碾压成型;养护所需时间较长,且随乳化沥青种类的不同而变化。

(2) 乳化沥青冷再生混合料配合比设计。

①乳化沥青冷再生技术要求。

乳化沥青,按其微粒所带电荷可分为阴离子型、阳离子型和非离子型;按破乳速度快慢又可分为快凝型、中凝型和慢凝型,其中快凝型又有快凝(QS)和速凝(RS)之别;按裂解速度分为快裂型、中裂型、慢裂型三种。可根据不同的施工要求选择不同类型的乳化沥青。乳化沥青应在常温下使用,使用温度不应高于60 ℃。通常情况下,厂拌冷再生乳化沥青宜采用慢裂型,就地冷再生乳化沥青宜采用中裂型或者慢裂型。

②乳化沥青冷再生混合料设计步骤。

a. 取样。在对乳化沥青的厂拌冷再生混合料进行配合比设计时,应从处理后的 RAP 料堆中取样;而在进行就地冷再生混合料的配合比设计时,应从铣刨机铣刨的 RAP 料堆中取样。

b. 矿料级配设计。应根据公路等级、工程性质、交通特点、材料种类等因素,对乳化沥青冷再生混合料进行级配设计,并通过对条件相当工程的使用情况进行调查研究后确定。对于 RAP、新集料等各组成材料的级配设计,要以 RAP 为基础,并掺入不同比例的新集料,使混合料的合成级配满足工程设计级配的要求。

c. 确定最佳含水率(OWC)。根据《公路土工试验规程》(JTG 3430—2020)的方法,对合成矿料进行击实试验,确定最佳含水率。乳化沥青混合料设计时的试验用水量为4%,然后变化含水率进行击实试验,获得最大干密度,此时混合料的含水率即为最佳含水率。

d. 确定最佳乳化沥青用量(OEC)。首先,以预估的沥青用量为中值,按照一定的间隔变化得到5个乳化沥青用量。保持最佳含水率不变,向拌和机内加入足够(约1150 g)的拌和均匀的混合集料(含 RAP)。然后掺入乳化沥青进行拌和,制备出马歇尔试件,并进行击实试验,用真空法实测各组再生混合料的最大理论相对密度。将各组试件进行15 ℃劈裂试验、浸水24 h的劈裂试验,根据试验结果并结合工程经验确定最佳乳化沥青用量。乳化沥青冷再生混合料中,乳化沥青的添加量在折合成纯沥青后,占混合料其余部分干质量的百分比一般为1.5%~3.5%,水泥等活性填料剂量一般不超过1.5%。

(3)乳化沥青冷再生技术设备及施工工艺。

①常用的乳化沥青冷再生设备。

常用的乳化沥青冷再生设备主要由沥青路面铣刨装置、乳化沥青喷洒装置、螺旋分料装置、摊平装置及行走系统和控制系统组成,包括再生主机和配套机械。通常,施工组需要配备以下设备:冷再生机、乳化沥青罐车(一般为2台)、单(双)钢轮振动压路机、胶轮压路机、运输车、平地机及摊铺机等。

②乳化沥青冷再生施工工艺。

乳化沥青冷再生施工工艺分为厂拌冷再生工艺和就地冷再生工艺两种。

厂拌冷再生工艺:将旧沥青路面铣刨后的旧料集中运输到厂拌地,经过对大块旧料的二次破碎和级配分析,并根据路面不同层次的质量要求,进行再生料的配合比设计,确定旧沥青混合料的添加比例。旧料、乳化沥青新集料等在拌和机中按一定比例重新拌和成新的混合料,从而获得优良的再生沥青混凝土,铺筑成再生沥青路面。厂拌冷再生工艺具有以下特点:a.可以按沥青上、中、下面层进行沥青混合料的配合比设计;b.可分层铣刨及摊铺;c.再生沥青路面的各项技术指标不低于新铺沥青路面的相应技术指标等。

就地冷再生工艺:与厂拌冷再生工艺不同,乳化沥青就地冷再生工艺主要是利用专用再生机械对原路面进行就地铣刨,其施工过程表现为随设备的行走向前推进。首先,铣刨装置将旧路面铣刨并破碎。其次,喷洒装置按照要求喷入相应比例的乳化沥青,同时铣刨装置将各种材料(稳定剂、水泥、水)搅拌均匀。再次,在摊铺宽度范围内,用分料螺旋装置把混合料分均匀,并摊平。最后,用压路机压实路面成型。这样形成的路面可用作高等级公路的基层。乳化沥青就地冷再生层的压实厚度宜为8~16 cm。施工时,旧路面的铣刨与再生料的拌和可就地完成,不需经过旧料和再生料运输,节约了施工成本。

乳化沥青就地冷再生工艺包括对破碎后的旧沥青路面材料进行再加工处理;再生混合料的配合比设计;添加用于校正骨料级配特性曲线的新骨料等。乳化沥青若用于增加路面结构强度,处理厚度为10~15 cm;若用于改善原路面性能,处理厚度为5~12 cm。乳化沥青掺入用于增强路面刚性的混合型黏合剂

（沥青、水和水泥的混合物）中，可大大缩短道路重新开通所需要的时间。

（4）乳化沥青冷再生施工质量控制。

如果废旧料中的粗集料比较少，不能满足作为柔性基层的要求，可以考虑加入一定的粗集料和细集料，这样不仅能形成骨架密实型结构，而且也较容易压实。在废旧料中加入的乳化沥青量不宜过多，当再生料用于基层时，乳化沥青的添加量一般为3%～5%。拌和过程中的添水量要考虑铣刨后废旧沥青混合料的含水率，总用水量不宜太高，一般为4%～6%，当矿料中细料多时，则取高限。

拌和总用水量将直接影响乳化沥青混合料的压实效果。用水多，乳化沥青的破乳速度慢，会影响开放交通的时间。乳化沥青混凝土混合料的摊铺宜用摊铺机来完成，摊铺过程必须缓慢、均匀、连续，其间不得随意变换速度或停顿。采用机械摊铺的混合料，不宜反复进行人工修整。当出现横断面不符合要求、构造物接头部位缺料、表面不平整、局部混合料明显离析的情况时，可采用人工局部找平或更换混合料的方法予以处理。

摊铺整平后的乳化沥青混合料，待晾晒 20～30 min 后再进行碾压，以免发生推移现象。最好先用轻型压路机静碾初压 1～2 遍，使混合料初步稳定，然后用振动压路机挂振碾压，使整个厚度范围内的混合料都能得到振动压实。当有粘轮现象发生时，应在碾轮上洒少量水或涂少量废机油。采用乳化沥青拌制的混合料，虽经压实，但其中仍然还有水分在不断蒸发，使路面内部产生空隙，故要在其上铺筑封层，以提高路面的密实性、稳定性和耐磨性。成型后要自然养护 1～2 d 方可铺设罩面。

2. 沥青路面热再生技术

以下以沥青路面就地热再生技术为例进行介绍。

就地热再生一般只针对原沥青路面表面层，再生深度一般为 20～50 mm。当沥青路面表面层出现各类裂缝、坑槽、拥包、泛油、搓板等病害，或路面平整度、摩阻力等路用性能下降且路面破损深度小于 6 cm，未波及基层时，便可以应用就地热再生技术恢复沥青路面的使用性能。就地热再生是一种连续式的现场热再生作业方式，具有经济、高效、快速、环保、节约等特点。

（1）沥青路面就地热再生混合料配合比设计。

①取样。将原路面按路况分段，然后对这些典型的路段分别进行取样，取样深度约为 5 cm（一般为上面层全厚），取样质量约 60 kg。为了尽量少破坏旧沥青混合料的级配，应采用小型加热机加热取样，并进行以下工作：测量面层厚度；

确定旧沥青混合料的理论密度;确定旧沥青混合料的沥青含量(油石比)、级配等,将试样洗净、晾干,然后对其中的一部分予以加热松散,并进行离心抽提试验以及回收旧沥青常规试验(针入度、延度及软化点),以判断旧沥青的老化程度。

②确定工程设计级配范围。在行车荷载和自然因素的反复作用下,沥青路面中的矿料颗粒容易发生损伤和破碎,引起级配的变化。因此,需要对那些由旧沥青混合料的抽提试验得到的矿料进行筛分,以判断旧沥青路面中沥青混合料的级配。就地热再生混合料的工程设计级配范围应符合《公路沥青路面施工技术规范》(JTG F40—2004)对热拌沥青混合料的相关规定,应根据前期路况调查中旧沥青路面的车辙情况和制订的施工方案,以及公路等级、工程性质、交通特点、材料品种等因素,并对条件大体相当的工程使用情况进行调查研究后,方能确定。

③矿料级配设计。为改善原路面的矿料级配,就地热再生混合料中一般需掺加新沥青混合料。其中,根据旧沥青路面材料的矿料级配和拟订的设计级配范围来确定掺加的新沥青混合料的矿料级配。当再生混合料的配合比不能满足级配要求时,可综合考虑再生厚度、新沥青混合料的掺配比例和级配、再生沥青性能、再生混合料性能等因素,对级配范围进行调整。

④确定再生剂的添加量。充分考虑再生路面的气候、交通特点、层位、纵横坡、超高等因素,确定旧沥青再生的目标标号。由于热再生工艺自身的特点,再生沥青的目标标号不应高于该地区所使用的新沥青标号,以防再生标号太高,使再生沥青路面的高温稳定性降低。一般情况下,掺加的新沥青的标号可选择《公路沥青路面施工技术规范》(JTG F40—2004)中所规定的该地区的新沥青标号。当选择掺加高标号的新沥青时,可适当减少再生剂的用量。根据旧沥青再生的目标标号,用试配法进行旧沥青的再生试验,即将回收的旧沥青按一定间隔,掺加不同剂量的再生剂,测定再生沥青的三大指标,并绘制变化曲线,用内插法初步确定再生剂的用量。试验中再生剂的添加量为再生剂的质量百分比。

⑤再生沥青混合料的油石比的确定。再生沥青混合料由三部分组成:旧沥青混合料、掺加的再生剂以及新沥青混合料。由于就地热再生工艺的局限性,新沥青混合料的油石比是按照普通沥青混合料的配合比设计来确定的。若沥青混合料的合成油石比偏小,则应考虑再加入一部分新沥青。需注意的是:新沥青应先混入再生剂,然后再均匀地加入旧沥青混合料中。再生沥青混合料的油石比按照如下步骤确定:a.按一定的间隔确定5个新沥青用量,分别成型马歇尔试件;b.按《公路沥青路面施工技术规范》(JTG F40—2004)中规定的方法测试试

件的毛体积、相对密度、吸水率、最大理论相对密度以及再生混合料的马歇尔稳定度和流值;c.计算空隙率、沥青体积百分率、矿料间隙率、饱和度等物理性能指标,并进行体积分析;d.由此确定出再生剂用量的百分比以及最佳油石比。

⑥再生混合料的验证试验。再生沥青混合料验证试验包括再生沥青检查和再生混合料检测两项内容。再生沥青检查是在旧沥青中混入新沥青后,测定其针入度(25 ℃)、延度(15 ℃)及软化点。再生混合料检测是对再生沥青混合料与新沥青混合料拌和成型(3 组)后进行马歇尔试验,以检验其空隙率、稳定度、流值、矿料间隙率及沥青饱和度等是否满足《公路沥青路面施工技术规范》(JTG F40—2004)的要求。若满足,则表明再生沥青混合料的性能达到了预期目标。

(2)沥青路面就地热再生技术设备及施工工艺。

①就地热再生技术设备。"沥青面层热再生联合机组"包括红外加热器、路面铣刨机、搅拌机、混合料摊铺机、热沥青罐、新集料仓等装置以及自行式的行走驱动装置。其工作过程为:先用红外加热板把沥青面层烤热软化,再用铣刨机铣刨旧沥青层,并将其收集到一台双卧轴连续搅拌机上,添加新集料、再生剂和新沥青,经搅拌后将沥青混合料排至摊铺机上,进行摊铺、捣实熨平,完成就地重铺全过程后,再用压路机碾压,使旧路的沥青层全部被利用,得到一条翻新的沥青路面。

国外沥青就地热再生设备有 HIPAR 公司的 G5 摊铺列车、马泰克公司的 AR2000 超级再生机、卡罗泰康 Roadmix PR0037RM、维特根 Remixer4500 等。国内就地热再生设备有中联重科自行研制的 LF4500 型综合复拌机、鞍山森远沥青路面热再生设备——"AD5140TR 修路王"和 AD5140TLX"王中王"等。

一般来说,就地热再生设备主要由以下几个部分组成:一台配备多组加热元件的预加热机;一台配备同样功能加热装置的再生机、耙松装置、整平装置、温控系统、拌和装置;一台自重 12t 以上的双钢轮振动压路机和一台自重 15t 以上的轮胎压路机。如维特根就地热再生设备为一台或两台加热机和一台再生机,它们与运成品料(在加入混合料的情况下)载货汽车和压路机构成一个施工机组。

②就地热再生施工工艺。根据路面的破损情况和修复后路面质量等级的不同要求,就地热再生施工工艺主要有以下四种:整形、重铺、复拌、加铺。整形是重新修整道路断面的过程,即用就地热再生设备将旧沥青路面加热到一定的温度,并把路面翻松,然后整平、预压实,最后用压路机碾压成型。重铺是一种在整形的路面上再铺设一层新的沥青混合料,然后用压路机同时压实整形层和新铺层的方法。复拌是指用就地热再生设备将旧沥青路面加热到一定温度后翻松,

通过材料输送装置将翻松后的材料送入搅拌器。同时,把特别配置的新热沥青混合料、沥青或恢复沥青性能的再生剂按适当比例加入搅拌器,由搅拌器叶片把新旧材料拌和均匀,然后摊铺、整平、预压实,最后用压路机碾压成型。加铺是指加入再生剂改善旧沥青路面沥青和沥青混合料的性能,同时加入新的沥青混合料,使新沥青混合料在再生沥青混凝土路面上形成一层全新的沥青混凝土面层。可以说,加铺也是复拌与重铺的综合。

一般地,就地热再生采用复拌热再生方法,具体施工步骤如下。

a. 施工准备。施工前的准备工作包括机械设备的转运、材料的供应等。再生设备单机质量一般达 50t,体积庞大,需要两台 30t 以上的吊车进行转运。沥青混合料的供应与沥青混合料搅拌站相协调。为满足就地热再生连续施工的需要,应及时保障安全设施、消防器材和现场检测设备的供应。

b. 旧沥青路面的加热软化。将已损坏的旧沥青路面加热到 140~170 ℃,以软化沥青材料。加热软化过程由加热机和再生机中多组红外加热器完成,可独立调节输出的燃气压力,避免沥青加热过度。

c. 磨耗层的耙松。再生机上的旋转式耙松器将软化的铺层材料耙松到所需的深度,并将其输送到搅拌锅内。

d. 回收材料的拌和。分析从现有铺层中所取的芯样,确定混合料的配合比。将新添加的材料(热混合料、级配骨料或再生剂)与回收材料加入搅拌锅中,拌和均匀形成新的磨耗层材料。

e. 再生材料的摊铺。将拌和锅中的再生材料倾泻至加热后的刮平面上,并由伸缩式熨平板摊铺成规定的轮廓。应单独加热刮平面,以确保摊铺时再生层与下层之间连接牢固。

f. 路面的压实。配套使用大吨位的振动双钢轮压路机、轮胎压路机对摊铺后的路面进行压实,使再生路面的路用性能达到设计要求。

3.3 旧水泥混凝土路面材料的再生技术

3.3.1 旧水泥混凝土路面再生利用的意义

作为刚性水泥混凝土路面,很难像柔性的沥青路面那样通过简单的罩面手段即可恢复其路用功能,而只能通过基层和混凝土路面的综合处置,在一定范围内换板,甚至采用重新铺设路面的方法来恢复其通行能力。因此,混凝土道路的改建必定伴随大量废弃的混凝土块,如仅以一条路幅宽度 9 m、板厚 24 m 的二级路计算,每千米道路改建时所废弃的混凝土块为 2160 m³。如改建的混凝土道路有十几千米、几十千米,则废弃的混凝土块可达上万立方米甚至几十万立方米。如此之多的混凝土如不能妥善处理,不仅对水泥混凝土道路整治带来消极影响,还会对公路沿线的周边环境造成负面作用。因此对废弃混凝土的有效再利用是水泥混凝土道路整治过程中一项亟待解决的问题。

目前,国内有相当多的大修工程将废旧混凝土板丢弃在附近的公共活动区域,这已成公害,会侵占大量耕地,导致严重的环境污染。所以,当前我国急需解决废旧混凝土板这一环境问题。此外,我国基础设施建设的进程加快,急需大量的建筑材料,开采山石、淘挖河砂、掘坑取土等行为已经造成了严重影响,然而却仍在继续,且有愈演愈烈之势。

利用水泥混凝土路面板破碎生产再生集料,再利用水泥对再生集料进行稳定并用于高等级公路,从而实现旧水泥混凝土板的再生利用,具有重要的社会意义。

在水泥路面改造过程中,如果采用破碎设备将旧混凝土加以破碎、筛分,筛分后的优质集料用水泥稳定作为基层,不仅能够解决废弃混凝土的堆放问题,同时还节省了废料运输费用,尤其在地材紧缺地区,解决了石料来源问题,在环保方面具有显著的社会效益。

3.3.2 旧水泥混凝土路面材料加工工艺原则

旧料主要选用新技术而生产,基于预先拟定的设计标准,围绕旧料系统进行实际设计的过程中,需要对下述情况进行综合考量。

①对工艺设计产生一定影响的因素。一般情况下,主要有两大因素:其一,即旧料的来源、各项特征等,若这些方面不一致,则旧料对于工艺参数所提出的要求也会存在一定的差异性;其二,即旧料的产量,产量的数值往往和某些设备的运转率息息相关,因此必须对此方面进行综合考量。

②技术设计的基本准则。其一,即经济性,在切实保障性能及功能保持恒定的前提下,需要调节设备、设计等,有效降低不必要的经济成本;其二,即创造性,实际设计的过程中需要创新性,才可使得产品表现出良好的适应性、合理性。

③工艺确定的基本准则。需要实时收集一系列工程案例,同时秉持极佳的设计理念,才可以有效解决设计过程中存在的诸多问题。此外,还需要遵循环保

的基本准则。

3.3.3 旧水泥混凝土路面材料国内外的加工工艺流程

1. 国外破碎工艺

(1) 日本破碎工艺。

通常情况下,日本生产废料所选用的技术可细致划分为两大类别,其中包含块体破损,此外,还涉及骨料筛分。因此,加工时需要围绕废弃混凝土进行细致筛选、冲洗等。其所对应的基本流程示意图详见图3.1,各阶段如下。

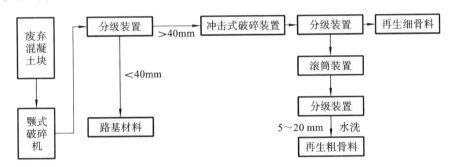

图 3.1 日本生产工艺的基本流程示意图

①预处理阶段:去掉存在于废弃混凝土表面的废物,再转移至颚式破碎机中,使其破碎为若干粒径达到 40 mm 的均匀颗粒。

②碾磨阶段:将上述所得颗粒均移送至正在不停转动的偏离筒中,以确保各颗粒彼此间充分撞击,使颗粒完全分离于水泥浆。

③筛分阶段:对上述所得颗粒进行细致筛分,从而摒弃砂等颗粒,以获得废旧回收料。在此生产工艺当中,填充型的加热设备在加热、破碎等一系列工序之后,可获得高质量的产品,但同样需要耗费相对较高的经济成本。

(2) 德国破碎工艺。

对德国而言,其所选用的生产工艺基本流程示意图详见图 3.2。在此工艺当中,主要借助颚式破碎机的作用,破碎并细致筛分指定的废弃混凝土,由此获得各个等级的颗粒级配。

2. 国内破碎工艺

实际上,我国围绕废弃混凝土所展开的深入探究相对较迟,一般选用破碎及

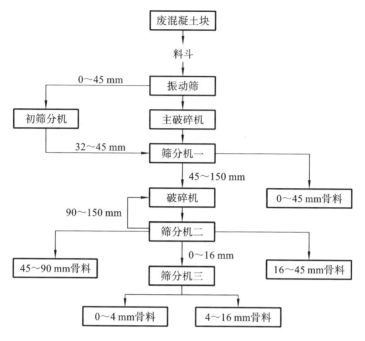

图 3.2 德国生产工艺的基本流程示意图

筛分的基本方式,相较西方发达国家而言,在强化处理方面略有欠缺。学者史巍在生产旧料时,专门为此研发出性能优良的风力分级设备,其基本示意图详见图3.3,基于此设备,能够细致划分粒径处于 0.15~5 mm 区间中的颗粒,有助于后期对旧料进行循环利用。

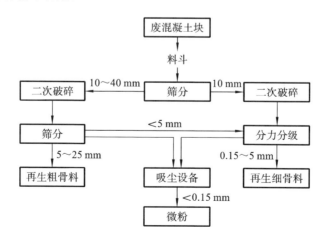

图 3.3 风力分级设备生产工艺流程

综上所述，国外对于废旧混合料加工遵循多级破碎、精细控制原则，尤其是注重对废弃混合料的筛选、清洁、冲洗。国内主要采用破碎、筛分两种方式，方式较单一，对废旧混合料强化处理较弱。

3.3.4 旧水泥混凝土路面材料国内外加工设备

一个世纪以前，发达国家已经开始运用破碎设备以及相关筛分设备，其中十分典型的国家为美国、日本、德国等。对我国而言，选用此类设备的时间已经长达20余年，在长期的技术改造之后，产品技术愈加趋于完善，能够满足供应石材方面提出的各项需求。破碎设备的基本特征及其需要满足的条件，详见表3.3。

表3.3 破碎设备的基本特征及其需要满足的条件

设备种类	基本特征	适宜条件
颚式破碎机	工作性能极佳，便于进行后期维护	中硬质岩石
圆锥式破碎机	破碎比十分显著，可达到较高的效率	中硬质岩石
辊式破碎机	基本结构相对简洁，工作稳定	中软质石料
旋回式破碎机	可以不间断破碎，有着理想的生产率	中硬质矿石
反击式破碎机	基本结构相对简洁，粒度较为均匀	中硬质脆性物料
锤式破碎机	破碎比十分显著，可达到较高的效率	中硬质岩石
联合碎石设备	机动性十分良好，持续优化现有工艺	碎石料相对集中的情况
振动筛	生产能力较为显著，可表现出理想的筛分效率	脱水等情况

一般情况下，生产旧料的设备可细致划分为两大类别，其中包含定型设备，此外，还涉及非定型设备。过去生产时主要选用定型设备，例如破碎机以及筛分机等，而当前时期，学者们所研发的非定型设备能够基于一系列工艺特征发挥特殊的用途，有时根据优化定型设备所得。

3.3.5 旧水泥混凝土路面材料质量控制指标

如果旧料表面附着一定数量的水泥砂浆，将会使其表面相对粗糙，难以达到理想的堆积密度，同时吸水率也会过高。因此，要围绕旧料质量展开探究，参考天然骨料的质量评定标准，提出废旧回收料质量控制指标，具体如下。

①筛分试验。将所获得的旧料均移送至筛分机展开筛分，以达到理想的级

配,而后,将所得结果和预先拟定的标准进行对比,如不满足规范要求,应及时调整破碎工艺,以得到最佳级配。

②旧料压碎指标试验。由于旧料表面时常附着一定数量的水泥砂浆等,因此,其所表现的压碎值高于天然骨料,这项数值和骨料生产方式有关,若压碎值并未达到预先拟定的设计标准,将不利于基层保持良好强度。

③旧料吸水率试验。由于旧料表面时常附着一定数量的水泥砂浆,旧料表面往往不够平齐,生产时也会出现若干轻微裂缝,从而使得旧料的吸水率不断增长,得到的混合料效果不佳。因此,在对配合比进行设计之前,应进行吸水率试验。

④针片状颗粒含量。一般情况下,对混合料而言,若其中含有相对较多的针片状颗粒,将难以达到理想的强度标准。基于相关资料得知,含有针片状颗粒越多,会不断提升各颗粒彼此间的空隙率,难以压实,从而降低混合料的强度。

⑤旧料表观密度。由于旧料表面附着一定数量的水泥砂浆,所以旧料自身的表观密度要低于天然骨料。

3.3.6 水泥混凝土旧板再生利用施工

1. 水泥混凝土旧板再生利用的流程

水泥混凝土旧板再生利用生产流程主要包括两部分:废弃板的二次加工和加工后再生石料的利用。整个流程如图 3.4 所示。

2. 破碎工艺

再生石料的加工,简单地说是选择经过破碎、筛分,最终形成所需要质量的产品。石料加工产品的质量主要取决于两方面:一是材料自身性质;二是加工工艺。加工过程中对质量的影响主要有三个方面:一为工艺流程;二为振动筛配件;三为加工机械调试。

再生碎石集料加工工艺流程:喂料机→颚式破碎机→圆锥机→振动筛→产品。在此工艺流程中,喂料机装入的料为凿除的旧混凝土板,在凿除、装卸、运输过程中含部分泥土。因此,在颚式破碎机和圆锥机之间设置筛孔为 10 mm 的振动筛,将绝大多数的杂质筛除,以保证进入圆锥机旧混凝土板块的洁净。另外,在颚式破碎机和圆锥机之间增装有储料仓,目的有两个:一是当流程后段发生机械故障时,前段仍可继续生产,提高产量;二是保证供应给碎石机的混凝土料均

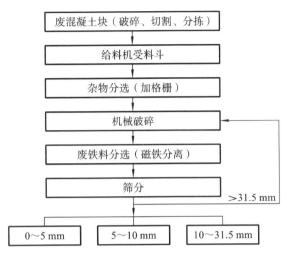

图 3.4 再生石料生产工艺流程图

衡稳定,从而保证成品料的颗粒形状,颗粒级配稳定。

3. 旧水泥混凝土板块再生利用的施工控制

施工前对既有高速公路中破碎板重度裂缝采用换板处理,中度裂缝板采用植筋封水处理,轻度裂缝采用沥青灌缝处理,病害处理完成后冲洗清扫干净路面。

基层施工前,按 10 m 一个断面放出中间边桩和边部边桩,施工时采用水平尺和钢卷尺配合的方法挂感应线,对松铺高程进行严格控制,两台摊铺机之间采用导梁和感应器配合的方法进行横坡的控制,导梁采用液压千斤顶和 10 cm 铝型材,在两条感应线之间拉线,调整千斤顶,控制铝型材的高度来调整感应器的行走轨道,见图 3.5。

基层混合料可采用连续式稳定土厂拌设备拌和。拌和料采用自卸汽车运输,现场将根据拌和机的产量来配备运输车,保证施工能连续、有序、稳定地进行。由于再生集料的吸水率较大,为减少水分损失、防止混合料碎落路面上,运输时车上的混合料需加帆布覆盖。运输车辆到达铺筑现场后,按指定地点和方式卸料。

可采用两台稳定土摊铺机进行基层混合料摊铺,两台摊铺机相距 10~15 m,两侧按测量提供的高程固定钢丝线作基准线,中间采用横向拉线,将按横坡控制的浮动铝合金导梁作为基准线来控制摊铺厚度。在摊铺过程中,设专人跟

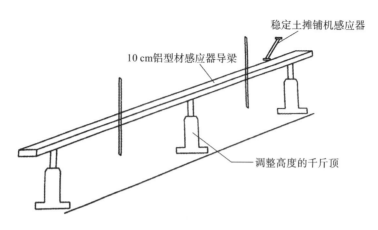

图 3.5 导梁图

踪在摊铺机后面,以消除粗细集料离析现象,应特别注意铲除局部粗集料"窝",并用新混合料填补。摊铺前将下承面清扫干净、洒水湿润,按试验路确定的松铺系数来控制摊铺厚度。

3.4 单侧加宽旧路侧通行路段安全处理

随着高速公路改扩建项目不断增加,工程中各种横断面扩宽方案得到越来越广泛的应用。具体有如下几种类型:两侧和单侧加宽、两侧和单侧分离。因平原微丘区域地势平坦,相对高差较小,基本上地形条件对高速公路的改扩建施工所产生的影响较小,施工时多采用两侧加宽的方法;因山岭重丘区地形复杂,且相对高差较大,有着较为脆弱的生态条件,若加宽双侧则需要较大的填挖量,对生态环境有一定的破坏,因此,在该种地质环境下多使用单侧加宽/分离的方式进行施工。因单侧加宽的方案有较高的构造物利用率,不仅可以起到节约资源的作用,还能使工程造价有所降低,既可有效确保施工时交通的通畅性,还能绕过路侧构造物。因此,在改扩建施工中,单侧加宽已逐渐成为重要类型。

3.4.1 旧路加宽行车安全性

将半幅路基拼接到高速公路左侧或右侧区域,给车辆提供一个方向的行车道,旧路作为另一方向行车道的方案即为单侧加宽方案。当前多使用从中央倾斜到两侧的形式作为高速公路一般路段的路拱横坡,且在两幅老路中间设置中央分隔带,将既有高速公路的双向车道改建成单向车道后,为使交通运行正常,需改造其路拱横坡和中央分隔带。

当扩建一侧的土地资源较为充足,则可以将旧路的中央分隔带保存下来,并将中央分隔带的开口设置到互通出入口附近,以便于内侧车辆驶入或驶出互通。若新建路基侧土体较为缺乏,需将中央分隔带拆除,并连接好两幅旧路后再对车道进行划分。当前,国内关于中央分隔带开口条件的研究多局限在转弯掉头位置,而关于互通出入口的研究则较少。此外,关于单向双路拱路面缺乏详细规范。

因为行驶在单向双路拱路段的车辆在跨越路拱线时的安全性还需进行论证,一般情况下都是将厚度一定的路面结构层加铺到既有道路的双向路拱横坡路面上,以将其改造成单向横坡。而在改造后的单向横坡中,跨越路拱线超车或变道的行为将存在一些安全问题。

高速公路改扩建在将同向车道中央分隔带保留下来时,可以有效分隔较高行驶速度和较低行驶速度的车辆,使道路服务能力和通行性能有所提高,并缩小工程规模,使工程造价有所降低,并且不需要将中央分隔带中的管线向外侧偏移,施工时仅有较小的交通流影响,分隔带中的植物可以对环境进行美化,缓解驾驶疲劳。因此,若新建路基侧土地资源较为充足,从考虑经济性和安全性的角度出发,采用保留中央分隔带的施工方式最为合理。

在进行单侧加宽旧路侧施工设计时,保障单向双路拱路面行车安全性是重点所在。

3.4.2 车辆转弯半径

当前,关于车辆换道模型已有较多研究,这里在现有的研究基础上,提出基于圆形运行轨迹的换道模型,具体如图 3.6 所示。

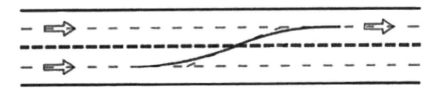

图 3.6 圆形运行轨迹换道模型

该模型以连续反向的圆曲线相连的形式简化了车辆换道行驶过程。假设车辆换道时改变了前进方向,但保持速度不变,行驶车道的中心线位置为换道的起点,目标车道的中心线位置为换道的终点,车辆换道前后均以道路前进方向作为行驶方向,方向盘在换道时所发生的改变为瞬时性的,车辆从现有车道到分界线的行驶过程表现为匀速圆周运动,而从分界线行驶到目标车道时主要表现为反向匀速圆周运动。在该模型基础上对单向双路拱路面行驶的车辆在实现跨越路拱线时运行速度和换道时间均不同条件下的转弯半径进行计算,所得结果如表3.4所示。

表 3.4 车辆换道行驶轨迹半径/长度(单位:m)

设计速度 /(km/h)	换道时间/s				
	2	3	4	5	6
120	295/66	665/99	1184/132	1851/166	2665/199
100	204/55	462/82	822/110	1285/138	1851/166
80	130/43	295/66	525/88	822/110	1184/132

从表3.4可知,在单向双路拱路面上行驶的车辆要想实现车道的变换,若车辆有3s以上的换道时间,相比于圆曲线极限最小半径,车辆有着更大的转弯半径,即不会因过于急促的转弯而导致车辆产生倾覆。若车辆有3s以下的换道时间,则换道时的转弯半径小于极限半径,即换道转弯有一定的危险性。

3.4.3 行驶轨迹长度

车辆在单向双路拱路面行驶时,若想完成换道,必须跨越路拱线,此时车辆在水平投影上表现为一曲线,在垂直投影上表现为一双向路拱横坡。在变道时,道路纵坡的渐变率对车辆的行驶安全性有直接影响。在换道的整个过程中,渐变的纵坡和超高渐变类似,考虑到安全性,将最大纵坡渐变率确定为最大超高渐变率,车辆换道行驶轨迹最小需求长度如表3.5所示。

表 3.5 车辆换道行驶轨迹最小需求长度(单位:m)

设计速度 /(km/h)	路拱横坡 /(%)	旋转轴位置	
		行驶车道和目标车道的分界线	行驶车道中心线
120	2	37.25	30.25
	3	56.00	45.25
100	2	33.50	26.00
	3	50.60	39.35

续表

设计速度 /(km/h)	路拱横坡 /(%)	旋转轴位置	
		行驶车道和目标车道的分界线	行驶车道中心线
80	2	30.25	22.50
	3	45.25	33.50

从表3.5可知,换道时车辆的行驶轨迹长度可以有效满足纵坡渐变的要求。

3.4.4 车辆稳定性分析

1. 车辆受力分析

从车辆变道时的轨迹变化情况可以看出,车辆在此过程的受力情况与超高过渡段的受力情况一致,因此,采用超高过渡段理论模拟该种情况。当车辆在单向双路拱路面上进行路拱线跨越以完成换道时,不管是换道到哪侧,车辆始终受到反超高的作用。此时,离心力和重力均指向离心方向,不利于行驶的安全性。而轮胎和路面间出现的横向摩阻力则朝向向心方向,可以使重力和离心力的水平分力作用得到有效抵消,若车辆承受的重力和离心力水平分力之和在横向摩阻力之上,车辆便会出现失稳现象。

车辆在换道时的竖向力对车身有稳定作用,而横向力对车身稳定则较为不利。车辆在反超高路段行驶时,横向力逐渐增大,竖向力逐渐减小,不利于行车稳定。基于新建道路路线设计规范,在行车稳定性中以横向力系数作为评判指标。

2. 横向力系数分析

作为车辆换道时的不稳定影响,车辆在横向力系数过大的情况下容易有滑移等现象出现,不利于安全。为提高安全性,必须确保以下临界条件得到满足:一是横向力系数必须小于横向摩阻系数;二是车辆倾覆力矩必须小于稳定力矩。

为确保行驶车辆的安全和稳定,一般情况下,车辆有着较低的底盘和重心,且汽车的轮距约等于2倍的汽车重心高度,则横向力系数应该小于1,以避免车辆倾覆。而横向摩阻系数往往小于0.5,则车辆不滑移的条件为横向力系数比0.5小,因此,针对变道车辆,只要不产生横向滑移,就不会出现横向倾覆。

从现有研究可以知道,对驾驶员舒适度有最大影响的指标是横向力系数。当横向力系数在 0.10 以下时,驾驶员不会察觉到有曲线存在,行车较为平稳;当横向力系数等于 0.15 时,驾驶员可察觉到曲线,但行车平稳;在 0.20～0.35 的横向力系数下,驾驶员可察觉到曲线,且行车有不平稳现象;在 0.40 的横向力系数下,有较差的转弯稳定性且还可能出现倾覆。

当车辆在单向双路拱路面上想实现对路拱线的跨越以完成换道时,在 3 s 以下的换道时间内有较大的横向力系数,车辆行驶时稳定性较差且可能会出现倾覆;在 3 s 的换道时间下有约等于 0.20 的横向力系数,驾驶员在换道时可以有效感觉到曲线的存在且略微有不平衡感;在 3 s 以上的换道时间下,驾驶员可有效跨越路拱线并成功实现换道。

此外,横向力系数和摩阻系数是判断行车稳定的重要条件。车辆行驶速度以及路面材料等均会对横向摩阻系数造成影响。一般情况下,以 0.4～0.8 作为干燥路面的横向摩阻系数的取值范围;以 0.25～0.40 作为潮湿沥青路面上车辆以较高行驶速度时的横向摩阻系数的取值范围;以小于 0.2 作为结冰或积雪路面的横向摩阻系数的取值范围。相关研究结果表明,在单幅双拱路面的路拱线处有"路脊"存在,对排水较为有利,与路拱线接近的车道不会容易出现积水,路面在下雨天时的横向摩阻系数要比 3 s 换道时间下计算得到的路面横向力系数要大,即单向双路拱位置的车辆在降雨天气条件下跨越路拱以实现换道时不会轻易有滑移出现。

从现有研究可知,车辆约有 1 m/s 的横向移动速度。但国内高速公路行车宽度一般为 3.75 m,即要完成换道的时间一般为 3.75 s。因此,车辆在单向双路拱路面实现换道时的各项指标均可满足安全性的要求。采用单侧加宽改扩建时,连接既有高速公路中央分隔带之后出现的单向双路拱路面对于行车安全性仅有较小影响,若新建路侧没有足够的土地资源,可将中央分隔带拆除后连接两幅老路,对车道进行重新规划以给车辆行驶提供一个方向的行车道。

3.5　路面防排水施工

3.5.1　路面防排水的重要性

1. 下渗水对道路的影响及危害

进入路面结构内部的水分,一般通过路基下部和路基两侧的路肩经过渗流排出路基范围。但是当基层、路基为渗透性低的材料时,排水的历时较长。由于下渗水排除不良所产生的破坏形式常见的有以下四种。

(1) 发生在表面层的破坏。当水分滞留在沥青路面上面层的孔隙内时,在车辆荷载的反复作用下产生"真空抽吸"现象,形成高孔隙水压力,进而产生高压水流,使沥青从碎石表面剥落,局部沥青混合料发生松散,最终导致松散、坑槽等病害。

(2) 发生在中上面层的破坏。由于路面本身的孔隙率和施工离析等原因,水分透过沥青混凝土上面层渗入并滞留在上面层和中面层内,车辆荷载的反复作用使这两层沥青混凝土中部分集料上的沥青剥落,从而导致表面产生网裂、横向推移和下陷等破坏。

(3) 发生在基层顶面的破坏。下渗水透过面层滞留在基层顶面处,在行车荷载的作用下成为高压水流,对基层的细料造成冲刷,导致细料浆被挤压并从接(裂)缝处唧出,发生唧浆现象。

(4) 发生在基层和土基的破坏。在降雨历时较长,或路面裂缝比较严重时,水分通过裂缝逐渐浸湿到路基和土基。使基层和土基的强度降低、变形增加,从而降低了路基路面的承载能力和耐久性。

通过以上分析可以发现,水分无论存在于哪一层都会对道路产生破坏,如何避免上述危害的发生,成为一个亟待解决的课题。

2. 布设路面内部排水系统的必要性

道路发生水损害的根本原因是:进入道路各结构层的水量超过了道路结构各结构层的排水能力,使路面各结构层的含水量过高。因此,避免道路水损害要从两方面入手,即防止表面水下渗到道路内部和将下渗到道路各层位的水分在短时间内排出。对于发生在表面层和中、上面层的破坏,应主要考虑提高沥青面层的防水性能,严格控制沥青混合料的孔隙率范围,防止降雨下渗到路面结构内部。对于发生在路基顶面、路基和土基的破坏,在防止降水渗透到路基和土基的同时,也应及时修补裂缝,防止降水通过裂缝下渗到基层和土基。

除以上预防措施外,在道路结构中设置路面内部排水系统是排除入渗到基层底面的水分非常有效的方法。设置路面内部排水设施不但可以将下渗到路基的水分排出路基范围,同时可以在一定程度上避免面层"真空抽吸"现象的发生,还可以减小半刚性基层的反射裂缝。

3.5.2 路面防排水施工方案设计原则

改扩建路面施工方案应考虑路面防排水,遵循"以防为主、防排结合"的原则。路面排水施工应在既有路面排水系统的基础上进行改造优化,重新验算排水能力,设计排水出路。路面拼接缝部位应喷涂黏结沥青。路面排水设计时应兼顾施工期间的排水,以保证施工期间不积水。桥面沥青铺装整体铣刨重铺时,应重新设置防水层。

重点做好路面内部系统的排水,路面内部排水系统可由路面边缘排水系统、排水基层单独或组合构成。遇有下列情况之一时,宜设置路面内部排水系统:

(1) 年降水量为 600 mm 以上的湿润多雨地区,路床由渗透系数不大于 10^{-4} mm/s 的细粒土填筑的高速公路;

(2) 路基两侧有滞水,可能渗入路面结构内;

(3) 重冰冻地区,路床为粉性土的潮湿路段;

(4) 需排除积滞在路面结构内的水。

路面内部排水系统中各种排水设施的设计排泄量均应不小于路面表面水渗入量的 2 倍。

3.5.3 常见路面内部排水系统

常见的路面内部排水系统有路面边缘排水系统和排水基层排水系统两种。排水基层排水系统的效果优于路面边缘排水系统,但路面边缘排水系统对于老路改建有其独特的优点。

1. 路面边缘排水系统

改扩建高速公路工程,需重新构建路面边缘排水系统。路面边缘排水系统由透水性填料集水沟、纵向排水管、横向出水管和过滤织物组成(见图 3.7)。

纵向排水管管径应按设计流量由水力计算确定,宜在 70~150 mm 范围内选用。排水管的埋设深度,应保证不被车辆或施工机械压裂,并应超过当地的冰冻深度。在非冰冻地区新建路面时,排水管管底宜与基层底面齐平;改建路面时,管中心应低于基层顶面。排水管的纵向坡度宜与路线纵坡相同,并不得小于 0.25%。横向出水管径间距和安设位置应由水力计算并考虑邻近地面高程和道路纵横断面情况确定。出水管的横向坡度不宜小于 5%。

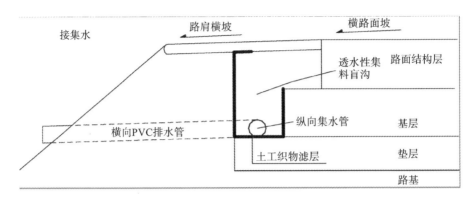

图 3.7　路面边缘排水系统典型构造形式

集水沟底面的最小宽度,对新建路面,不应小于 300 mm;对改建路面,应保证排水管两侧各有至少 50 mm 宽的透水填料。

路面边缘排水系统的功能就是将渗入路面结构层内部的水,通过结构层的连通空隙或某一排水结构层横向渗流到路面边缘,再排到路基以外。路面边缘排水系统非常适合用于基层透水性小的水泥混凝土路面,因为水泥混凝土路面板边和角隅处,由于沉降、翘曲变形等经常出现面板与基层脱空,下渗的自由水往往积聚在脱空部位,设置面边缘排水系统后可将面层—基层—路肩界面空隙处积聚的自由水排出路面结构。路面边缘排水系统结构示意图见图 3.8。

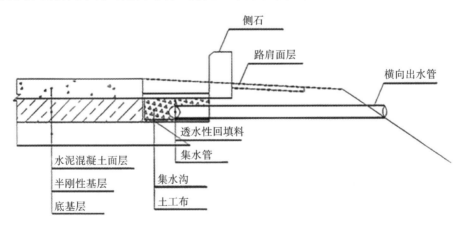

图 3.8　路面边缘排水系统

观测结果显示,设置路面边缘排水系统后,路基湿度降低,模量提高,路面的寿命随之增加。但路面边缘排水系统的纵向排水沟容易被细粒堵塞使排水的效率降低,特别在旧混凝土面层含有较多细粒时,更容易产生堵塞现象。另外,路面边缘排水系统仅能排除一部分渗入路面结构内的自由水,还有一部分残留的自由水仍被封闭在路面结构内部,使路面结构处于潮湿状态,对道路结构造成破坏。

2. 排水基层排水系统

路表面渗入路面结构的水量大,仅设置路面边缘排水系统难以迅速排除时,可在面层下设置排水基层,地下水丰富的低填和挖方路段的路基顶面应设置排水垫层。路面内部设置专门排水层,排水层的主要功能是聚集渗透进路面的水,在允许时限内,将水排至路面边缘排水系统。排水层的材料可采用开级配沥青稳定碎石、开级配水泥稳定碎石或级配碎石。

由于排水基层排水系统中渗入水进入排水层的渗流路径短,渗流速率快,因此排水效果远远好于路面边缘排水系统,在新建路面时常采用这种方案。也可将排水基层铺设成全宽式,不设纵向集水沟、集水管和横向出水管,渗入排水基层内的水分直接排出路基外,如图 3.9 所示。

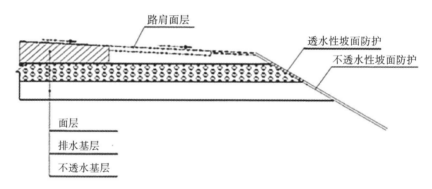

图 3.9 全宽式排水基层

全宽式排水基层优点是便于施工,缺点是排水层在坡面出口处易被杂物堵塞,通常使用几年后便不再排泄渗入水,造成路面结构特别是路肩损坏。

3.6 高速公路路面改扩建施工案例

3.6.1 工程概况

京沪高速公路作为我国重要的骨干网络之一,是连接政治中心北京和经济中心上海两个城市的关键公路通道之一。其中,京沪高速位于江苏境内的新沂—淮安—江都段是江苏省内重要的南北主干道,全长约为260 km,原设计为双向四车道,采用设计速度120 km/h,公路横断面的路基宽度为28 m。随着京沪高速沿线城市的经济与社会发展,高速公路的通车量逐年递增,原先的设计标准无法满足现有的通行需求和功能,拟对该区间路段的高速公路进行改扩建施工。

淮安至江都段改扩建项目JHK-YZ23标段全长约为26 km,主要采用的扩建方式为双侧拼宽结合局部分离,扩建后的高速公路设计通车速度为120 km/h,采用设置有中央分隔带的双向八车道形式,公路横断面的路基宽幅扩增为42 m。沿线道路除互通收费站采用水泥混凝土路面外,其余均为沥青混凝土路面形式。该高速公路沥青路面的设计服役年限为15年。

3.6.2 项目主要难点

本标段项目施工里程长,工程量大,工期紧,全线边通车边施工,交通导改次数多,安全风险高;影响总体工期的制约因素较多,新老路拼接处施工质量管理难度大;老路病害形式多样,处理复杂。

(1) 主要工程量大。

主要工程量包括:SMA-13上面层887916 m^2,EME-14沥青混合料917021 m^2,SUP-25沥青混凝土552417 m^2,水泥稳定碎石基层540719 m^2,低剂量水泥稳定碎石底基层(厂拌冷再生水稳碎石)577620 m^2,铣刨沥青面层395271 m^2,铣刨水稳基层57559 m^2。

(2) 交通组织复杂。

全线各阶段施工均不阻断交通,采取封闭原高速公路硬路肩及部分第二行车道的方式,保留第一车道供车辆通行,边通车边施工,安全管理风险高。根据施工进度分多次进行交通转换,施工难度大。因此需做好各阶段的交通组织,积极同路基、桥梁标段沟通协调,做好交接工作,加强施工过程中的安全巡查工作和对交通导改设施的维护,保障交通安全。

(3) 病害种类多。

京沪高速作为连接北京和上海的关键通道,原路面在车辆荷载及环境因素的长期作用下,路面性能逐步衰减,出现不同程度的损坏。需在充分调查研究病害类型的基础上,确定最佳的处理方案。

(4) 新老路拼接施工难度大。

路面改扩建施工采用挖台阶的方式对老路硬路肩进行挖除,新施工的路面各结构层同老路面进行拼接,施工质量管理难度大。

3.6.3 京沪高速路面改造关键工艺

1. 拓宽新建路面结构层

京沪高速主线第三、第四车道新建路面均设计为沥青混凝土形式,首先是厚度为 4 cm 的 SMA-13 面层,下部依次为 6 cm EME-14 高模量沥青混合料＋6 cm EME-14 高模量沥青混合料＋10 cm 粗粒式沥青混合料(SUP-25)。为保证路基稳定性,基层设计为水稳碎石,厚度为 38 cm,同时采用厂拌冷再生水泥稳定碎石作为底基层,厚度为 20 cm。新建道路路面结构各层次之间均设置黏层,以加强连接,道路整体厚度为 84 cm。黏层材料根据季节气温的不同,选择采用 SBS 改性乳化沥青或不黏轮乳化沥青。

2. 既有路面改造方案

(1) 京沪高速主线第一、第二车道路面改造方案。既有路面局部病害处理后,摊铺厚度为 4 cm 的 SMA-13 改性沥青玛蹄脂,在既有路面与加铺层之间洒布沥青黏层,黏层材料根据季节气温的不同选择采用 SBS 改性乳化沥青或不黏轮乳化沥青。

(2) 桥面铺装改建方案。既有桥面铣刨 9 cm 沥青铺装层后,摊铺 4 cm＋5 cm SMA-13 面层,桥面防水层采用热喷 SBS 改性沥青＋预拌碎石。桥面上下沥青铺装层之间设置黏层,黏层材料根据季节气温的不同选择采用 SBS 改性乳化沥青或不黏轮乳化沥青。

(3) 匝道路面改建方案。既有匝道路面局部病害处理后,摊铺厚度为 4 cm 的 SMA-13 改性沥青玛蹄脂。

3. 主线路面拼接方式

新老路面拼接位置为硬路肩内边缘,面层拼接位置为内边缘处往第二车道 20 cm,基层拼接位置为内边缘往外 25 cm。拼接施工首先从硬路肩内边缘处往第二车道 20 cm 开挖,台阶共分为三阶进行开挖,位置分别在原面层中间、基层顶部以及基层中间,相应台阶宽度分别为 20 cm、25 cm、25 cm,台阶高度则为

12 cm、10 cm、19 cm、39 cm,如图 3.10 所示。为避免拼接处路面开裂,在中面层顶、基层顶部各铺设一层聚酯玻纤布,宽 1 m。为避免既有路面中面层剩余的 2.5 cm 在第一层台阶底的夹层在路面结构中的质量隐患,在铺筑完拼宽部分下面层后,对台阶处 2.5 cm×20 cm 的夹层进行二次铣刨,并与 6 cm EME-14 中面层一同摊铺。

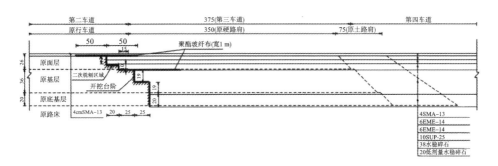

图 3.10　主线路面拼接示意图(老路下面层处理过路段)(单位:cm)

(1) 老路下面层处理过路段。

新老路面拼接位置为硬路肩内边缘,面层拼接位置为内边缘往第二车道 35 cm,基层拼接位置为内边缘往外 10 cm。拼接施工首先从硬路肩内边缘处往第二车道 35 cm 开始开挖,台阶共分为三阶进行开挖,位置分别在原面层中间、基层顶部以及基层中间,相应台阶宽度分别为 20 cm、25 cm、25 cm,台阶高度则为 12 cm、10 cm、19 cm、39 cm,如图 3.11 所示。为避免拼接处路面开裂,在中面层顶、基层顶部各铺设一层聚酯玻纤布,宽 1 m。为避免既有路面中面层剩余的 2.5 cm 在第一层台阶底的夹层在路面结构中的质量隐患,在铺筑完拼宽部分下面层后,对台阶处 2.5 cm×20 cm 的夹层进行二次铣刨,并同 6 cm EME-14 中面层一同摊铺。

(2) 老路上基层处理过路段。

新老路面拼接位置为硬路肩内边缘,面层拼接位置为内边缘往第二车道 70 cm,基层拼接位置为内边缘往第二车道 25 cm。拼接施工首先从硬路肩内边缘处往第二车道 70 cm 处开始开挖,台阶共分为三阶进行开挖,位置分别在原面层中间、基层顶部以及基层中间,相应台阶宽度分别为 20 cm、25 cm、25 cm,台阶高度则为 12 cm、10 cm、19 cm、39 cm。为避免拼接处路面开裂,在中面层顶、基层顶部各铺设一层聚酯玻纤布,宽 1 m。为避免既有路面中面层剩余的 3 cm 在第一层台阶底的夹层在路面结构中的质量隐患,在铺筑完拼宽部分下面层后,对

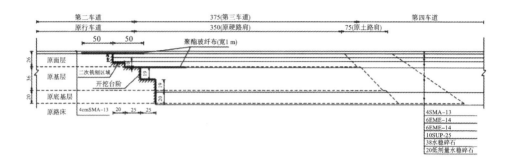

图 3.11　主线路面拼接示意图(老路上基层处理过路段)(单位:cm)

台阶处 2.5 cm×20 cm 的夹层进行二次铣刨,并同 6 cm EME-14 中面层一同摊铺。

4. 匝道路面拼接方式

匝道新老路面拼接位置根据匝道拼宽情况而定。原则上当既有匝道利用宽度小于 3 m 时,全部挖除新建,无匝道路面拼接;当既有匝道利用宽度不小于 3 m 时,路面拼接分台阶进行,起点为土路肩边沿以内的 150 cm 位置,两次台阶开挖的位置分别为面层底、基层中间,台阶宽度均为 250 mm,最后挖至底基层位置,厚 37 cm;为避免拼接处路面开裂,在中面层顶、基层顶部各铺设一层聚酯玻纤布,宽 1 m。

5. 拼接位置施工

为保证面层、基层横向拼接的黏结效果,在基层拼接缝界面采用涂抹增稠水泥浆+灌浆方案,在面层横向拼接缝界面采用喷涂热沥青方案。

基层拼接施工前对老路保留结构层面进行清理,保证搭接面无杂物、无软弱松散颗粒。采用水泥浆喷洒机对新、老路纵向拼接界面进行水泥净浆喷洒,湿润拼接界面。安排施工人员在摊铺机前 5～10 m 范围将增稠水泥浆均匀抹至老路基层侧面,对老路基层下部提前填补新料,填补新料长度不超过涂抹增稠水泥浆的长度。在水稳摊铺后,初压前取搅拌均匀的水泥浆,以扁口水壶对拼接缝处进行人工灌注。整个过程应做到喷洒、涂抹、灌浆均匀、不留死角。碾压时先将纵向拼接缝 50 cm 范围外的水稳料碾压密实,然后使用压路机分次对接缝 50 cm 范围内水稳料进行碾压,逐次将新料不断向接缝处推挤,最后使用胶轮压路机跨缝碾压,保证接缝位置的密实。

面层拼接施工前将接缝位置清理干净,保证施工前界面处于干燥状态。采用热沥青喷涂设备进行喷涂,热沥青喷涂量应满足设计要求,整个过程无漏喷或喷涂过量现象。摊铺时安排专人对拼接缝位置进行整平,整平采用专用推耙对挤出沥青料进行整平,局部出现大料过多的情况时,及时剔除粗料,采用细料进行补撒填缝,保证拼接面的均匀平整。碾压施工时,压路机先轻后重,由边向中,第一遍初压时预留 50 cm 不碾压,随后按照 10 cm 左右宽度逐渐向新旧路面拼缝处进行振动推挤碾压,复压时胶轮压路机贴缝碾压,碾压结束后,安排专人对面层拼接缝处灌注乳化沥青进行封水处理,保证接缝处无水分进入层间。

3.6.4 既有路面病害处理

既有病害处理分为非开挖注浆处理和局部铣刨处治两个阶段。

(1) 非开挖注浆处理主要针对基层裂缝处治,施工前采用钻孔取芯结合探地雷达检测的方式对裂缝位置进行检测,确定裂缝层位、走向,做好汇总分析。如裂缝发展至路面基层,需进行非开挖注浆处理。注浆处理施工时需充分考虑气温对裂缝宽度的影响,应在气温较低时进行注浆施工。施工时应保证注浆材料的性能稳定,保证布孔位置准确,钻孔深度准确,清孔彻底,注浆压力稳定,确保注浆后的裂缝饱满度,并做好封孔稳压。

(2) 局部铣刨处治主要针对面层裂缝、车辙等其他病害。

①沥青面层裂缝(横向、纵向)处理方案:在裂缝两侧 2.5 m 范围内铣刨原 4 cm 加铺层,铣刨后如仍有裂缝情况,采用热沥青灌缝后铺设宽 0.5 m 抗裂贴,再进行 SMA-13 沥青混合料回铺处理。最后统一进行罩面施工。

②车辙病害处理:车辙深度在 10~15 mm 时,精铣刨 1 cm 后直接加铺 5 cm SMA-13(与一般路段上面层 4 cm SMA-13 加铺同步实施)。车辙深度大于 15 mm 时,将上面层全部铣刨更换为 SMA-13 沥青混合料,最后统一进行罩面施工。

③其他病害如龟裂、坑槽等情况,需在面层铣刨后进行病害调查分析,基层同样存在松散、龟裂等结构性病害的,将基层铣刨,回填水泥稳定碎石压实。如范围较小,无法采用机械化施工,可局部采用 C20 素混凝土回填基层,新旧基层表面需铺设幅宽不小于 1 m 的聚酯玻纤布。

④桥头及通道搭板脱空注浆处理:桥头及通道搭板通过弯沉检测确定脱空范围,采用水泥浆压浆设备垂直注浆的方式处理。

第4章 高速公路桥涵改扩建施工

桥涵是高速公路线路的组成部分,改扩建桥涵包括既有构筑物的处治和构筑物拓宽设计,一般需遵循以下原则。

(1) 尽量利用既有结构,以便最大限度节省投资,且安全可靠、适用耐久、经济合理、新老桥兼顾。

(2) 桥涵改扩建施工应尽量做到对原有交通的影响最小。

(3) 桥梁上部结构宜采用同结构、同跨径的梁或板进行拼接,下部结构形式也宜与老桥相似。

(4) 新旧结构的外部尺寸应考虑景观一致性,横向拼接后的受力及变形应协调一致,其结构应保持整体使用功能。

(5) 应对既有桥涵结构病害进行综合调查评估,并采用修复、加固等处治措施。

改扩建的新旧部分采用的技术规范有可能不一样,但是扩建部分是在现有的技术规范要求下进行的,因此需要按照现有的技术规范和标准进行设计和施工。主要的技术规范如下:

(1)《公路桥涵设计通用规范》(JTG D60—2015);
(2)《公路桥梁技术状况评定标准》(JTG/T H21—2011);
(3)《公路养护技术规范》(JTG H10—2009);
(4)《高速公路改扩建设计细则》(JTG/T L11—2014);
(5)《公路桥梁加固设计规范》(JTG/T J22—2008);
(6)《公路桥梁加固施工技术规范》(JTG/T J23—2008);
(7)《公路桥涵施工技术规范》(JTG/T 3650—2020)。

4.1 既有桥涵处治

4.1.1 既有结构的检测与评估

改扩建实施前,应按《公路桥梁技术状况评定标准》(JTG/T H21—2011)和

《公路养护技术规范》(JTG H10—2009)对既有桥梁、涵洞等结构进行检测评估，判断是否需要维修加固，并确定维修和加固的内容和方案，使之满足改扩建后的使用要求。

1. 检测与评估的目的

检测是通过仪器检查、测量、试验来掌握桥梁结构在试验荷载作用下实际工作状态，判定结构的承载能力和使用性能，检验设计和施工质量。通过对既有结构的检测与评价，可为其使用安全可靠性及维修加固提供必要依据。检测评估目的如下。

（1）检测桥梁各部位出现裂缝、错位等缺陷的严重程度，判断对实际承载力的影响。

（2）评估既有桥梁的使用性能和承载能力。桥梁因施工措施不当、在运营期间遭受如洪水等灾害的损害、交通荷载大量增长等情况，就有必要进行检测和评价。

（3）原来按旧标准荷载等级建设的桥梁，经过多年使用，有些是长期超负荷服役，对其继续使用的安全性能需要通过检测进行评价。

2. 既有桥梁结构的检测

按照检测的范围、深度、方式和检查结果的用途等不同，桥梁检测大致可归纳为经常性检测、定期检测和特殊性检测三类。经常性检测以直接目测为主，配合简单的工具量测，对所需检查的桥梁技术状况和主要存在问题形成一个总体印象，以便能对它们进行初步排序，并为进一步的检查做技术准备。定期检测以目测结合仪器检查为主，对桥梁各部位进行详细检查，通过对结构物进行彻底的、视觉的和系统的检查，建立结构管理和养护档案，对结构缺损状况作出评估，评定结构构件和整体结构技术状况，确定改进工作和特别检查之需求，并确定结构维修、加固或更换的优先排序。特殊性检测是采用仪器设备等特殊手段和科学分析方法分析桥梁病害的确切原因和程度，确定桥梁技术状态，以采取相应的加固和改造措施。

对高速公路桥梁进行改扩建施工前，除需进行一般的外观检查外，亦要进行结构材料的物理、力学性能检测（如强度、弹性模量），病害严重时应进行结构静动载试验。此外，还需开展针对桥梁结构及附属设施的特殊性检测，即分别对桥面系、支座、上部结构和下部结构进行系统性检查。

(1) 桥面系检查。

具体检查内容包括：桥面铺装层裂缝与损坏程度、桥头跳车、防水层漏水以及其他病害，人行道及铺装破损情况；伸缩缝损坏、变形、脱落、填料变形、淤塞、漏水程度；人行道、栏杆和护栏有无断裂、错位和锈蚀等；桥面横坡、纵坡舒适度，积水情况和排水设施是否完好。

(2) 支座检查。

检查支座功能是否完好，组件是否完整、清洁，有无断裂、错位和脱空现象。

(3) 上部结构检查。

首先观测有无异常变形、裂缝、振动或摆动，然后检查各部件的技术状况和异常原因。简支梁桥重点检查部位：支座截面处、1/4 截面处、跨中截面处。连续梁、悬臂梁重点检查部位：支座截面处、跨中截面处、反弯点，最大负弯矩截面处。

高速公路应用较多的钢筋混凝土和预应力混凝土桥梁上部结构检查重点内容：混凝土有无大于 0.2 mm 的裂缝，是否存在腐蚀、渗水、表面风化、剥落、露筋和钢筋锈蚀等现象，有无整体龟裂和强度降低的现象；预应力钢束锚固区混凝土有无开裂，混凝土纵向有无裂缝和水侵害。

(4) 下部墩台和基础检查。

墩台基础是否滑动、倾斜和下沉；台背填土有无沉降裂缝或隆起；混凝土墩台及盖梁有无冻胀、风化、开裂、露筋等；石砌墩台有无砌块断裂、脱开、变形，泄水孔是否堵塞，防水层是否破坏；横系梁连接处是否开裂、破损；墩台防震设施是否有效；基础下是否发生冲刷和掏空现象。

3. 桥梁、涵洞结构检测的综合评定

根据《公路桥梁技术状况评定标准》(JTG/T H21—2011)明确检查项目的缺损情况和性能状况，进行桥梁总体及主要部件技术状况评定等级，总体技术状况评定等级共分为 5 类。根据综合评估结果，既有桥梁技术状况评价等级为 1 类、2 类的可原位利用，3 类的经维修、加固达到 1 类或 2 类的可以利用，4 类的宜拆除重建，5 类的应拆除重建。

涵洞检测综合评定可根据《公路养护技术规范》(JTG H10—2009)进行总体技术状况及排水适应状况评定，评价既有涵洞的过水能力、承载能力、涵身稳定、渗漏情况、细部完整等项目，对涵洞的技术状况综合做出好、较好、较差、差、危险五个级别的评定，并提出日常养护、维修、加固、改建等建议。

4.1.2 桥面系病害处治

1. 护栏、栏杆

钢筋混凝土防撞护栏普遍存在竖向开裂、剥落露筋、混凝土破损等现象,轻者可灌注环氧树脂,重者应凿除破损部分,重新修补完整。栏杆扶手、立柱存在松动缺失、断裂、生锈起皮等病害的应按原样修复。

2. 桥面铺装

高速公路桥梁桥面铺装的常见病害为纵横向裂缝,以及沥青铺装层在车辆荷载反复作用下产生的车辙、波浪和鼓包等破坏形式。铺装层的开裂破坏,为雨水侵蚀桥面板提供了途径,钢筋的锈蚀会直接影响桥梁功能,应及时进行修复。如果出现表面车辙、波浪、碎裂等表面破坏,应将破损部分凿除,及时修复。损坏面较大者,应将整孔凿除,重新铺设铺装。

桥面防水层如有损坏,修补后其防水性能、整体强度与下层黏结强度和耐久性等指标应满足原设计要求。

3. 伸缩缝

伸缩缝处治要视其病害的程度而采取不同的措施:对于橡胶条拉裂、老化或脱落,但其他部位完好的伸缩缝,仅需更换跨缝材料;对于锚固混凝土的破碎或出现粗长裂缝,但型钢及伸缩缝钢筋完好、使用功能未受损害的伸缩缝,则酌情对锚固混凝土进行重新浇筑;对于型钢或钢筋裸露、变形,而致使使用功能明显受损的伸缩缝,则需要更换整个伸缩缝装置,包括跨缝材料和锚固件。

4. 排水系统

排水系统的常见病害为因泄水管产生局部破裂、损伤,出现了洞穴或裂纹而产生漏水现象;泄水管体脱落,主要由于接头连接不牢或接口损坏而产生掉落,失去排水作用。为了确保桥梁的正常运营,损坏的排水系统应进行更换。对于泄水管道内被泥石杂物堵塞引起的排水不畅、水流不通等应及时疏通。

4.1.3 混凝土病害处治

1. 混凝土裂缝

混凝土桥梁上部结构最主要病害是裂缝,主要发生的位置在梁的跨中、支座两侧、梁侧面以及梁底。混凝土结构裂缝是由材料内部的初始缺陷、微裂缝的扩张引起的。引起裂缝的原因很多,可以归纳为结构性裂缝和非结构性裂缝。

结构性裂缝主要由外荷载引起,其分布与宽度都与外荷载密切相关。对结构性裂缝,应根据裂缝等级的不同,分别采取下列措施:

(1) 当裂缝宽度大于允许最大裂缝宽度时,应查明开裂原因,进行裂缝危险评估,确定处理措施;

(2) 预应力混凝土构件受压区,一旦发现裂缝,应立即封闭交通,严禁车辆和行人在桥上、下通行,并委托有资质的检测部门进行结构承载力评估,判别裂缝的危害程度,并提出相应的处治措施;

(3) 预应力混凝土构件受拉区出现结构性裂缝,应进行裂缝危害性评估,确定处理措施。

非结构性裂缝主要由温度、收缩引起。结构变形受到限制时,在结构内部就会产生自应力,当自应力达到混凝土的抗拉极限时,就会引起混凝土裂缝。对于非结构性裂缝,应封闭处理。当裂缝宽度小于或等于规定值时,应采用化学灌浆方法进行处理;如果大于规定值,应采用压力灌浆法灌注环氧树脂胶。

2. 混凝土碳化、剥蚀及钢筋锈蚀

钢筋混凝土结构桥梁受所处地理位置的环境影响,再加上其本身材料容易受到环境侵蚀,易发生混凝土碳化、氯离子侵蚀和钢筋锈蚀等病害。

混凝土碳化是指混凝土中的氢氧化钙与渗透进混凝土中的二氧化碳或其他酸性气体发生化学反应的过程。碳化作用的实质是商品混凝土失去碱性的现象,当钢筋表面的 pH 值降到 10 以下时,钢筋的钝化膜被破坏,混凝土也就失去了对钢筋的保护作用,在水与空气存在的条件下,钢筋开始锈蚀,锈蚀引起体积膨胀,使混凝土保护层遭到破坏,从而产生界面裂缝及保护层剥落等现象。

混凝土桥梁的另一种腐蚀破坏是氯离子的侵蚀。钢筋混凝土结构受外界环境中的氯离子侵蚀,出现了开裂、钢筋锈胀等大量病害,将影响结构的安全使用。

对于已经发生混凝土碳化、剥蚀的混凝土,应凿去已经松动的保护层,直至

露出完好的混凝土,并清除钢筋锈迹,涂刷防锈剂,采用环氧树脂或聚合物类修补材料进行修补。修补材料必须与原混凝土结合良好,成为一体。凿除混凝土不得明显降低结构承载力,必要时分批修补。

4.1.4 下部结构病害处治

1. 支座

板式橡胶支座的常见病害是脱空、剪切变形、老化失效等缺陷,盆式橡胶支座的主要病害是固定螺栓剪断、螺母松动等;部分支座出现钢垫板锈蚀、垫块开裂破损等现象。对于出现病害的支座应进行整修或更换,更换支座时可进行桥梁顶升。

2. 墩台、基础

墩台、基础的混凝土裂缝及钢筋锈蚀等病害的处治方法同混凝土病害处治方法。若墩台发生水平位移和倾斜,应分析原因,制订合理的加固方案进行加固;若墩台基础沉降和位移超过容许限值,应采取相应措施予以纠偏及加固。

4.2 改扩建工程中桥梁的施工

4.2.1 拓宽桥梁的墩台施工

1. 墩台施工注意事项

(1) 原墩台的混凝土经过多年,混凝土的收缩和徐变已经基本完成,设计中应予以充分考虑,以避免新旧混凝土的接合面开裂或变形不一致。

(2) 新老墩台之间不连接。在新老混凝土之间设置沉降缝(或工作缝),施工时采用木板、泡沫板等给予隔离。

(3) 新老墩台之间连接。新老墩台之间连接可以采用两种施工方法。①一次浇筑。即在新浇筑台的立横完成后,在钢筋架设时,纵向钢筋与老墩台的钢筋(或植筋)连接,并处理老墩台的表面。连接部分的混凝土与新墩台的混凝土一次浇筑。②桥台耳背墙分两次施工。第一次施工:施工新墩台,并预留一定长度的混凝土及纵向钢筋。第二次施工：浇筑剩余部分的墩台或耳背墙，其纵向钢筋应预留出足够的搭接长度，纵向钢筋应采用焊接连接。第一次施工时的墩台盖梁(墩台帽)外露钢筋应采取一定的措施，防止钢筋锈蚀，如钢筋锈蚀应采取一定的除锈措施。

(4) 安装上部梁板时应保证支座外边缘与先期浇筑的墩台盖梁(墩台帽)边缘不小于一定距离(如25.0 cm)，施工时应采取一定的措施防止梁板发生横向移位。

(5) 钢筋的焊接位置应相互错开，避免同一截面的焊缝过多。

(6) 原盖梁凿除施工时，墩台盖梁的纵向钢筋应调直，不得切割原纵向钢筋，应与新建的对应钢筋采用焊接连接。

(7) 凡是新旧混凝土接合部均应凿毛、洗净。

(8) 植入的钢筋应进行拉拔试验，对于未达到黏结强度的，应拔出钢筋，重新施钻，以保证植筋强度。

2. 墩台帽拓宽连接的植筋施工工艺

首先检查植筋混凝土表面是否完好，探测植筋混凝土内钢筋位置，核对、标记植筋位置以便钻孔时避让钢筋；台帽、基础中植筋与相应的新建桥台的配筋采用单面焊接，焊接长度不小于 10D(D 为钢筋直径)。施工完成后，应保证有 3 个月以上的沉降期，施工桥面铺装时，沉降量应满足小于 2 mm/月。

4.2.2 拓宽桥梁的盖梁施工

(1) 新老盖梁之间不连接。在新老盖梁混凝土之间设置沉降缝(或工作缝)，施工时采用木板、泡沫板等给予隔离。

(2) 新老盖梁之间连接。新老盖梁之间连接可以采用两种施工方法。①一次浇筑。即在新浇筑墩台的立模完成后，在新盖梁钢筋架设时，新盖梁纵向钢筋与老盖梁的钢筋(或植筋)连接，并处理老盖梁的混凝土表面，连接部分的混凝土与新盖梁的混凝土一次浇筑。②盖梁分两次施工。第一次施工：施工新盖梁，并预留一定长度的混凝土及纵向钢筋。第二次施工：浇筑剩余部分的盖梁，其纵向钢筋应预留出足够的搭接长度，纵向钢筋应采用焊接连接。第二次施工时，应凿除原边柱外侧部分的盖梁，漏出钢筋，并将已浇筑部分的混凝土清洗、凿毛，新旧盖梁对应的纵向钢筋应相互焊接，需加高的盖梁顶面植筋与新建部分连接浇筑盖梁混凝土。

4.2.3 桥梁加宽连接施工

1. 拼接部位旧桥边梁混凝土的切割、凿除

(1)老桥拼接部位混凝土的切割、凿除施工步骤。

①切割或凿除护栏(座)和翼缘,凿除桥面板混凝土。板梁结构先切除护栏(座),再切除翼缘;T梁、箱梁(无横向预应力)结构可考虑将护栏、翼缘一起切掉。切除时在横桥向一定间隔先切若干切口,以保证顺桥向切割完成后,形成切块方便吊离。为使护栏的拆除不会导致板被破坏、出现裂缝,禁止采用爆破方式。

②手工凿除一定厚度(如25 cm厚)混凝土桥面板,暴露既有横桥向钢筋,但不可损伤既有钢筋。对要植筋的断面按施工缝进行处理,对作业面浮渣进行清理,并用清水冲洗。

(2)混凝土的切割凿除施工技术要求。

①护栏及护栏座切割、凿除施工。

清除部分桥面沥青混凝土铺装时,采用隔离墩实行局部交通管制。采用切割或凿除的方法拆除空心板梁护栏处的混凝土。箱梁的护栏及护栏座采用一次切割的方法。采用切割工艺时,若是板式结构,则应先对护栏进行竖向切割、开口,根据吊装能力确定切口的间距然后进行水平向切割,从桥外侧往内侧进行,以便于控制。采用凿除工艺时,若是板结构,则应采取分段多点平行作业方式组织施工,用钢筋探测仪找到钢筋的空隙,划定切口位置,用风镐凿开切口,形成临空面,逐步扩展。靠近梁板的护栏根部留3~5 cm,最后人工凿除找平钢筋,妨碍凿除作业时可以分段切除,实施凿除作业时,要注意保护原结构不受损伤。

②翼缘切割施工。

翼缘切割划线定位在理论切割线外侧1~2 cm,以便为施工缝处理留有余地;一片板梁翼缘(或护栏)的切割需一次连续完成。

采用凿除方法施工翼缘时,要保护原结构不受损伤,密切监视原结构状况,出现裂缝等意外情况时要立即停止施工。

具体工艺流程如下:划线确定凿除混凝土的位置,沿线外缘1~2 cm锯缝切开保护层,锯缝的外侧用钢筋探测仪每30~50 cm设冲击孔位;每个冲击孔位处用冲击钻钻孔,穿透缘板,孔径5~10 cm,沿孔位先纵向、后横向凿除翼缘板混凝土露出钢筋;人工对凿除翼缘板的内边缘修边,并凿毛腹板的连接部分。

③混凝土现浇桥面板凿除。

混凝土现浇桥面板的凿除划线定位按设计图尺寸要求进行,一般为距翼缘理论切割线往内侧 25 cm 左右。凿除方法采用小锤手工凿除,不允许使用切割机、风镐,以避免伤及横桥向钢筋和梁板,应注意控制凿槽深度。

2. 植筋施工

植筋是在既有混凝土构件上,用专用工具钻孔、清孔后,用高强度黏结剂将钢筋植入孔内,待黏结剂固化后,通过黏结锚固使所植钢筋能作为受力或构造筋使用的一种施工技术。通过种植钢筋的方法将新老结构物进行刚性连接,为桥梁结构物拓宽提供了一个较好的途径。

(1) 植筋前的准备工作。

植筋前,对需要植筋的断面按施工缝要求进行凿毛处理;对作业面进行浮渣清理,并用清水冲洗;检查作业面是否有缺陷,检查切割面及板、梁顶面有无裂缝,如有裂缝,须采取措施修补、加固。

(2) 植筋材料。

由于植筋工艺与材料密切相关,所以植筋胶的选择尤其重要,必须参考如下技术要求。

①对施工采用的植筋胶,在全面施工之前需进行植筋锚固强度试验,以抗拔力为主要试验控制参数,按设计要求确定植筋深度,使钢筋达到屈服强度而不被拔出,力求固化时间短且能快速承载,在试验结果使植筋深度与抗拔相匹配后方可全面施工。

②植筋胶应保证植入钢筋具有高温可焊性。

③植筋胶应保证具有相应的耐久性,对产品的使用年限和模拟老化试验寿命均有一定要求。

④植筋胶应保证具有相应的抗展性、抗疲劳性,能够提供符合交通行业的动荷载疲劳测试加载形式的疲劳测试报告。

⑤植筋胶满足在潮湿环境下施工且不降低技术性能的要求。

⑥抗冻性能强,保证在 $-5 \sim 40$ ℃室外温度范围内可施工,结构表面在 $-15 \sim 60$ ℃室外温度范围内可施工,强度不降低。

⑦采购植筋胶时,必须要求生产厂家出具植筋胶的抗拔、耐高温、抗疲劳等方面的国家或行业检测报告,以确定其产品质量符合要求;由树脂和固化剂组成的两种植筋胶性能指标参考植筋胶的具体性质要求,即耐温性能在 $-30 \sim 60$ ℃

以内,强度不降低,耐湿性在相对湿度90%以内。

(3) 植筋工具。

冲击钻(配足设计植筋孔径相对应的钻头)、钢筋探测仪、吹气泵、气枪、植筋胶注射器毛刷(或钢丝刷)。

(4) 植筋工艺。

植筋工艺的流程:准备→钻孔→清孔(孔除尘、孔干燥)→钢筋处理→配胶→注胶→植筋→养护。

① 准备。

检查被植筋的混凝土面是否完好,用钢筋探测仪测出植筋处混凝土内的钢筋位置,核对、标记植筋位置,以便钻孔时避让钢筋。

② 钻孔。

按设计要求在施工面划定钻孔植筋的位置,放好样,利用电锤钻孔(严禁使用气锤钻孔防止出现混凝土局部疏散、开裂)。

孔径的选定要求:ϕ12 植筋,孔径为 16 mm;ϕ16 植筋,孔径为 22 m;ϕ22 植筋,孔径为 28 mm。

根据设计具体要求确定孔的深度,植筋胶厂商提供的配套资料作为参考,孔的深度必须为 28 mm,不小于钢筋直径的 10 倍。

③ 清孔。

钻孔成批量后,逐个清除孔内灰尘,利用压缩空气或用水清孔,用毛刷刷 3 遍、吹 3 遍,确保孔壁无尘(如梁、柱、板孔内潮湿,需用防潮湿植筋胶)。

④ 钢筋处理。

检查钢筋是否顺直,用钢丝刷除去锈迹,用乙醇或丙酮清洗干净,晾干使用,无锈蚀钢筋则可不进行除锈工序。

⑤ 配胶、注胶和植筋。

根据使用说明、种类要求配置植筋胶。注胶要一次完成,注胶完成后,插入处理好的钢筋,此时需用手将其旋转着缓缓插入孔底,使胶与钢筋全面黏结,并防止孔内胶外溢。按配植筋固化时间表的规定时间进行操作,使植筋胶均匀附着在钢筋的表面及缝隙中。插入并固定后的钢筋不可再扰动,待植筋胶养护期结束后再进行钢筋焊接、绑扎及其他工作。插筋、养护期间,应采取措施避免由于桥上振动对植筋造成的影响。

⑥ 养护。

在室外温度下自然养护。温度低于 5 ℃时,应改用耐低温改性结构胶,养护时间一般在 18 h 以上。

(5) 植筋质量检验。

①现场抗拔破坏性试验(施工前试验)。

现场选取不参与受力、非重要位置或将来需凿除的混凝土进行植筋,达到强度要求后进行抗拔试验。检验标准以钢筋达到屈服时不被拔出且混凝土完好为合格,然后才可以批量操作。

②现场抗拔破坏性试验(施工中试验)。

对植入的钢筋从与混凝土交界面的根部,用与之相同直径的钢筋进行绑扎焊接;然后进行抗拔破坏试验,要达到相同的要求。

③现场抗拔非破坏性试验(施工后验收试验)。

施工后验收试验为非破坏性抗拔试验,同规格的钢筋每 100 根随机抽样 1 组,每组 3 根,进行试拉,如达到安全拉力钢筋不被拉出,说明植筋施工质量合格。

3. 连接处新梁的处理

为保证新旧主梁的连接,需将新旧主梁翼板横向钢筋相连接,钢筋连接的方式可采用焊接,这就需要连接处的新梁在预制时,连接侧翼板预留一定的长度(如 50 cm)不浇筑混凝土,顶部和底部的横向钢筋也应预留出来。

4. 连接处旧梁的处理

因为旧主梁要和新主梁连接,且新旧主梁间可能需浇筑新的横隔梁,以将既有桥梁横隔梁与新建部分的横隔梁相连,所以需对既有边梁进行特殊的处理,以保证连接的质量,使拓宽后的桥梁不出现病害。

在进行新旧主梁连接时,须将新旧主梁翼板的顶部和底部钢筋连接,一方面需要将既有边梁的翼板顶部钢筋露出一部分,以与新梁翼板顶部钢筋进行焊接;另一方面如既有边梁连接侧无底部钢筋,需在其翼板底部进行植筋,然后再将植入的钢筋与新梁的底部钢筋连接。

在施工时,先将原悬臂处由板的边缘向板的根部方向除去一定宽度(如 50 m 宽)的原混凝土,并将既有钢筋保留,将新旧主梁两悬臂板的顶部钢筋连接起来,连接方式可采用焊接的方法,焊的方式及焊接处的构造、尺寸应参照规范确定。

在钢筋连接完成后,将悬臂梁连接处脱模并现浇混凝土。

5. 连接处横隔梁的设置

如旧边梁在连接侧没有横隔梁,若要保证新旧桥梁的横隔梁相连,需在旧边梁上增设横隔梁。

一般采用的方法是在主梁的梁肋上钻孔,将新建横隔梁的主筋穿入孔中并与既有横隔梁的主筋焊接起来,保证既有边梁的横隔梁主筋相连。然后再将既有边梁新建横隔梁与新梁的横隔梁通过钢筋焊接或预埋钢板连接。

有时为了使新旧结构更好地连成一个整体共同受力,还在横隔梁下部增设贯通全桥宽的连接钢筋,并加大横隔梁下缘混凝土截面,将此钢筋包裹在混凝土内,其构造如图 4.1 所示。

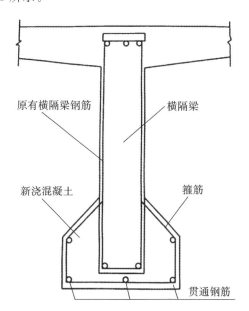

图 4.1 横隔梁贯通钢筋示意图

但是采用此方法存在一定的弊端,即在主梁梁肋上钻孔可能存在困难甚至根本不可行,因为在主梁的梁肋上钢筋间距较小,在梁肋的下部主筋位置更是如此,贸然钻孔很可能对主筋造成损坏,影响桥梁的安全使用。因此若钻孔无把握,同时又需连接横隔梁,最好的方法是将既有边梁更换为新中梁。

通过对主梁和横隔梁进行以上处理可以保证新旧结构的可靠连接,提高拓宽后桥梁的整体性,确保主梁及新旧主梁连接处桥面板的承载力满足要求,使拓宽后的桥梁不会出现因连接不当引起破坏,确保桥梁使用的安全可靠。

4.2.4 拓宽桥梁施工应注意的事项

(1) 新旧桥梁之间的连接时机选择。

新旧桥拓宽连接后,新桥上部结构混凝土收缩徐变作用会使旧桥纵向受压而新桥纵向受拉,甚至会导致裂缝的产生。因此,在拓宽工程中为了尽可能减小收缩徐变差对新旧桥受力的不利影响,避免产生病害,新旧桥梁连接一般选择在新建部分完成后的一定时间内进行。根据收缩徐变的特性,一般在拓宽部分建成后3个月以后进行连接为好。

考虑新桥建成后会产生沉降,若无法对地基进行有效的处理,也可考虑通车时新建部分与既有部分暂时不连接,在新建部分沉降一段时间后再将新旧部分连接,以减小其在桥梁上部结构中引起的附加力。若必须在建成后马上连接,则应对既有主梁进行适当的加固,以保证其承载力满足拓宽后的受力要求。

(2) 拓宽桥梁施工应注意的事项。

①为减小新旧桥之间的相对沉降量、混凝的收缩徐变影响及预应力梁的上拱影响,加宽新建桥应采用预压及暂不浇筑新旧桥连接处混凝土,等一段时间(一般需要3个月)后再浇筑的方法。

②增加桩长、增大桩径、严控桩底沉淀层厚度。改扩大基础为桩基础或在扩大基础下采用小型群桩(粉喷桩、灰土桩、碎石挤密桩等)的方法也应在施工中加以充分考虑,以减少新旧桥之间的相对沉降量。

③桥梁在加宽施工过程中,基础施工质量的好坏对日后加宽部分基础沉降量的大小有着最直接的影响,除在基础设计过程中必须认真考证桥位所在处的地质情况,选择合适的桩径长外,基础施工过程中应严格控制基础施工质量。

④施工过程中对差异沉降进行控制,除对桩基基底沉淀土厚度、上构延迟拼接严格控制外,施工过程中的沉降观测极其重要。新桥施工结束,新旧桥拼接前测定新桥沉降状况,当沉降差大于5 mm时要分析其原因。

⑤在原桥上展开凿除与切割施工的过程中,应当坚持一个原则,即不能破坏原结构,桥梁结构不出现裂缝,不能降低原结构的承载能力。应当依据施工缝来进行施工,且进行凿毛处理,从而确保新旧混凝土连接的安全、可靠。在切割混凝土时,禁止采用风镐、凿岩机等大型设备,而应尽量采用切割方法及人工小锤凿除方式。

⑥为了能够在新旧桥梁拼接之前就降低拼接部位的沉降量,且对跨中上拱进行调节,应当采取预压的方式,或进行一定的延迟连接,确保桥面沉降平稳之

后,再展开拼接。

⑦在对桥梁进行加宽拼接时,应当在施工放样之前对桥梁的高程和坐标进行核查,防止出现误差,这一点在新老桥梁加宽拼接施工项目中极为重要。

4.3 桥梁移位及抬升施工

抬梁法施工就是将老桥的梁板拆除并抬离,并将老桥墩台帽调整到新的桥梁墩台帽设计高程,部分或全部利用老桥的梁板,与拼宽部分共同形成新的桥梁结构体系。

4.3.1 老桥部分施工

(1)老桥梁板的拆除及检查。

第一步工作是凿除老桥桥面铺装层、护栏等桥面系工程,凿除桥面铺装层时,应注意避免对梁板顶板的破坏。如老板设计为重复利用,在凿除桥面铺装后应对全桥的老梁板进行全面检查,检查老梁板的质量情况,对确定重复利用的老梁板进行编号。第二步工作为凿除铰缝混凝土,凿除时应特别注意避免破坏重复利用梁板的马蹄角,应将风镐贴近废弃梁板的侧面进行凿除。由于铰缝凿除势必会破坏一侧梁板的马蹄角,因此一般梁板的重复利用率最多只能达到50%。

(2)移梁。

铰缝凿除后将老梁板移走,对重复利用的老梁板现场编号,按指定的位置进行临时存放,并注意临时存放的支点和放置的层数满足规范要求,防止因存放不当造成梁体破坏。

(3)老桥墩台帽按设计图纸改造。

在将老桥梁板抬移后,凿去原墩台帽挡块及多余帽梁部分,割去露出钢筋并用环氧砂浆封闭。下一步工作就是调整老桥墩台帽的顶面高程,先将老桥墩台帽的钢筋保护层凿除,再根据新的设计尺寸和高程重新浇筑调平层;在浇筑调平层前根据调平层的厚度布设构造钢筋。为防止破坏老桥墩台帽的主筋对老桥受力情况造成影响,上述施工方法一般应用于抬高老桥高程的情况。

以312国道沪宁段扩建工程为例,常州段鹤溪河桥老桥原桥面横坡坡度是1.2%,通过桥面铺装层调整,帽梁无横坡。改造方案要求桥面设2%的双向横坡坡度,加宽部分由墩台帽设横坡调整,老桥部分通过加高墩台帽的厚度来形成横坡,此横坡为纵、横向高差引起的复合坡,墩台帽及垫石应按设计提供的数值严格控制。抬梁法具体施工工艺要求按照以上所述,调平层内构造钢筋布设要求见图4.2。施工时,在原梁板调离后应实测原墩台帽顶高程,从而确定准确的加铺层厚度,对相关的钢筋长度略作调整。

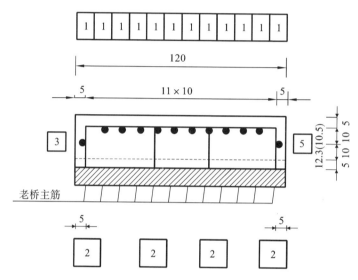

图 4.2 调平层内构造钢筋布置图(单位:cm)

4.3.2 梁板顶升施工方法及施工工艺

(1)顶升施工:查找桥梁、通道原始记录,保证施工用的顶升千斤顶吨位大于板质量的2倍;搭设脚手架;顶升前拆除桥面铺装,剪断板体与台帽的锚固螺栓;用扁形分离式油压薄层千斤顶,单跨两侧整体顶升板块;当板体顶升至所需高度时,清理台帽垃圾,如果台帽有其他病害,应查明原因,并进行相应的规范处置。

(2)浇筑新块件:将墩台表面混凝土凿毛洗净,根据计算所需的高度布置构造钢筋,支模浇筑混凝土新块件,并预留锚固螺栓孔。新块件包括台帽、背墙等相关位置处块件。

(3)落板:根据预留锚固螺栓孔深度,落板前焊接板底两端锚固钢筋至相应长度。当新浇筑块件强度达到设计值的80%,拆除模板,浇筑锚固螺栓孔,设置1 cm厚油毛毡支座,然后缓慢落板,确保锚固螺栓准确到位。

板体顶升后,将台帽、背墙塔顶面混凝土凿毛,并按设计要求在指定位置植钢筋。在环氧树脂完成固化之前,不得对结构有较大扰动。植筋后 12 h 内不得扰动钢筋,若有较大扰动,则应重新植筋。

4.3.3　老桥架梁及桥面铺装的施工

在调平层及支座强度满足规范要求的情况下进行老桥的架梁、铰缝及桥面铺装的施工。新老桥的桥面铺装钢筋网片搭接长度不小于 40 cm,以保证桥面铺装的整体性。

4.3.4　叠合梁施工工艺分析

(1) 设计原则。

叠合梁计算时考虑两阶段受力。首先,施工阶段,将叠合梁作为二期恒载考虑,验算老桥梁板的承载能力,然后在使用阶段将叠合部分与老桥梁板作为整体断面共同承受活载,进行承载力、裂缝、挠度验算。

(2) 拼宽段施工。

叠合梁拼宽段的施工工艺同抬梁法拼宽段施工桥梁工艺。

(3) 老桥部分施工。

①跨径较小(单跨跨径 13 m)的桥梁施工。

首先凿除老桥桥面、护栏、安全带,凿除桥面联系,将两侧边板吊离,露出中板的铰缝钢筋。通过与加宽的中板铰接钢筋连接成整体,凿去原墩台帽挡块、耳、背墙和帽梁凸出部分,割除外露钢筋并用环氧砂浆封闭,在老桥墩台帽两侧新建加宽部分墩台,新老桥墩台帽之间设沉降缝,间距为 1 cm。老桥部分采用叠合梁法调整横坡。在施工中,首先凿除原桥面铺装混凝土,露出顶板,并注意凿除过程中不要破坏老桥梁板,并清除残碎混凝土,以保证新浇叠合混凝土与老桥梁板紧密结合、共同受力。在梁板横桥向铰缝附近和板梁中心植入剪力筋,采用直径 12 mm 的钢筋,植入深度为 12 cm。为保证植入筋的施工质量,应首先用电钻打眼,灌满环氧砂浆后插入植入钢筋,纵桥向间距为 50 cm,在调平层较厚的地方每隔 20 cm 加设直径为 10 cm 的 PVC 塑料管,以减轻加铺层自重,但需保证塑料管上混凝土最小厚度为 7 cm,管下混凝土最小厚度为 6 cm。应进行力学计算,保证老桥经叠合后承载力可达到设计要求。

以 312 国道沪宁段扩建工程常州段邹区小桥老桥为例介绍叠合梁法施工。

邹区小桥老桥原桥面横坡坡度是 1.2%,通过桥面铺装层调整,帽梁无横坡。改造方案要求桥面设坡度为 2%的双向横坡,加宽部分由墩台帽设横坡调整,老桥部分通过加高墩台帽的厚度来形成横坡,最高的加铺厚度约为 37 m,加铺层内设置 2 层钢筋网。在对老桥梁板凿毛并清理后,在老桥每片梁板沿横向中心和两边缘处植入 3 根直径 12 mm 的钢筋,植入深度为 12 cm,纵桥向间距为 50 cm;老桥中心梁板两侧每隔 20 cm 加设直径为 10 cm 的 PVC 塑料管各 5 根,植入的钢筋在混凝土调平层应与顶层钢筋网进行点焊;钢筋网的保护层厚度为 2 cm。

②跨径较大(单跨跨径>13 m)的桥梁施工。

首先拆除护栏、安全带,凿除桥面铺装,凿除桥面联系,并冲洗干净,然后在桥孔中搭设支架,支架的强度要足以支撑全部梁板的自重及叠合的钢筋混凝土的自重,利用"对板楔块"相互挤紧使支架真正抬起全部自重;然后在桥面上布设横、纵向受力钢筋,并且控制好保护层厚度,整体浇筑混凝土。叠合梁面层的纵坡、横坡、高程均按设计图纸要求,经养护后,待混凝土强度达到 100%设计强度时再拆除支架。此时结构既有的恒载(叠合梁部分的自重),以及使用中的活载由叠合后的连续梁承担,达到了提高承载能力的目的。

若叠合前不设支架或支架支撑得不密实,则原结构自重及叠合部分的自重全部由原简支梁承担,仅使用时的活载由叠合后的连续梁承担,大大影响了叠合的效果,所以搭设好支架是非常关键的。确保叠合梁法施工质量的另一个关键因素是,原桥桥面铺装要凿除彻底并将预制梁板顶面全部凿毛、冲洗干净,使新老桥混凝土紧密结合成整体。

(4)对于单跨的桥梁特殊措施。

所谓的"叠合梁法",实际上只是增加梁构件截面的高度(准确地说是增加截面的有效高度)来提高梁构件的抗弯能力。其所采取的特殊措施如下。

①将桥台的背墙凿低,将叠合部分延伸到搭板位置,形成两端外伸的外伸梁(延伸的长度要适当,要通过计算确定),这一措施相当于将既有的搭板在紧靠桥台背墙上的一段适当缩短,要设计枕梁替代原来背墙上的牛腿来搁置搭板,而延伸的部分来替代这一段搭板的作用。这样可利用外伸梁的支座负弯矩来减小梁跨中的正弯矩,达到提高承载力的目的。

②将桥台的背墙凿低,将叠合部分向下延伸形成两端铰支且带有向下悬臂的刚架,利用悬臂刚架角点上的负弯矩来减小跨中的正弯矩,达到提高承载力的目的。

(5) 叠合梁混凝土的浇筑。

为保证叠合效果,在浇筑前,原板梁顶面严格凿毛并清除残碎混凝土,同时为防止混凝土运输车辆对钢筋骨架的破坏,上层混凝土的浇筑应采用混凝土输送泵送料,同时严格控制混凝土的水灰比。为防止表面干缩裂纹的出现,应采用二次收浆工艺,并在表面拉毛后及时进行养护。

(6) 老桥桥面铺装层的施工。

在拼宽段桥梁架梁施工完成 3 个月且月沉降量小于 2 mm 的情况下,进行老桥桥面铺装的施工,施工前应注意新老桥桥面铺装层钢筋网片的搭接长度大于 40 cm,以防止出现纵向裂缝。

(7) 老桥桥面抬升施工方法的选择。

在梁式体系桥梁的拼接施工中既可以采用抬梁法施工,也可采用叠合梁施工。两种方法的应用有如下特点。

① 在桥梁改造中,纵断高程调整小于 40 m 的情况下,既可采用叠合梁施工工艺,也可采用抬梁法施工工艺;在纵断高程调整大于 40 cm 的情况下应采用抬梁法施工工艺。

② 在同样的情况下,采用叠合梁施工方法的造价、工期都优于抬梁法施工方法。

从 312 国道常州先导段通行 2 年的桥梁观测情况来看,无论是采用叠合梁施工还是抬梁法施工,都取得了较好的成效,桥梁使用过程中未发现由于差异沉降引起的纵向裂缝,5 座经抬梁法或叠合梁法改造的桥梁运营情况良好。

4.3.5 拼宽段架梁及桥面铺装的施工

拼宽段在支座垫石施工完成并在强度满足设计要求的前提下进行架梁,对于接缝及桥面铺装的施工,桥面铺装施工时预留 50 cm 宽的钢筋网片不浇筑铺装层混凝土,以保证新桥桥面铺装钢筋网片的搭接长度。新桥面铺装施工完成且达到设计要求的强度后可开放交通,然后进行老桥的抬梁施工。

4.3.6 施工期间的交通组织

施工期间主线桥梁分幅限时分隔封闭交通,上跨主线桥梁施工时采用限高限速、封闭主线部分交通等实施方案。

4.4 新增下穿桥梁施工

4.4.1 1/2施工工法方案

下穿高速的通道桥是在既有高速公路路基上建设的,所谓的1/2施工工法,由以下施工步骤组成:①对下穿通道桥桥位所在的高速公路一幅(例如左幅)先进行路基拼宽,在上面铺筑临时路面;②进行临时交通布控和防护,改道在左幅双向行车;③封闭高速公路右幅进行右桥梁施工;④右幅桥梁完成上部铺装以后改道右幅双向通行车辆;⑤封闭左幅进行左桥梁施工。1/2施工工法桥梁位置处路基改道正断面见图4.3。

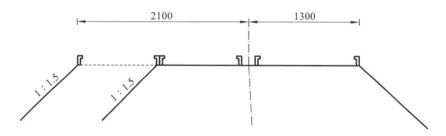

图4.3　1/2施工工法桥梁位置处路基改道正断面(左幅拼宽双向行驶)(单位:cm)

4.4.2 1/2施工工法技术

在下穿高速公路的通道桥1/2法施工过程中,结合设计和现场实际施工经验,主要有以下几个需要重点关注的事项。

(1) 总体施工组织。

①需临时拼接下穿通道桥桥位的一幅路基与路面。

②单幅通道桥施工顺序。在桩基施工过程中不能直接挖除既有路基,只能在破除既有路面的基础上进行钻孔施工,在桩基施工完毕后施工盖梁以下的下部结构时要临时开挖下部土方,施工完毕及时回填至盖梁底部,方便盖梁及以上结构施工和后续梁板的架设、桥面等的施工。

(2) 总体交通组织。

①交通防护与布控。下穿通道桥在1/2施工工法施工过程中,主线拼宽的路基桥梁已基本成型并移交给路面单位施工,以前的施工便道也已基本挖除。

对此,只能充分利用拼宽后的高速公路作为施工便道,应购置大量的水马、锥形桶、混凝土锥体、警示灯等安全设施进行安全防护与布控,特别是对出入施工半幅桥梁的改道口进行重点防护和布控,防止发生意外情况。

②架梁与应急布控。下穿通道桥的梁板架设也只能利用通车的高速公路作为最佳的运梁路线。在运梁过程中,用一辆安装了警示灯的高速公路扩建施工专用车作为运梁车的开道车辆,中间是经过严格检修的运梁车辆,车身布彩旗涂刷警示标志,最后是一辆指挥车压阵,运梁过程由专职安全员全程监控,保证消除一切安全隐患。同时,大多数梁板在吊装架设时需要占用一个高速行车道,因此必须由专职安全员前后用红、绿旗指挥。

(3) 桩基定位及灌注施工。

下穿高速通道桥的桥台普遍采用桩基接帽梁或者桩基接承台再接帽梁的形式,桩顶距高速公路路面一般在 2~4 m 之间,定位难度不是很大。但是在桥墩处由于桥梁净高(如 5 m)的限制,桩顶距高速公路路面大都在 7~10 m 之间,过高的空孔高度对桩基定位和灌注施工是一个巨大的考验,如果施工不当,在挖除路基施工桥墩时就会出现桩基偏位过大,导致墩柱无法正常接上桩基等异常现象。因此桩基定位和灌注施工时应加以注意。

1/2 采用施工工法进行桥梁桩基定位和灌注施工时需要做到以下几点:①桩机就位之前进行精确放样;②由于在高速公路路面上施工桩基,无法埋设钢护筒,因此桩基开孔之前应对桩位进行精确定位,比较方便的是用 4 个大号水泥钉连接成十字形钉在路面上,水泥钉周围喷洒红漆,其上缠绕有弹性的细绳作为护桩之用;③定位完后破开路面,桩基正式开孔之前还应用全站仪复核一遍护桩,确认无误后方可开孔;④在桩基钻进过程中每天用全站仪监控锤绳及护桩,同时在钢筋笼下放过程也需要用全站仪配合检查,发现偏离现象及时纠正;⑤桩基灌注过程中需注意的是,需做好灌注最后一车混凝土时的监控,应由现场技术员和监理共同把关,用测绳配合长竹竿插入混凝土面,仔细测量混凝土面深度,并确保粗集料达到桩顶以上 0.7~1 m 的位置时方可拆卸导管。

(4) 下部结构施工及梁板架设。

下穿通道桥下部结构施工涉及的重点工作就是大量的土方开挖、回填及临时支护。由于是临时开挖且开挖较深,深度基本在 7~10 m,防护就显得特别重要。在雨天和土质较差的地段,可采取锚杆支护、喷混凝土支护、槽钢支挡等临时防护措施;在天气晴朗和土质较好的地段,则呈梯形或台阶形开挖,防止在开挖和施工过程中塌方。

同时由于开挖较深,墩柱在浇筑完成之前还要埋设大号钢护筒,方便砍桩头同时预防塌方。下部墩柱施工完毕后要回填土方至盖梁底部,施工盖梁及其他下部结构。

架梁时还应注意的是梁板架设的顺序。一般是把一台吊车停在桥台位置,另一台吊车停在中跨,先架设边跨,边跨架设完成后进行桥面湿接缝钢筋及横隔梁钢筋加固焊接;焊接完之后,一台吊车停在架设好的梁板上,另一台吊车停在另一个桥台或者停在桥墩与桥台之间,直至架设完最后一跨。

4.5 跨线桥拆除施工

国内高速公路加宽扩建过程中,在原有的高速公路上存在大量的上跨天桥,其中,一部分跨线桥的跨径与既有高速公路路基宽度相适应,但对加宽后的高速公路是不适应的,对于这一部分的跨线天桥将予以拆除;还有一部分跨线桥年久失修,承载力下降,出现局部构件失稳或安全度降低等现象,即使加固也很难满足使用要求,也需要拆除。

高速公路上跨天桥桥型主要形式为连续刚构桥、斜腿刚构桥、拱桥、空心板桥、现浇连续梁桥、预应力混凝土组合梁桥等,不同类型的桥受力不一,拆除方法也各异,即使是桥型相同,其拆除方案也可能不同。这主要由于旧桥梁本身结构和功能还在发挥作用,其赋予的关联和影响因素诸多,还需要具体情况具体分析。如何克服旧桥拆除过程中的复杂影响因素,确保拆除过程的安全,是选择桥梁拆除方案必须要考虑的。

桥梁拆除施工若不规范,会造成安全事故。如2008年12月9日晚,云南省昆明东二环的小庄立交桥下昆曲匝道桥在拆除时发生坍塌事故,事故造成2人死亡、4人受伤,坍塌桥面长度超过100 m。小庄立交桥拆除中发生坍塌的主要原因属施工单位违反操作规程,导致被拆除桥梁突然坍塌。2009年2月1日约8:00,浙江省温州市鹿城区上戍乡方隆村发生拆桥坍塌严重事故,有4名拆桥民工被压受伤。2009年5月17日,正在拆除作业中的湖南省株洲市红旗路高架桥发生大坍塌,事故造成9人死亡、16人受伤和24辆车被损毁的悲剧。2010年4月13日,广州市白云区太和镇石湖村公园内,一辆正在施工的钻机在实施拆除旧桥作业时,由于操作不当,导致拱桥突然塌陷,事故造成3人受伤。

以下就桥梁拆除的有关规定进行阐述。

4.5.1 桥梁拆除应遵守的基本原则

桥梁拆除应遵守以下三个基本原则。

(1) 科学原则。应制订合理的拆除方案,选择合理的拆除工艺。一般说来,旧桥只有在结构和功能同时不满足使用要求时才考虑拆除。桥梁拆除首先遵守的应是结构受力上的安全。先拆非受力构件,再拆主要受力构件,化整为零。一般科学、安全的拆除原则是遵循原施工逆序施工,对称平衡卸载,并根据桥梁拆除分解方式、吊装方式、运输方式及周边环境进行合理调整。

(2) 谨慎原则。桥梁拆除应注重施工过程控制,宜选择安全的拆除方式,优先选择静力切割拆除等方式。

(3) 安全原则。拆除的桥梁多为有缺陷的结构物甚至是危桥,很难做到完全消除施工风险,在做好全面安全控制的同时,还应从最坏处打算,制定完备的安全应急预案和应急机制。

4.5.2 桥梁拆除的准备

(1) 桥梁拆除重点关注安全性,拆除过程中做好拆除方案设计,方案在实施中要安全、快捷。

(2) 全面考虑切割、设备及运输条件的限制。

(3) 充分考虑桥下通行、通航等重要条件的限制。

4.5.3 桥梁拆除的传统方法

传统的桥梁拆除方法主要有:

(1) 采用简单的风动工具(如风镐、风钻等)的人工拆除方法;

(2) 各种爆破方法,包括控制爆破法、静态爆破法、切割爆破法及水压爆破法等;

(3) 机械拆除法,利用凿岩机对钢筋混凝土进行破碎;

(4) 火焰切割拆除的方法,如采用高温喷枪、喷火器、金属粉末喷枪等能够产生高温的设备,在钢筋混凝土上形成熔槽。

传统用凿岩机拆除桥梁的方法经济性较好,拆除机械相对简单,易于施工,但也存在如下一些问题。

(1) 使用凿岩机直接将中跨凿开后,连续刚构桥的结构体系发生改变,原先满足设计要求的受力部位在结构体系变化的情况下是否还能满足设计要求尚不明确,且凿岩机产生的巨大动力荷载会对剩余结构的安全造成影响。此时,大量的车辆将从另外半幅路面分流通过,剩余桥梁结构安全性及凿岩机凿除时飞溅的混凝土碎块对另外半幅上通行的车辆造成了极大的安全隐患。

(2) 由于施工范围有限(另外半幅要保证通车),只能安排1~2台凿岩机在现场进行作业,造成施工时间较长,凿岩机连续作业,凿除一跨的时间为2~3 d,那么全桥的拆除至少要半幅分流5~6 d,使原本就车流量大的高速公路发生堵车等现象,影响人们的生活和生产,造成不利的社会影响。

(3) 凿岩机凿除旧桥过程中对高速公路路面造成的损伤需要修复,尽管可在沥青路面上垫上草垫和竹笆,但是巨大的混凝土碎块掉落下来还是会对原沥青路面造成损伤,桥梁拆除后需要进行路面修复,工作量大且需要封闭交通,将对高速公路的通行造成不利影响。

(4) 凿岩机凿除过程中产生大量的粉尘和噪声,影响环境。随着人们生活水平的不断提高和国家对环保的重视,社会对安全、节能、环保等有了更高的要求。

因此,如果传统方法可以解决问题,可以采用传统方法解决;如果传统方法不能解决问题,就需要更多的新工艺、机具和创新的方法来进行桥梁拆除。随着科技的发展,传统方法将逐渐被日新月异的新工艺、新方法所替代。

4.5.4 桥梁拆除的新方法

(1) 金刚石切割机械。金刚石切割机械是利用金刚石切割机械刀头上的金刚石和混凝土进行摩擦切屑,达到切割拆除钢筋混凝土的目的。由于其高效、无损等特点,是其他传统拆除工艺所无法实现的,金刚石切割机械已被认为是最有效的拆除钢筋混凝土的机械,已被广泛应用到建筑业中的钢筋混凝土拆除作业中。该机械主要包括金刚石碟锯、圆盘锯、绳锯和高效、经济的金刚石孕镶取芯钻头。

(2) 液压劈裂机。液压劈裂机由分裂器及液压泵组成,其中分裂器可以是楔形的,质量在2 kg左右。在使用时只需要将分裂器插入预先钻好的孔内,其油泵供给的压力可高达60 MPa,分裂器的扩张力也可达到数十万牛顿,从而使得混凝土分裂。对于钢筋混凝土结构而言,还要用其他的方法割断其中的钢筋。

近年来国内外桥梁拆除的一些新方法:

(1) 转体施工法拆除钢管混凝土系杆拱桥;

(2) 顶推法拆除等截面连续梁桥；

(3) 缆索吊装斜拉扣挂法；

(4) 整体下放法。

整体下放法通过将整跨箱梁下放的方法拆除桥梁，其步骤具体为：①在被拆除桥跨下施作土牛支撑，即直接在桥下堆土，高度至箱梁底部；②安装下放系统，下放系统由主挑梁、连续千斤顶、扁担梁、锚固牛腿、锚固索组合而成；③张拉锚固索；④箱梁整跨切割，采用金刚石绳锯进行切割；⑤整跨箱梁下放，完成主梁的拆除。

4.5.5 现浇箱梁倒装顺序拆除

采用与建桥相反的顺序拆除桥梁，"后建先拆，先建后拆"，分节段进行拆除，梁段的吊装根据现场的施工条件而定，可选择浮吊或桥面吊机进行操作；逐阶段切割、调离、解体。悬臂拼装法施工的桥梁也可以采用此方法进行拆除。具体施工顺序为：首先，搭设支架，先拆除桥面系、切割翼缘板，解除梁的体外预应力；然后，将待切割的节段吊住，用金刚石绳锯切割主梁，梁体被切割后，重力转移到吊机上；最后，将梁体吊移到岸边，将切下的梁体节段放在指定的位置，进行解体、破碎、清理现场。

4.5.6 桥梁拆除施工的监控方法

目前国内在桥梁拆除施工中采用的监控方法是：首先对桥梁拆除的各施工阶段进行理论分析，计算出允许的最大应力和变形，制定各个拆除阶段的各项指标的极限值；在拆除过程中，对重要部位的各项指标进行监测，把监测的数据与极限值进行对比，及时发出预警，及时调整桥梁拆除施工方案，保证桥梁的安全拆除。

与建桥时的施工监控不同，桥梁拆除施工监控不仅需对结构本身的应力、变形、裂缝等进行监控，还需对拆除机械、临时支撑进行必要的监控。监控内容如下。

(1) 变形控制。

旧桥在拆除过程中，由于结构体系发生了改变，在自重和施工荷载的作用下会产生变形，对各施工阶段的变形进行控制是为了保证桥梁拆除过程的安全。根据桥梁的本构关系可以计算出桥梁的变形和应力之间的关系，通过对变形的控制间接控制桥梁结构的应力,使之不超过材料的容许应力。

(2) 应力控制。

由于拆除过程破坏了桥梁的既有结构,形成了新的结构体系,受力状态发生改变,主梁的实际应力状态与设计的应力状态不符,如果实际应力超过材料的容许应力,将会对结构的安全造成危害。所以,当对桥梁拆除施工进行监控时,应特别注意对结构应力的监测。

(3) 稳定性控制。

桥梁结构的稳定性和桥梁的强度同等重要,必须采取相应的措施保证桥梁拆除施工的安全。

(4) 安全性控制。

在旧桥拆除过程中,结构的安全性控制是桥梁拆除施工控制最核心的内容,只有保证结构拆除施工过程中的安全,才能确保旧桥拆除的顺利完成。安全性控制实质上是变形、应力和稳定性的综合控制。

4.6 涵洞(通道)改扩建施工

在既有高速公路加宽改扩建项目中,既有的桥涵都需改扩建,其中各种类型的涵洞通道占有相当大的比例,既有的涵洞通道还存在许多问题需要改善处理。

4.6.1 做好既有涵洞通道形式及现状的调查工作

由于路基加宽,原有大量的涵洞、通道需接长。为保证原有结构物的稳定及合理的拼接,对既有构造物的现状调查是必不可少的。调查的内容主要包括结构和功能两大部分。其中结构方面主要包括结构类型、结构尺寸、病害等内容。功能包括原结构目前的使用功能。

1. 结构方面主要的工作

(1) 收集原有结构物的施工文件和竣工图。

(2) 实地调查原有结构物的结构形式,调查原涵洞通道尺寸、洞口形式(包括斜交涵洞通道的洞口是正做还是斜做)、排水方向、涵洞通道内附属结构物、通道的净空等内容。

(3) 实地测量涵洞通道的控制坐标、控制高程等测量数据。原有道路基础数据中最重要的数据是涵洞通道的定位及高程的控制。这些数据准确与否直接影响到设计的准确性,影响工程的实现。实际操作证明,仅依靠道路的竣工资料是难以满足高速公路改扩建工程要求的。同时,改扩建工程对测量精度的要求也远高于新建工程。

涵洞通道测量要点包括:

①既有涵洞、通道的跨径、净高、建筑高度、涵底标高、纵坡、涵长、角度;

②加宽侧的地面纵断面及宽度。

涵洞通道测量内容包括:

①测量既有涵洞、通道两侧洞口坐标和标高及建筑物的高度;

②测量左右洞口的净高和斜长;

③测量加宽侧地面的坐标和标高及路基断面。

通过涵洞通道左右洞口的坐标测量,控制其定位、交角与长度,通过其高程的测量,控制其洞口位置的衔接。将各控制点的坐标、高程与原结构物设计文件中的相应数据进行核对。如有出入,应查明原因,以保证数据的准确性。

(4)调查原有结构物的现状及病害情况,对满足正常使用的不做处理,不能正常使用的进行加固处理。

2. 功能方面主要的工作

(1)结合当地政府和人民群众,对沿线的通行情况及排水情况进行普查。确定不能满足当前的通行要求、需进行净空加高的通道,以及原有的涵洞是否满足泄洪要求。

(2)调查既有涵洞通道的使用功能。调查其附属的结构物,以便在改扩建工程设计及施工中予以考虑,接长后恢复及改善其使用功能。

(3)调查原有通道的服务水平。对于原有的积水通道及由于加宽时横坡的影响而造成积水的通道,应根据实地情况确定方案,改善其服务水平。

4.6.2 涵洞通道改扩建方案

涵洞通道改扩建方案根据改扩建方式的不同而有所区别。对于整体式路基段落,涵洞通道按原有结构形式接长,将需要加长路段的洞口拆除(一字墙可只拆除锥坡或护坡),按原有结构形式、交角、洞身几何尺寸顺接,并设置2cm沉降缝。对于分离式路基,主要根据实际地形,以不破坏原有自然排水系统为原则,按路基排水、耕地灌溉需要布置涵洞。凡沟、渠、洼地均设有涵洞。在距离原高速公路较近处,涵洞跨径参考既有涵洞设置。位于分离式路基路段的新建通道,以方便沿线群众生产生活为宗旨,考虑现有农村路网布局、乡村规划及村镇分布情况等来设置,通道类别根据被交路的功能确定。在距离原高速公路较近处,通道跨径参考原有通道设置。基础及地基处理应考虑地质条件及新老结构物之间的差异沉降等因素。为减少施工中和工后沉降,接长涵洞台背一定范围内采用碎石土或石灰土回填。

为减少新旧路基的差异沉降,结合既有路基边坡的处理措施和地质情况,加长涵洞采用素混凝土桩、PTC管桩、灰土桩或碎石垫层等方案处理。

4.6.3 施工关键要点

在进行涵洞通道施工的过程中,应考虑的方面主要包括:涵洞通道的加固、通道加高处理、涵洞通道的净空保障、通道的积水处理、涵洞通道的水毁处理等。

1. 涵洞通道的加固

对于既有高速公路的涵洞通道,大部分涵洞通道使用现状良好,排水、通行顺畅,但也有部分涵洞通道出现了病害。既有涵洞的病害及处理措施如下。

(1) 混凝土缺陷。

混凝土的缺陷主要包括碱化、碳化、蜂窝麻面等,处理措施主要是对病害部分进行清洗后,对破损部分用水泥基灌浆材料或用环氧砂浆修补。

(2) 混凝土裂缝处理。

这里的裂缝指的是宽度较小,对结构的安全性影响不大的裂缝。

裂缝封闭的原则:宽度$\geqslant 0.1$ mm的裂缝采用压浆法进行修补,宽度<0.1 mm的裂缝采用封闭法进行修补。

(3) 八字翼墙处理。

用干燥麻絮浸透沥青后填实。对于需要双侧加宽的涵洞、通道,由于原八字翼墙需进行拆除,因此原有八字翼墙的病害不再进行处理。

(4) 沉降缝处理。

在沉降缝两侧各凿标准凹槽,在槽内塞满沥青麻丝。安装止水橡皮,再用沥青油膏填平凹槽。

(5) 边坡处理。

对于边坡的坍陷,在边坡上挖台阶重新填土冲击碾压后,恢复原有的护坡。

(6) 铰缝脱落、涵顶铺装处理。

加固时首先将涵顶铺装全部凿除。将铰缝的细石混凝土清理干净,植筋及加焊连接钢板后,加铺涵顶铺装。涵顶铺装按照新的结构进行施工。

(7) 盖板处理。

采用原位铆粘钢板修复。原有暗涵、暗通道间脱落的混凝土采用环氧砂浆进行勾缝。

(8) 拱涵裂缝处理。

在进行拱涵、拱通道处理时,根据裂缝宽度的不同,分别采用以下几种处理措施:对缝宽<0.1 mm 的拱涵、拱通道进行封缝处理;对 0.1 mm≤缝宽≤2 mm 的拱涵、拱通道进行压力灌浆法灌缝。对裂缝较大的拱涵、拱通道进行压力灌浆法灌缝,对侧墙后背进行灌浆处理,再在拱顶部分区域浇筑 25 cm 厚的钢筋混凝土内衬。

考虑到拱涵、拱通道的地基经过十几年的运营,固结已基本完成,因此对地基不再进行处理。

(9) 洞口、洞内淤积,排水不畅。

对淤积物进行及时清理,保持通畅。

2. 通道加高处理

随着经济的发展,原来的通道不能满足现有车辆的通行要求,严重制约了地方经济的发展,当地群众迫切要求增加部分通道的净空,同时在通道改造施工过程中不能影响高速的正常通行。针对这种问题,应根据不同的结构形式,采用不同的加高方式:

(1) 对于整体式基础盖板通道采用 U 形槽跳仓施工,U 形槽通过植筋与原有基础连接在一起;

(2) 对于重力式分离基础采用加厚原通道铺底跳仓施工;

(3) 对于箱形通道采用设置加固加筋水泥土桩锚侧壁支护后,增加新底板跳仓施工。

3. 涵洞通道的净空保障

受高速公路路面横坡影响,暗通道加宽后涵顶最小填土高度会有所降低。当加宽后填土高度≥0.5 m 时,拼宽的通道底纵坡按照原通道设计;当加宽后填土高度<0.5 m 时,通道底纵坡根据主线纵坡、路面横坡进行调整,使暗通道加

宽后最小填土高度≥0.5 m。

为保证通道净空,明通道底纵坡根据主线纵坡、路面横坡调整确定。

4. 通道的积水处理

通过对原有通道的实地调查,在设计和施工中遵循"以人为本"的原则,改善原有通道的通行条件。

通道积水处理主要采取在通道两侧硬化,设置人行平台,将水引入边沟、河流、沟渠或专用蒸发池中。

5. 涵洞通道的水毁处理

当路线经过不良地质地区,特别是黄土地区时,由于黄土湿陷性及原有排水系统不完善等原因,部分涵洞通道出现了水毁现象,影响结构物的稳定和安全。同时水毁也对附近居民正常生产生活造成一定的影响。

在设计和施工中针对不同情况对水毁路段排水尽可能地高接远送,向远处延伸,解决水的出路问题,并采取措施防止水的下渗对黄土的冲刷。对在水毁附近没有沟渠可供利用的,设置蒸发池。对出水口采取措施,减少水能,尽可能减少冲刷,排水结构物周围设置防渗土工布及三七灰土。

此外,对于单侧加宽路段,要贯彻"以人为本"的理念,为保证通道接长后的采光条件,对单侧接长明通道在中央分隔带设置采光孔,上覆玻璃钢瓦。

4.7　高速公路桥梁改扩建施工案例

4.7.1　工程概况

某高速公路改扩建工程全长 67 km,设计时速为 100 km/h,由于高速公路的服务能力难以满足日益增长的车辆通行需求,将原先的双向四车道进行双向八车道改扩建。

全线共设桥梁 45 座,其中大桥 12 座、中小桥 33 座,桥梁的主要结构为跨径 30 m 预应力连续 T 梁和跨径 8～20 m 不等的简支桥面连续空心板,根据桥梁服役情况和现场施工条件,除少数桥梁采用拆除重建的方式外,大部分桥梁均采用两侧拼宽的方式,如图 4.4 所示。

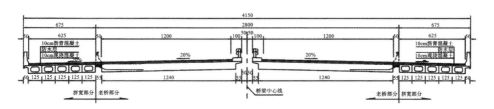

图 4.4　桥梁拼宽示意图(单位:cm)

4.7.2　总体施工方案

1. 总体方案

老桥的结构形式为简支桥面连续空心板梁、预应力 T 梁,遵循结构同型原则,扩建新桥与老桥的结构和孔径一致,新旧桥梁之间采用"上连下不连"的拼接方式。

2. 施工难点

桥梁拼宽需要实现"边通车边施工"的目标,拼宽湿接缝施工期间需要组织车辆绕行,避免车辆对施工质量产生影响。但高速公路的车流量大,采用封闭一幅进行施工的方法不仅会引起堵车和引发交通事故,还会带来使用高强、早强混凝土容易产生裂缝的通病。

3. 施工技术要求

对于上部结构的连接,在施工前应对既有桥梁相关断面、平面、纵面等参数进行实测,拼接结构要求与其接平、接顺且受力协调。

在对老桥结构进行切割、凿除时,应严格按结构不被破坏(不出现裂缝等)、不降低承载能力的原则进行。在对桥梁拼宽缝进行凿除的过程中,严防凿除的混凝土块件从高空任意溅落,伤及过往行人。

在墩台基础施工时应确保现有道路边坡及路基稳定。施工前,应对现有道路路基填土高度、排水设计以及收集工程地质情况进行了解,明确技术保障措施。施工期间,应在基坑开挖周边布设边坡稳定及沉降监测控制点。按照桥台施工顺序,要求先填筑路基(包含桥头锥坡在内),待施工完毕后再进行桩基或者承台基坑施工。

4.7.3 桥梁施工关键技术要点

根据本项目的情况,桥梁拼宽施工的关键技术要点主要有拼接缝施工、植入式桥面铺置施工和桥台拼宽施工三个方面。

桥梁拼宽的施工步骤如下:①预制梁板、施工下部结构;②架设梁板;③浇筑拼宽桥外侧防撞护栏;④施工拼宽桥混凝土铺装层;⑤现浇新老桥上部湿接头混凝土;⑥施工拼宽桥沥青铺装层;⑦施工伸缩缝等附属构造。

1. 桥梁拼接缝施工

本项目老桥的主要结构有空心板梁和预应力 T 梁,新桥上部结构与老桥一同进行拼接。根据高速公路运行情况,新老结构拼接缝的施工需要在保通条件下进行,具体情况如下。

(1) 施工步骤。

拼接缝的具体施工步骤如下:切割、凿除旧桥结构外侧护栏和边板悬臂,对旧桥结构施工自攻型锚定螺栓,拼接缝处焊接钢筋,浇筑现浇接头、现浇横隔板混凝土,实现新老桥间的刚性连接。此外,施工人员对老桥部分桥面铺装厚度进行了测量,发现部分桥面铺装厚度仅 6~7 cm,因此在施工时对拼接缝处设置了横坡进行过渡。

(2) 通车情况下拼接缝施工工艺。

在拼宽桥梁板架设完成后,需放置 3 个月,待恒载早期沉降完成后,再进行新老桥拼接缝施工。因桥梁需要在通车情况下进行接缝施工,所以采用专用施工夹具对两侧梁板进行固定,以减小车辆振动对混凝土浇筑的影响。该夹具由型钢和螺栓组成,其中型钢型号为 I22a,按横向长度 2 m,纵向间距 2.2 m 布置,夹具通过 $\phi 20$ 螺栓与主梁夹紧,在桥面板处还需设置钢垫板传递荷载。

(3) 拼接缝自攻型锚定螺栓施工。

本项目桥梁连接件采用自攻型锚定螺栓(简称自攻螺栓)代替植筋,自攻螺栓主要通过机械咬合力与混凝土连接,相较于传统的植筋技术受力更可靠,施工更便利。

施工前需先在植入位置打孔并进行清理,放置螺栓旋紧至设计位置即可。施工过程中需要注意以下事项:

①老桥边板悬臂切割采用静态切割法以保护自攻螺栓,凿除时应保留原有钢筋,将其调直后与新布置钢筋绑扎;

②自攻螺栓打孔前,应对老桥预应力管进行放样定位并标记,严禁在预应力管道中心 5 cm 范围内打孔;

③老桥结构拼接缝 0.85 m 范围内需对混凝土表面进行凿毛,凿毛完成后需对其表面缺陷采用 I 级聚合物砂浆进行修补才能安装自攻螺栓;

④通过机械设备先在混凝土相应位置钻出配套的螺纹孔,然后将锚固螺钉直接旋入孔内,切销齿自切入混凝土,与混凝土机械咬合。钻孔应避开原梁板的预应力筋、侧面纵向钢筋和横向箍筋。

2. 植入式桥面铺装施工技术

本项目原有空心板大多采用 8~20 m 简支桥面连续空心板,新桥拼宽处也采用相同的结构,采用植入式桥面铺装。

浇筑桥面铺装混凝土时从梁板跨中向两端浇筑,在桥面连续处进行最后浇筑。在安装桥面连续缝之前,先将连续缝处 45°范围内梁板顶面找平,找平时先铣刨部分凸出部位的梁板混凝土,最大铣刨深度应小于等于 2 cm;再对还未平整的部位用砂浆抹平。观察梁端缝宽度是否小于 3 cm,如果小于,应将梁端部分混凝土切除,预留足够的排水管空间。

在梁顶面 45 cm 范围涂刷一层专用胶水,将植入式桥面连续装置平铺。在铺置时应注意钢筋位置和上层钢筋网位置一一对应,以便焊接。焊接钢筋网须在连续缝 55 cm 范围内涂刷富锌漆。

3. 桥台拼宽施工

桥台拼宽设置方式与老桥一致,因此新桥的桥台轴线与老桥一致,在施工前应先对桩位坐标进行复核,无误后再开始施工。

在进行桥梁拼宽桥台施工时,须挖除全部或部分老桥锥坡。为减少对老路基的影响,防止路基坍塌,施工时应根据各座桥的实际情况,分别采用浆砌片石、钢板桩等进行支护。

(1) 浆砌片石防护适用于锥坡高度小于 5 m 的桥台拼宽,在将老桥锥坡拆除后,利用拆除的片石浇筑浆砌片石挡墙进行防护。

(2) 钢板桩防护适用于锥坡高度大于 5 m 的桥台拼宽,在对老桥台后路基实施分级开挖后,采用钢板桩逐片插打,边开挖边支撑围图,挖至设计深度后进行支撑,等到桥台台身混凝土强度达到设计值,并填筑部分台后填土至围图高度后方可拆除。

为减少新拼桥梁 U 台桩基施工时对老桥 U 台的影响,桩基优先考虑挖孔施工,挖孔条件受限制时,采用回旋钻或旋挖钻成孔,不容许采用冲击钻成孔。桩基护筒底标高应低于老桥 U 台基底标高 2 m 以上。

第5章　高速公路隧道改扩建施工

5.1　既有隧道扩建形式与支护结构

隧道在以下几种情形下需要进行改扩建：一是隧道使用年代已久，使用期限快到；二是隧道受外力作用影响、破坏，如泥石流、滑坡、地震等地质灾害，损伤严重，影响隧道安全使用；三是满足不了交通量的需求。

隧道改扩建的形式有很多种，比如单洞扩建、双洞扩建、原位扩建与增设复线隧道等，选择哪一种扩建方式应根据工程实际情况来定，其影响因素有隧道所处地理位置的地形、地质状况和施工条件等。

5.1.1　隧道扩建形式分析

目前我国的高速公路隧道中，四车道隧道占绝大多数，而随着交通量的增加，高速公路的改扩建工程越来越多，四车道高速公路隧道的改扩建也越来越多。四车道高速公路隧道的主要形式有双洞分离式隧道、小间距隧道和连拱隧道。四车道隧道改扩建为六车道甚至八车道时，若想让同向车道均处于同一隧道洞中，则必然会出现三车道或者四车道的大断面隧道，这样则导致隧道的设计和施工难度会大大增加；如果采用新建两车道隧道，必然对隧道地理空间位置的要求更高，且影响行车的通顺性。采用哪种扩建形式，需从多方面因素综合考虑。

四车道公路隧道扩建为六车道或者八车道隧道主要的扩建形式有原位扩建、新建隧道及前两种方式的组合。

1. 分离式双洞四车道隧道扩建形式

对于分离式隧道来说，如果隧道之间的距离相对较远，可以在两既有隧道中间增设新隧道，也可以在既有隧道左右两侧增设新隧道；当隧道所处地形、地质情况以及隧道开挖的空间位置不太理想时，则可以将隧道原位扩建成四车道隧道。图 5.1(a)~(h)为普通分离式隧道扩建开挖的几种形式。

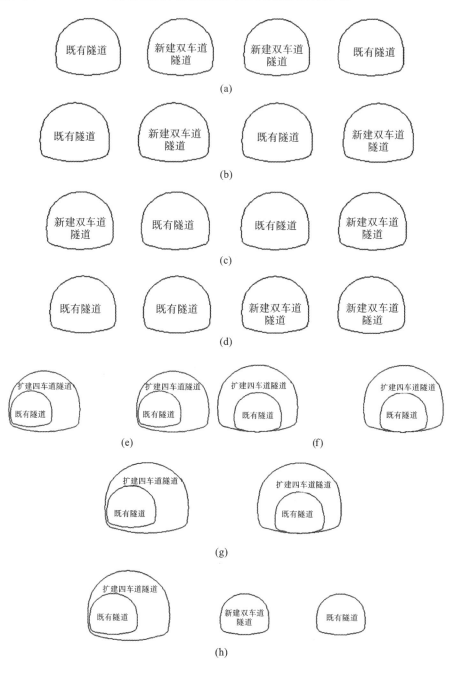

图 5.1　隧道扩建形式

图片说明如下。

扩建形式(a)~(d)为新建两个双车道隧道,其中扩建形式(a)为在既有隧道中间新建两个双车道隧道,扩建形式(b)为在两隧道中间新建一个双车道隧道,再在既有隧道外侧新建一个双车道隧道,扩建形式(c)为在既有隧道两侧分别新建一个双车道隧道,扩建形式(d)为在既有隧道同侧新建两个两车道隧道。

新建隧道的主要优点如下:

(1) 设计施工较为简单,由于新建的隧道都是中小断面公路隧道,设计和施工的经验都已很丰富,对于单洞的设计和施工难度都不会很大;

(2) 施工工期较短,可以两洞同时施工,而且施工期间交通可以继续通行。

扩建形式(a)~(d)的缺点主要表现在隧道建成后通车运营上,由于高速公路单幅在隧道处被分成了两个洞室通过,影响了道路行车的连贯性。另外,这几种扩建形式对空间的要求比较高,比较适宜地形比较开阔、有条件修建隧道群的地区,对于地形条件不合适的地区不建议采用这几种扩建形式。

扩建形式(e)~(g)采用的是双洞扩挖模式,即隧道的原位扩建,分别将左右洞室原位扩建为四车道隧道。这种扩建形式的优点是对隧道空间位置要求低,线路的改动很小,狭窄地形下的隧道改扩建工程较适用;同时这种扩建形式的线路直顺性很好,可以与高速公路非桥隧段进行很好的连接而不影响行车。这种扩建形式的缺点也很明显:

(1) 施工难度大大提高,两侧隧道实施大跨度扩挖的工程目前国内外都很少见,没有可供参考的案例;

(2) 从施工期间的交通组织上来看,这种扩建形式需要对既有隧道其中一个洞室进行扩挖,而另一个洞室则必须变成双向两车道隧道才能不中断交通,这必然会对交通造成极大的影响,甚至会中断交通。

扩建形式(h)是两种扩建形式的组合,即新建一个双车道隧道,并将另一既有隧道扩建成四车道隧道。这种扩建形式的主要优点是隧道的利用率是100%,建成通车后上下行分别采用两个双车道隧道和一个四车道隧道,与全部新建隧道相比,行车的通顺程度更好。中间新建的隧道由于跨度较小,施工期间的施工控制也比较容易完成,也基本上能保证不中断交通。

对于扩建形式(h)来说,扩建形式(a)~(d)较大的优势就是工期较短,由于施工期间需要保证交通的正常运行,尽可能减少中断交通带来的经济损失,开挖新建中间隧道和扩建单侧隧道将分两个阶段进行,这样施工工期与施工成本都大大增加。

一般情况下,扩建形式(a)~(d)有较大的优势,从长远来看,扩建形式(h)有更大的价值,扩建形式(e)~(g)一般只在隧道线形极度严苛的情况下采用。

2. 小净距双洞四车道隧道扩建形式

由于小净距隧道的两隧道之间的距离较小,一般来说,小净距隧道都是采用向外侧扩挖的方法来实现隧道的扩建。小净距隧道的新建只有一种方式,即在隧道外侧新建。新建两个双车道隧道的扩建形式只能选择扩建形式(c)和(d),而不能选择(a)和(b),即不能在既有隧道中间新建,这是与普通分离式双洞隧道的不同之处。另外,考虑到小净距隧道施工属于近接施工,两隧道之间的相互影响较大,因此,小净距隧道在扩挖形式的选择上应更加注重施工控制上的要求。小净距双洞四车道隧道扩建为八车道隧道的几种扩建形式的优缺点与普通分离式双洞隧道扩建形式的优缺点差不多,这里就不再赘述。

隧道的扩建形式不局限于以上几种,比如隧道扩挖就存在单侧、双侧和周围扩挖等多种形式,需要依据具体的施工环境、地形、地质状况等因素综合选择。

5.1.2 隧道支护结构设计

在隧道施工过程中,支护结构能及时约束及控制围岩变形,提高围岩稳定性,保证施工的安全,同时确保运营过程中的稳定和耐久。根据结构的支护形式、方法,目前常用的支护结构大致有如下几种。

1. 整体式衬砌

整体式衬砌适用于隧道洞口段、浅埋段及围岩条件较差的软弱围岩地段。整体式衬砌可分为半衬砌、落地拱衬砌、厚拱薄墙衬砌、直墙拱形衬砌和曲墙拱形衬砌等形式。

公路隧道整体式衬砌支护参数可采用工程类比法或数值计算法确定,设计参数可按表5.1取值。

表5.1 整体式衬砌设计参数

围岩级别	设计参数	
	单车道隧道	双车道隧道
Ⅳ	边墙、拱部:35~40 cm 混凝土; 仰拱:35~40 cm 混凝土	边墙、拱部:40~50 cm 钢筋混凝土; 仰拱:40~50 cm 混凝土

续表

围岩级别	设计参数	
	单车道隧道	双车道隧道
Ⅴ	边墙、拱部:40～45 cm 钢筋混凝土; 仰拱:40～45 cm 混凝土	边墙、拱部:50～60 cm 钢筋混凝土; 仰拱:50～60 cm 钢筋混凝土
Ⅵ	边墙、拱部:45～50 cm 钢筋混凝土; 仰拱:45～50 cm 钢筋混凝土	边墙、拱部:60～80 cm 钢筋混凝土; 仰拱:60～80 cm 钢筋混凝土

2. 喷锚衬砌

在下列条件下可采用喷锚衬砌:
(1) 作为施工使用的导洞;
(2) Ⅰ～Ⅲ级围岩段的紧急救援通道、泄水洞等;
(3) 施工用竖井、斜井。

喷锚衬砌的设计参数可通过工程类比法来确定,并结合现场监控量测的资料进行修正设计。设计参数可按照表5.2的规定取值。

表 5.2 喷锚衬砌设计参数

围岩级别	设计参数		
	单车道隧道 (车行横洞)	双车道隧道	三车道隧道 (紧急停车带)
Ⅰ	喷射混凝土厚5 cm	喷射混凝土厚5～8 cm	喷射混凝土厚8～10 cm,拱部局部设置锚杆或钢筋网
Ⅱ	喷射混凝土厚5 cm,拱部局部设置锚杆	喷射混凝土厚8～12 cm,拱部锚杆 $L=2.0\sim2.5$ m,局部设置钢筋网	喷射混凝土厚12～15 cm,锚杆 $L=3.0\sim3.5$ m,设置钢筋网
Ⅲ	喷射混凝土厚6～10 cm,锚杆 $L=2.0\sim2.5$ m,拱部设置钢筋网	喷射混凝土厚10～15 cm,锚杆 $L=2.5\sim3.0$ m,设置钢筋网	喷射混凝土厚15～20 cm,锚杆 $L=3.0\sim4.0$ m,设置钢筋网

3. 单洞隧道复合式衬砌

复合式衬砌,即该支护形式把衬砌分成两层或两层以上,通常采用外衬、内衬两层。目前用得较多的外衬是喷锚衬砌,内衬常用的则是整体式衬砌。

一般地质条件下,初期支护及二次衬砌参数可参照表 5.3 和表 5.4 的规定选用,并应根据现场围岩监控量测反馈的信息,对支护参数进行必要的调整。

表 5.3 双车道隧道复合式衬砌设计参数

围岩级别	初期支护							二次衬砌	
	喷射混凝土厚度/cm		锚杆/m			钢筋网	钢筋间距/cm	现浇混凝土厚度/cm	
	拱、墙	仰拱	位置	长度	纵向间距			拱、墙	仰拱
Ⅵ	通过试验计算确定								
V_2	20~25	15~20	拱、墙	3.0~3.5	0.6~0.8	20×20	60~80	45（钢筋混凝土）	
V_1	20~25	5~10	拱、墙	3.0~3.5	0.8~1.0	20×20	80~100	45	
$Ⅳ_3$	20~22	—	拱、墙	2.5~3.0	0.8~1.0	20×20	100~120	40	
$Ⅳ_2$	18~20	—	拱、墙	2.5~3.0	1.0~1.2	20×20	120~150	40	
$Ⅳ_1$	15~18	—	拱、墙	2.5~3.0	1.0~1.2	25×25	局部	35	—
$Ⅲ_2$	10~12	—	拱、墙	2.5~3.0	1.0~1.2	25×25	—	35	
$Ⅲ_1$	8~10	—	拱、墙	2.5~3.0	1.2~1.5	25×25	—	35	
Ⅱ	5~8	—	局部	2.0~2.5	局部	局部		30	
Ⅰ	5	—	—	—	—	—		30	

表 5.4 三车道隧道复合式衬砌设计参数

围岩级别	初期支护							二次衬砌	
	喷射混凝土厚度/cm		锚杆/m			钢筋网	钢筋间距/cm	现浇混凝土厚度/cm	
	拱、墙	仰拱	位置	长度	纵向间距			拱、墙	仰拱
Ⅵ	通过试验计算确定								
V_2	25~28	20~25	拱、墙	4.0~4.5	0.5~0.8	20×20	50~80	60（钢筋混凝土）	
V_1	25~28	15~20	拱、墙	3.5~4.0	0.8~1.0	20×20	80~100	55（钢筋混凝土）	

续表

围岩级别	初期支护							二次衬砌	
	喷射混凝土厚度/cm		锚杆/m			钢筋网	钢筋间距/cm	现浇混凝土厚度/cm	
	拱、墙	仰拱	位置	长度	纵向间距			拱、墙	仰拱
IV_3	22～25	5～10	拱、墙	3.5～4.0	0.8～1.0	20×20	80～100	50（钢筋混凝土）	50
IV_2	22～25	—	拱、墙	3.5～4.0	1.0～1.2	20×20	100～120	45（钢筋混凝土）	45
IV_1	20～23	—	拱、墙	3.0～3.5	1.0～1.2	25×25	120～150	45	45
III_2	15～20	—	拱、墙	3.0～3.5	1.2～1.5	25×25	局部	40	
III_1	12～15	—	拱、墙	3.0～3.5	1.2～1.5	25×25	—	40	
II	8～10	—	局部	2.5～3.0	局部	局部		35	
I	5～8	—	—	—	—	—		35	

4．小净距隧道复合式衬砌

小净距隧道设计与施工的重点是中夹岩柱的稳定与加固。根据地质条件，小净距隧道中夹岩柱的最小厚度（D_{min}）可参照表5.5的规定取值。

当 $D=4.5～9$ m 时，双车道小净距隧道复合式衬砌设计参数可参考表5.6。

当 $D=6～12$ m 时，三车道小净距隧道复合式衬砌设计参数可参考表5.7。

表5.5　中夹岩柱的最小厚度（D_{min}）

围岩级别	双车道隧道/m				三车道隧道/m			
	坚硬岩	较坚硬岩	较软岩	软岩	坚硬岩	较坚硬岩	较软岩	软岩
I、II	2	2.5	—	—	2.5	3	—	—
III	2.5	3	3.5	—	3	3.5	4	—
IV	3.5	4.5	5.5	6.5	4.5	5.5	6.5	7.5
V	—	4.5	6	7.5	—	6	7.5	9

表5.6 双车道小净距隧道复合式衬砌设计参数($D=4.5\sim9$ m)

围岩级别	初期支护					二次衬砌	
	喷射混凝土厚度/cm		锚杆/m		钢筋间距/cm	现浇混凝土厚度/cm	
	拱、墙	仰拱	长度	纵向间距		拱、墙	仰拱
Ⅵ	通过试验计算确定						
V_2	22~28	15~20	3.5~4.0	0.5~0.6	50~60	50~55(钢筋混凝土)	
V_1	22~28	15~20	3.5~4.0	0.6~0.8	60~80	45~50(钢筋混凝土)	
$Ⅳ_3$	22~25	10~15	3.0~3.5	0.8~1.0	80~100	45~50(钢筋混凝土)	
$Ⅳ_2$	20~22	—	3.0~3.5	1.0~1.2	80~100	40~45(钢筋混凝土)	
$Ⅳ_1$	18~22	—	3.0~3.5	1.0~1.2	100~120	40~45	
$Ⅲ_2$	10~12	—	2.5~3.0	1.0~1.2	局部	35	—
$Ⅲ_1$	8~10	—	2.5~3.0	1.2~1.5	—	35	—
Ⅱ	5~8		2.5		局部	30	
Ⅰ	5	—	—	—	—	30	

表5.7 三车道小净距隧道复合式衬砌设计参数($D=6\sim12$ m)

围岩级别	初期支护					二次衬砌	
	喷射混凝土厚度/cm		锚杆/m		钢筋间距/cm	现浇混凝土厚度/cm	
	拱、墙	仰拱	长度	纵向间距		拱、墙	仰拱
Ⅵ	通过试验计算确定						
V_2	28~30	20~25	4.0~4.5	0.5~0.6	50~80	55~60(钢筋混凝土)	
V_1	28~30	15~20	4.0~4.5	0.6~0.8	80~100	50~55(钢筋混凝土)	
$Ⅳ_3$	25~28	15~20	3.5~4.0	0.8~1.0	80~100	50~55(钢筋混凝土)	
$Ⅳ_2$	25~28	—	3.5~4.0	0.8~1.0	80~100	45~50(钢筋混凝土)	
$Ⅳ_1$	22~25	—	3.5~4.0	1.0~1.2	100~120	45~50	
$Ⅲ_2$	18~12	—	3.5~4.0	1.0~1.2	120~150	40	—
$Ⅲ_1$	12~15	—	3.0~3.5	1.2~1.5	局部	40	—
Ⅱ	8~10	—	2.5~3.5	局部	—	35	
Ⅰ	5~8	—	—	—	—	35	

5. 连拱隧道复合式衬砌

连拱隧道复合式衬砌的支护参数可按表5.8和表5.9的规定采用。

表5.8 双车道复合式中隔墙连拱隧道复合式衬砌设计参数

围岩级别	初期支护					二次衬砌		
	喷射混凝土厚度/cm		锚杆/m		钢筋间距/cm	现浇混凝土厚度/cm		
	拱、墙	仰拱	长度	纵向间距		中隔墙	拱、墙	仰拱
Ⅵ	通过试验计算确定							
V_2	20~25	15~20	3.5~4.0	0.5~0.8	50~80	120~150	55~60(钢筋混凝土)	
V_1	20~25	15~20	3.5~4.0	0.8~1.0	80~100	120~150	45~55(钢筋混凝土)	
$Ⅳ_3$	20~22	10~15	3.0~3.5	0.8~1.0	80~100	120~150	45~50(钢筋混凝土)	
$Ⅳ_2$	18~20	—	3.0~3.5	1.0~1.2	80~100	120~150	40~45(钢筋混凝土)	
$Ⅳ_1$	15~20	—	3.0~3.5	1.0~1.2	100~120	120~150	40~45(钢筋混凝土)	
$Ⅲ_2$	10~12	—	2.5~3.0	1.2~1.5	120~150	120~150	35	—
$Ⅲ_1$	8~10	—	2.5~3.0	1.2~1.5	局部	120~150	35	—
Ⅱ	5~8	—	2.5	局部	—	120~150	30	
Ⅰ	5	—	—	—	—	120~150	30	

表5.9 三车道复合式中隔墙连拱隧道复合式衬砌设计参数

围岩级别	初期支护					二次衬砌		
	喷射混凝土厚度/cm		锚杆/m		钢筋间距/cm	现浇混凝土厚度/cm		
	拱、墙	仰拱	长度	纵向间距		中隔墙	拱、墙	仰拱
Ⅵ	通过试验计算确定							
V_2	25~28	20~25	4.0~4.5	0.5~0.6	50~60	150~180	55~65(钢筋混凝土)	
V_1	25~28	20~25	4.0~4.5	0.6~0.8	60~80	150~180	50~60(钢筋混凝土)	
$Ⅳ_3$	22~25	15~20	3.5~4.0	0.8~1.0	80~100	150~180	50~55(钢筋混凝土)	
$Ⅳ_2$	22~25	15~20	3.0~3.5	0.8~1.0	80~100	150~180	45~50(钢筋混凝土)	
$Ⅳ_1$	20~22	—	3.0~3.5	1.0~1.2	100~120	150~180	45~50(钢筋混凝土)	

续表

围岩级别	初期支护					二次衬砌		
	喷射混凝土厚度/cm		锚杆/m		钢筋间距/cm	现浇混凝土厚度/cm		
	拱、墙	仰拱	长度	纵向间距		中隔墙	拱、墙	仰拱
Ⅲ₂	15～20	—	3.0～3.5	1.2～1.5	120～150	150～180	40	—
Ⅲ₁	12～15	—	2.5～3.0	1.2～1.5	局部	150～180	40	—
Ⅱ	8～10	—	2.5	局部		150～180	35	
Ⅰ	5～8	—	—	—		150～180	35	

5.2 既有隧道改扩建施工方法

5.2.1 隧道一般施工方法

隧道和地下工程最常用的施工方法是明挖法和暗挖法,其中明挖法分为基坑开挖法和盖挖法,暗挖法主要有矿山法和新奥法等,详见表 5.10。

表 5.10 隧道施工的基本方法

大类	小分类		细分类
明挖法	基坑开挖法	敞口放坡基坑法	全放坡法
			半放坡法
		基坑支护开挖法	工字钢桩支护法、钢板桩支护法
			钢筋混凝土钻孔灌注桩支护法
			人工挖孔桩支护法
			地下连续墙支护法
			土锚支护法
	盖挖法		顺作法
			逆作法
			半逆作法
			沉管法

续表

大类	小分类	细分类	
暗挖法	矿山法（钻爆法）	一般矿山法	全断面一次开挖法
			正台阶法
			上下导坑先拱后墙法
			上导坑先拱后墙法
			下导坑先拱后墙法
			侧壁导坑先墙后拱法
		浅埋矿山法	
		顶进法	
	新奥法	全断面法	
		正台阶与半断面法	长台阶与半断面法
			短台阶
			超短台阶
			台阶分部开挖
		导坑法	双侧壁导坑法
			中隔壁法（CD）
			交叉中隔壁法（CRD）
	盾构法		
	掘进机法（TBM法）		

影响隧道选择何种施工方法的因素有很多，如工程地质及水文地质条件、施工条件、围岩级别、隧道埋置深度、隧道断面大小和长度及支护结构类型、施工工期要求和经济等。其主要思想总结如下。

（1）不论选择哪一种施工扩建形式，都应该首先保证施工的安全，并需要制定相应的安全技术措施，以适应隧道施工环境差、不安全因素多的情况。

（2）施工方法应根据设计文件、地质勘察报告文件、围岩级别、施工建筑物长度、隧道断面、衬砌、施工工期以及施工队伍的技术水平等诸多因素综合选择。

（3）围岩级别允许的条件下，优先选择全断面法或分部开挖步骤少的工法，以减少施工工序，便于机械化作业，改善作业环境，提高施工安全性。

（4）在保证安全与工期的前提下，尽量采用比较成熟的新技术、新工艺、新设备，积极开拓创新，从而提高施工作业队伍的技术水平。

5.2.2 既有隧道改扩建施工方法

根据以往工程实例及理论研究,从施工工期和施工造价来看,宜采用全断面施工方法;从施工安全因素考虑,台阶法、分部开挖法又较适合。到底选用何种施工方法,应根据工程的实际情况慎重考虑后选用。

1. 施工方法选择

既有隧道改扩建工程的施工方法与一般隧道工程施工方法类似,常用的施工方法大致有全断面法、台阶法和分部开挖法三种,其各自的优缺点分别如下。

(1) 全断面法。

全断面法是指按照隧道设计断面一次开挖成形的施工方法,其优缺点如下。

①使用全断面法开挖时,施工操作空间较大,有利于各种施工器械的操作,施工进度较快,能缩短施工工期,而且全断面法开挖是一次成型,对围岩的扰动次数少,可以降低开挖过程中对围岩的损坏。

②使用全断面法开挖时,单次爆破药量较多,使得单次爆破振动强度较大,影响围岩整体稳定性。因此控制单次爆破药量是使用全断面法开挖时应注意的一点。

(2) 台阶法。

台阶法是隧道及地下工程中最常用的施工方法。围岩条件较好时,如Ⅲ~Ⅳ级围岩,采用两台阶法;软弱围岩,如Ⅴ~Ⅵ级围岩,则多采用三台阶法或者分部开挖法。

台阶法优点:灵活多变、适用性强,当围岩等级较差时,均可采用台阶法,无论围岩级别变好还是变坏,都能及时更改成其他方法。

台阶法缺点:台阶同时施工作业时相互干扰,而且台阶开挖会增加对围岩的扰动次数。

(3) 分部开挖法。

当隧道围岩条件较差时,将隧道断面分部依次开挖的施工方法叫作分部开挖法,主要优缺点如下。

①将隧道断面分成几部分依次开挖,增加了围岩的稳定性,但对围岩的扰动次数变多,而且施工工期也变长。

②分部开挖时,先开挖的部分可以为后开挖段提供详细的工程地质情况,为后开挖段施工提供便利;但分部开挖工作面均较小,不利于施工作业的开展。

各种施工方法的优缺点适用范围总结见表5.11。

表 5.11 各施工方法比较

条 件	全断面法	台 阶 法	分部开挖法
围岩条件	Ⅲ级或更好围岩	Ⅳ、Ⅴ围岩	软弱围岩
施工器械	大中型	中型	小型
施工技术难度	低	一般	较难
施工工序安全性	一般	较安全	安全
工期	短	较短	长
造价	低	较低	较高
围岩变化时施工方法的适应性	均能适应	适应	适应性不太好
掌子面的稳定性	差	较好	好
施工管线布置	方便	较方便	不太方便
配合辅助支护措施	很容易	容易	一般
对关键部位支护的有效性	一般	好	较好

2. 辅助工法及其适应性

选择好隧道的基本施工方法后，还需要选择辅助工法，进一步保证围岩的稳定性及施工安全。目前在隧道施工中常用的辅助施工工法有超前锚杆、超前小导管、超前管棚及超前帷幕注浆，各种辅助工法的详细分析如下。

（1）超前锚杆。

为了保证掌子面的稳定，沿着隧道开挖轮廓线，以一定的外插角向掌子面前方围岩中打入砂浆锚杆，这种锚杆就叫超前锚杆。根据超前锚杆打入位置的不同，若锚杆打在隧道拱部，则叫作拱部超前锚杆，若锚杆打在边墙，则叫作边墙超前锚杆。

超前锚杆的柔性大而刚度小，适用于地下水少的较弱破碎围岩的隧道工程中。

（2）超前小导管。

隧道开挖前，沿隧道拱顶向前方围岩打入带孔的小导管，并向小导管内注浆，待导管内混凝土浆液硬化达到设计要求后，再进行隧道开挖，这种小导管就叫作超前小导管。

超前小导管主要适用于软弱围岩段、浅埋段；而且超前小导管注浆浆液硬化后，不仅起到加固围岩作用，而且填充了围岩中的裂隙，阻挡了水的流动，所以，超前小导管也适用于含水的软弱围岩破碎带。

（3）超前管棚。

超前管棚支护就是把钢管沿开挖轮廓线以较小的外插角打入围岩而形成棚架结构形式的一种超前支护方式。

因超前管棚的整体刚度大，能很好地控制围岩的变形，因此，在断层破碎带、含煤层、浅埋段等，超前管棚常常被采用。

（4）超前帷幕注浆。

超前帷幕注浆是指在隧道掌子面前方一定范围内的围岩进行一次注浆，形成大范围的隔水帷幕加固区。其适用范围和超前小导管类似，都是适用于含水的软弱破碎带围岩，但是超前小导管加固长度有限，需要大范围加固围岩时，采用超前帷幕注浆更适合。

5.3　新建隧道方案设置要点

目前国内大部分高速公路隧道改扩建集中分为两大类，即新建、扩建。扩建，即在既有隧道的基础上扩大隧道断面、增加行车道；新建，即在原隧道外侧再新建隧道。

原隧洞扩建对既有交通影响比较大，行车安全难以保证，存在扩建施工期间的保通问题；施工干扰也大；社会影响大，但施工费用小。

新建隧洞工程量大，除了隧洞本身的施工工程，还包括隧洞进出口的连接线工程，工程造价高。但施工期间对既有交通影响比较小，行车安全有保证，不存在扩建施工期间的保通问题；施工干扰小；社会影响也小。

具体选用新建隧洞方案还是原隧洞扩建方案，要根据周围的地形地物、地质条件、交通条件和社会影响进行分析，综合比较后确定。

5.3.1　新建方案路线控制

一般来说，由于原隧道位置已固定，考虑左右线合理间距的要求，新增的隧道走廊带也可相对固定。平纵面线位及进出洞口位置相对明确，需在此基础上进行优化设计，主要从左右线间距和纵坡方面考虑。

1. 间距控制

新建隧道与既有隧道间距一般应满足表 5.12 的要求，以尽量减轻新建隧道在施工中对已建隧道的影响。

表 5.12 分离式独立双洞间的最小净距

围岩级别	Ⅰ	Ⅱ	Ⅲ	Ⅳ	Ⅴ	Ⅵ
最小净距/m	1.0×B	1.5×B	2.0×B	2.5×B	3.5×B	4.0×B

注：B 为隧道开挖断面的宽度。

当新建隧道与已建隧道间距小于表 5.12 中规定数值时，应详细调查既有隧道的现状，根据需要对既有线衬砌结构以及既有线隧道与增建隧道之间的岩体进行加固。

2. 纵坡控制

左右线相互高差应结合地形地质、洞门设置、横向联络通道等因素，控制在合理范围内。

以福建省安溪县东二环路石狮岩隧道为例，该隧道已建右线平面处于直线上；隧道为人字坡，坡度为 2.1%/813.9，−2%/1380，−2.8%/360。进口桩号 K7+540，设计标高 82.141，出口桩号 K9+480，设计标高 57.480。

从图 5.2 可以看出，原右线隧道洞口浅埋段较长。一般来说，洞口段长距离的浅埋段，塌方风险和造价水平相对而言较高。在设计新建左线纵坡和高程时，可通过适当抬高洞口标高，减少新建左线洞口浅埋段的长度，来达到改善隧道修建条件的目的，同时也能减少部分工程造价。

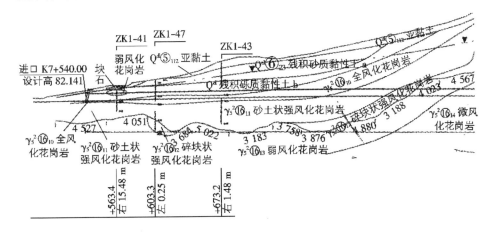

图 5.2 已建隧道右线纵断面图

经线路优化后，左线隧道采用了人字坡，坡度为 2.8%/692.333，−2%/

1500，-2.8%/360。进口桩号 ZK7+610，设计标高 86.331，出口桩号 ZK9+510，设计标高 56.535。这种方式在较大程度上减少了洞口段浅埋段长度，改善了隧道修建条件，如图 5.3 所示。

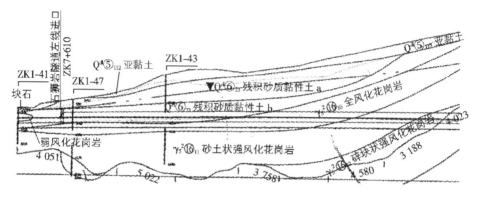

图 5.3 新建隧道左线纵断面图

5.3.2 新建隧道施工对原隧道运营安全的保障

由于隧道为隐蔽管状通道，给车辆安全运营带来较大的影响。再加上新线建设同时既有隧道已运营通车，应从以下几个方面保证原隧道运营期间的交通和结构安全：

（1）合理确定洞口位置及洞门形式，保证主体结构的强度和耐久性；

（2）根据隧道长度、道路等级和交通量大小等设置相应的机电设施，对隧道进行实时监控和相关设施的控制；

（3）合理设置洞口标志标线及其他防护设施，保证进出口和洞内行车安全；

（4）在洞口附近区域进行必要的交通引导，做好路段限速及隔离措施，夜间要配合电光标志及施工警示等，保障已通行隧道行车安全。

5.3.3 新建隧道施工爆破对原隧道影响分析

如果需要保持通行，则在新建隧道施工开挖爆破过程中，必须对原隧道加以保护。

1. 具体保护措施

隧道修建过程中，必须对既有隧道内进行爆破振速监控，密切监视新建隧道开挖时原隧道内的振速、破坏等情况。施工时应与高速公路管理部门建立联动机制,如有必要,可要求爆破期间原隧道临时封闭。

2. 左右线间距与施工爆破的相互影响分析

以福建省平和县西蝉至龙厦铁路南靖货运集散中心公路扩建工程的西蝉隧道为例。该隧道左线为已建隧道,位于平和县,起讫桩号为 K2+080～K3+234,长 1154 m,属长隧道,为单洞双车道隧道。新建右线隧道位于原隧道右侧,起讫桩号为 YK2+060～YK3+243,长 1183 m,属长隧道。新建隧道与既有隧道间距较近,洞身段大部分中夹岩厚度为 24 m,出口段中夹岩厚度仅为 11 m。

按《爆破安全规程》(GB 6722—2014)中萨道夫斯基经验公式 $R=(K/V)^{1/\alpha} \times Q^{1/3}$ 计算爆破振动安全允许距离。

西蝉隧道围岩以Ⅲ、Ⅳ、Ⅴ级围岩为主,取爆破振动影响最大的Ⅴ级围岩段计算。

取以下两种工况进行计算。

(1) 较硬围岩,隧道间距 23 m(洞身段)。

K 取 200,α 取 1.6,参考相关文献资料,对于单段最大起爆药量 Q,考虑到分部开挖中的最大断面施工,可取一次爆破总药量中最大掏槽段药量,为 15 kg,$R=23$ m。

原隧道结构上最大爆破振动速度见式(5.1):

$$V=200(15^{1/3}/23)^{1.6}=5.6 \text{ cm/s} \tag{5.1}$$

(2) 软质围岩,隧道间距 11 m(洞口小净距段)。

K 取 300,α 取 1.9,参考相关文献资料,对于单段最大起爆药量 Q,考虑到分部开挖中的最大断面施工,可取一次爆破总药量中最大掏槽段药量,为 10 kg,$R=11$ m。

原隧道结构上最大爆破振动速度见式(5.2):

$$V=300(10^{1/3}/11)^{1.9}=13.55 \text{ cm/s} \tag{5.2}$$

由以上计算可看出,对于洞身新建隧道与既有隧道距离大于 23 m 的地段,隧道爆破对既有隧道影响较小,满足《爆破安全规程》(GB 6722—2014)的要求;洞口小净距段爆破速度接近《爆破安全规程》(GB 6722—2014)允许的范围,必须通过减小装药或采用机械/人工开挖的方式,减少爆破对既有隧道的影响。

5.3.4 新建隧道施工设计要点总结

(1) 改建项目应结合既有线(既有隧道)工程的工程地质条件和运营现状,

综合分析改建难易程度、改建施工对附近环境的影响、改建施工对运营的干扰等因素,合理拟定改扩建标准和路线平纵走向。

(2) 改扩建施工中对正常运营有影响的,应做好施工期间交通组织设计,维持运营不受中断。选择施工方案时应以保证运营和施工安全为前提,尽量减少对运营的干扰。

(3) 原隧道结构在改扩建施工中,原结构中的应力分布和作用方向都有可能随着新建隧道的爆破施工而改变,在这个过程当中,应当注重爆破振速监控,根据监测结果及时优化施工组织方案或者对原隧道的结构进行加固。

5.4 高速公路隧道改扩建施工案例一

5.4.1 工程概况

平谷区熊东路东长峪隧道(幸福隧道)是由当地村民自行修建的,原为单车道隧道,全长 642 m(K3+475~K4+117)。近年来,由于当地经济和旅游业的大力发展,熊东路的交通压力受幸福隧道净空断面的制约显得越来越大,目前已经无法满足东长峪居民的出行和外界进入东长峪的交通需求,因此东长峪隧道亟待扩建为与熊东路相适应的双车道公路隧道。

1. 幸福隧道工程地质评价

(1) 地形地质特征。

隧址区域属低山、丘陵地带,海拔高程为 30~700 m。受地质构造及风化剥蚀影响,山体斜坡坡度具有较大变化,既有隧道洞附近山坡较陡,坡度一般为 40°~45°,局部有陡坎,两侧洞口地面高程为 330~380 m。隧道中部的山顶地带地形稍缓,坡度为 10°~25°,山顶高程约 470 m。山间分布有小型构造冲沟,冲沟内有厚度不等的残坡积物。

根据隧址地形地貌、地质特点以及开挖条件等,将隧道分为 7 个工程地质段。

① K3+475~K3+510 段:石英砂岩,局部夹薄层页岩,有断层斜穿洞体;受地质构造作用影响,岩体较破碎,易发生岩体塌方、掉块滴水;为 V 级围岩,BQ 值为 200~250。

②K3+510～K3+545 段:石英砂岩,局部有薄层页岩;碎裂岩块塌落,局部渗水;为Ⅳ级围岩,BQ 值为 260～300。

③K3+545～K3+594 段:石英砂岩夹页岩,岩体破碎、滴水;为Ⅴ级围岩,BQ 值为 200～250。

④K3+594～K3+610 段:主要是石英砂岩,局部有薄层页岩;碎裂岩块塌落,局部渗水;为Ⅳ级围岩,BQ 值为 260～320。

⑤K3+610～K3+817 段:主要是石英砂岩,局部有薄层页岩;围岩基本稳定;为Ⅲ级围岩,BQ 值为 360～400。

⑥K3+817～K3+891.5 段:石英砂岩与页岩互层;该区段与既有隧道逐渐分离,受既有隧道影响,围岩局部稳定性差;为Ⅳ级围岩,BQ 值为 290～350。

⑦K3+891.5～K3+943 段:石英砂岩与页岩互层;围岩裂隙较发育,拱顶易掉块或局部强风化页岩层理发生剥落滴水;为Ⅳ级围岩,BQ 值为 255～290。

具体隧道围岩分级如表 5.13 所示,平面、纵向布置如图 5.4 和图 5.5 所示。

表 5.13　东长峪隧道(幸福隧道)围岩级别表

序号	里程桩号	围岩级别	长度/m	合计/m
1	K3+475～K3+510	Ⅴ	35	
2	K3+510～K3+545	Ⅳ	35	
3	K3+545～K3+594	Ⅴ	49	468
4	K3+594～K3+610	Ⅳ	16	
5	K3+610～K3+817	Ⅲ	207	
6	K3+817～K3+943	Ⅳ	126	

注:Ⅲ级围岩段长 207 m,占 44.2%;Ⅳ级围岩段长 177 m,占 37.8%;Ⅴ级围岩段长 84 m,占 18%。

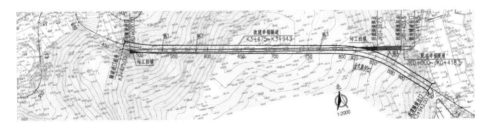

图 5.4　熊东路东长峪隧道(幸福隧道)平面位置示意图

(2)水文地质特征。

拟建场地附近的冲沟无地表水,场区附近的冲沟自 20 世纪 60 年代以来未

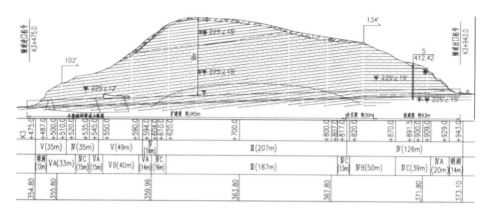

图 5.5 东长峪隧道(幸福隧道)纵断面示意图

出现过长时间的地表流水,强降雨可形成短暂水流。本次勘探在钻孔中未遇见地下水。根据场区地形、地质条件分析,在隧道山体基岩内赋存的裂隙水水量一般较小,主要接受大气季节性降水入渗补给,向深部基岩裂隙及下游沟谷排泄,但受场区地质构造、岩性特征、裂隙发育特征及地形、环境、大气季节性降水等多种因素的影响,裂隙水分布不均匀,规律性很差。

2. 幸福隧道工程特点

(1) 隧道围岩地质条件变化较大,其中Ⅲ级围岩段占 44.2%;Ⅳ级围岩段占 37.8%;Ⅴ级围岩段占 18%。

(2) 隧道为一改扩建工程,不同区段的施工方法、施工工艺差别较大。

5.4.2　幸福隧道扩建形式与分析

幸福隧道改扩建原则如下。

(1) 扩建隧道线形既要满足三级公路、设计速度为 30 km/h 的要求,而且线形要与既有道路顺接。

(2) 在保证线形要求的同时,尽量利用既有隧道,减少开挖工程量,从而降低工程造价和缩短工期。

(3) 幸福隧道改扩建施工方案应充分考虑隧道地形、地质条件、既有隧道的支护结构、既有隧道与新建隧道的相对位置关系等,制定不同的扩建施工方案。

幸福隧道由单车道隧道改扩建为双车道隧道,有两种扩建形式选择:一是隧道原位扩建,即将既有隧道扩建为双车道隧道;二是在既有隧道旁边新建一个单车道隧道,如图5.6所示。

图5.6 幸福隧道扩建形式方案

根据前文对双洞扩建形式的介绍,扩建形式(a)的优点是隧道的设计与施工较为简单,缺点主要是由原来的单洞隧道改成双洞隧道,影响了道路行车的连贯性,而且对空间要求较高。扩建形式(b)的优点是对线路改动小,对空间要求低,道路直顺性好,缺点是施工难度大大提高。

基于幸福隧道,扩建方案(a)中因既有隧道为民建隧道,技术等级较低,不能通行小汽车,单独扩建为双车道隧道工程造价又更高,且不能充分利用既有隧道;扩建方案(b)尽管施工难度较大,但由于既有隧道位于扩建隧道内,既有隧道能充当隧道掘进爆破中的临空面,且爆破面积较新建隧道较少。综合考虑幸福隧道的地形、地质条件、隧道通风要求、行车要求、施工技术水平及经济效益等因素,优先考虑隧道线形条件,幸福隧道扩建方案选择扩建形式(b)。幸福隧道的扩建形式如图5.7所示。

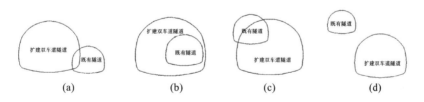

图5.7 幸福隧道扩建形式

5.4.3 幸福隧道支护结构设计

幸福隧道的支护结构是采用复合式衬砌,初期支护采用的是锚杆、喷射混凝土、超前小导管和钢拱架相结合,二衬采用等厚度的模筑钢筋混凝土结构,初支和二衬都是在监控量测信息指导下完成的。

幸福隧道采用系统信息化设计方法设计支护结构,该方法是把隧道开挖后围岩和支护系统力学形态的变化动态作为判断围岩稳定性及支护系统可靠性的依据,把施工监测所获得的信息加以分析并处理,与工程类比法相结合,建立相应的判别准则,然后直接利用测量结果进行现场反馈,及时调整、修正围岩级别、支护参数,进行支护结构的优化设计。系统信息化设计方法及流程图如图5.8所示。

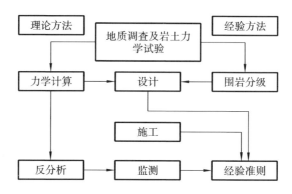

图 5.8　系统信息化设计方法及流程图

幸福隧道支护参数如表5.14所示。

表 5.14　围岩支护参数

围岩级别	超前支护	初期支护	二次衬砌
V_A	拱部超前小导管,长3.5 m,环向间距0.4 m,纵向每两榀拱架打设一次	拱墙喷混凝土24 cm;拱墙钢筋网$\phi 6.5$,20 cm×20 cm;拱墙Ⅰ18钢架3榀/2 m	拱墙45 cm 仰拱45 cm 钢筋混凝土
V_B	拱部超前小导管,长3.5 m,环向间距0.4 m,纵向每两榀拱架打设一次	拱墙喷混凝土26 cm;拱墙钢筋网$\phi 6.5$,20 cm×20 cm;拱墙Ⅰ20a钢架3榀/2 m	拱墙45 cm 仰拱45 cm 钢筋混凝土
$Ⅳ_A$	拱部超前小导管,长3.5 m,环向间距0.4 m,纵向每两榀拱架打设一次	拱墙喷混凝土24 cm;拱墙钢筋网$\phi 6.5$,20 cm×20 cm;拱墙Ⅰ18钢架0.8 m	拱墙40 cm 仰拱40 cm 钢筋混凝土
$Ⅳ_B$	—	拱墙喷混凝土24 cm;拱部130°系统锚杆$L=3.0$ m,间距1.0 m×1.0 m;拱墙钢筋网$\phi 6.5$,20 cm×20 cm;拱墙Ⅰ18钢架1.0 m	拱墙40 cm 仰拱40 cm 钢筋混凝土

续表

围岩级别	超前支护	初期支护	二次衬砌
Ⅳc	—	拱墙喷混凝土 24 cm；拱部 130°系统锚杆 $L=3.0$ m，间距 1.0 m×1.0 m；拱墙钢筋网 $\phi6.5$，20 cm×20 cm；拱墙Ⅰ14 钢架 1.0 m	拱墙 40 cm 仰拱 40 cm 混凝土
Ⅲ	—	拱墙喷混凝土 10 cm；拱部 120°系统锚杆 $L=2.5$ m，间距 1.2 m×1.2 m；拱部 130°设置钢筋网 $\phi6.5$，25 cm×25 cm	拱墙 35 cm 混凝土

5.4.4 幸福隧道改扩建施工方法

1. 幸福隧道改扩建施工方法及辅助方法选择

既有隧道与改扩建后隧道的位置关系不一，施工方法主要根据围岩分级及两者位置关系确定。Ⅴ级围岩采用三台阶法施工，Ⅵ级围岩采用两台阶法施工，Ⅲ级围岩地段采用全断面法施工。选择辅助工法时，洞口段采用超前管棚支护，洞身段采用超前小导管和超前锚杆支护。可现场根据工程的实际情况，灵活变更施工方法及辅助工法。

2. 幸福隧道塌腔段施工技术

塌腔段(K3+557～K3+586)的施工是幸福隧道掘进爆破的重难点，这里主要研究塌腔段的施工技术。

既有隧道拱顶有一因塌方引起的空洞，塌腔段长约 29 m(K3+557～K3+586)，宽 2.5～6 m，高 2.7～5.5 m，塌腔段顶部已超出新建隧道开挖轮廓线。塌腔段属Ⅴ级围岩，采用三台阶法施工。

(1) 塌腔段施工前，先用Ⅰ14 型钢对塌腔段既有隧道临时加固，工字钢间距 1 m，工字钢两侧用锚杆及锁脚锚杆固定，确保临时支护结构的稳定。

(2) 隧道掘进至塌腔揭露后，主洞停止施工，由塌腔最高点下侧的原隧道拱顶钻孔,其余拱顶孔洞全部堵死,由最高点处泵送 C25 混凝土,混凝土高度为 1 m,分两层浇筑,并且每层铺设 φ20 钢筋网,网格尺寸为 50 cm×50 cm,每层钢筋网设在距底面 1/3 层厚处,设有伸出筋,伸出筋入侧壁 50 cm 并与两侧锚杆连接固定,每隔 2 m 设置一道伸出筋,待回填混凝土强度达到设计强度的 70% 以上后,在现浇的混凝土层上喷砂回填,喷砂层厚 50~100 cm。喷砂完成后,根据隧道开挖循环进尺分段拆除既有隧道临时加固钢拱架,由进口向出口方向进行钻爆开挖及初支。

(3)选择典型断面进行监测,在掌子面前方既有隧道临时支护钢拱架上,埋设传感器,监测该塌腔段爆破掘进时的爆破振动、应力应变变化,根据监测结果实时修正施工方法、爆破参数等,以控制围岩失稳、坍塌,确保隧道施工的安全。

(4)塌腔段回填混凝土达到设计强度后,对上台阶施作超前小导管,每两榀打设一次,小导管长 3.5 m,环向间距为 0.4 m。

(5)开挖隧道上台阶(同时拆除与循环进尺同样长度的既有隧道临时钢拱架)、施作上台阶初期支护。

(6)开挖隧道中台阶、施作中台阶初期支护。

(7)开挖隧道下台阶、施作仰拱,初期支护形成环、仰拱段回填。

(8)施作隧道其他附属设施,如二衬、防排水、路面等。

5.5　高速公路隧道改扩建施工案例二

5.5.1　工程概况

杭金衢高速公路位于浙江,是沪昆高速的重要组成部分。新岭隧道位于杭金衢高速公路浙江诸暨直埠镇,在次坞出口以南 3.6 km 处,是杭金衢高速杭州至金华段的重点工程,改扩建前属于交通拥堵最严重的路段,逢年过节堵车屡见不鲜,且交通事故频发。因此,新岭隧道的改扩建方案是该项目成功与否的关键。

既有新岭隧道为分离式双向四车道隧道,隧道长度为 1423 m,属于长隧道。设计行车速度 120 km/h,隧道限界净宽 10.75 m、净高 5.0 m;隧道左、右轴线间距为 41.3 m,隧道平面处于直线段上,纵坡采用人字坡;内轮廓采用单心圆断面,采用锚喷支护复合模筑混凝土衬砌;隧道共 2 处人通和 1 处车通,于 2003 年建成通车。

隧道进出洞口段位于丘陵地形,为含黏性土碎石、强～中风化岩体、节理裂隙发育,呈镶嵌碎裂结构,稳定性差,围岩等级评定为Ⅴ级。进洞口处于冲沟下部缓坡,地表水易汇集;右洞分布采空区,为当地村民自发采煤所致,煤炭开采有露天方式和巷道方式,无规划、无支护措施和管理措施,对隧道围岩有较大的影响,弱化了隧道地基的承载力,极易产生较大的围岩位移。

5.5.2 既有隧道病害概况

隧道施工过程中曾发生多次小塌方和围岩变更,塌方范围、方量较小,塌方区采用浆砌片石或混凝土回填。新岭隧道建成通车至今,发生了衬砌开裂、洞内渗水等不同程度的病害。

2011年9月,对新岭隧道进行了病害调查、衬砌质量检测,主要检测结果如下。

(1) 隧道主要的病害为衬砌裂缝,裂缝的分布范围广、较密集。隧道左线裂缝以环向裂缝和纵向裂缝为主,隧道右线裂缝以纵向裂缝为主,环向裂缝和斜向裂缝次之。裂缝宽度普遍为 0.2～3 mm,裂缝深度一般在 20 cm 以上。

(2) 现场调查已处理过的旧裂缝未出现二次开裂现象。按裂缝宽度分类,裂缝属于微张开裂缝。深度相对较深,判断隧道二衬结构破损等级为 B 级。

(3) 部分隧道段二衬存在不密实的现象;断面轮廓无侵限现象;混凝土强度满足要求。

(4) 部分隧道段二衬实际厚度小于设计厚度。

5.5.3 隧道改扩建施工方案设计

1. 隧道车道数确定

杭金衢高速公路全线改扩建采用双向八车道标准,但由于新岭隧道出口与直埠枢纽较近,将产生较大的转向交通量,考虑今后大小型车分道管理,从可能的实际交通模式出发,需要对新岭隧道至直埠枢纽互通的交通负荷能力作重点分析,以确定增建隧道的车道数需求。计算采用 FHWA 的 HCM2000 模型,采用交织构型 A 型的计算模型。

根据分析结果,如采用原隧道保留、两侧增建隧道的方案,因隧道出口距前方直埠枢纽较近,按常规路段增建2个车道无法满足转向交通量通行需求,也不利于大小型车提前分道管理及通行安全,因此需各增建3个车道才能满足通行需求。此外,采用单个四车道隧道也能满足正常的通行需求。

2. 隧道改扩建加宽方式

隧道改扩建加宽方式,可根据隧道轴线地形、地质条件,采用单侧分离增建、双侧分离增建和原位扩挖等多种形式。由于原位扩挖隧道对既有交通影响较大、施工工序复杂、施工风险大,隧道路段宜采用分离增建的形式加宽。此外,因单洞四车道隧道造价高、施工风险大,故分离增建的隧道不宜采用单洞四车道方案。

工程可行性研究评估阶段对双侧增建隧道方案、单侧增建隧道方案和一侧增建另一侧原位扩挖隧道等方案进行了综合比选,结合分离增建隧道的车道数需求分析及隧道特点,初步设计阶段提出以下2个方案做进一步比选。方案一:在隧道两侧分别增建一个三车道隧道;方案二:在隧道右侧增建一个单洞四车道隧道。2个方案的比选结果如表5.15所示。

表5.15 方案比选表

项 目	方 案 一	方 案 二
新建隧道/m	2817(单洞三车道)	1457(单洞四车道)
征地/hm²	17.899	14.199
拆迁房屋/m²	17529	14674
总造价/万元	59502	55450
主要优点	施工技术较成熟,施工期对营运车流影响小;隧道段单向五车道能提供的道路通行能力较好,双向均能满足远期车道数需求,服务水平达3级以上	右幅隧道洞口与直埠枢纽间的车辆交织长度能满足要求,日常营运管理难度和费用相对较低;所能提供的道路通行能力较好;总造价相对较低

续表

项　目	方　案　一	方　案　二
主要缺点	同向分离式隧道的交通组织较复杂,需提前设置预告、警示标志等措施在隧道前对车辆进行分流,以减小直埠枢组分汇流车辆对主线交通的影响;右线隧道坡度较大,影响大货车运行速度,道路实际通行能力略有降低;总造价相对较高	左幅2个双车道隧道不能满足道路通行能力需求;大断面隧道施工相对技术难度大、风险相对较高,施工工期长;既有隧道改为反向通行后行车舒适性较差,洞外左右幅路基改造中分带等设施的施工难度较大;对右侧新岭脚村影响大
推荐方案	推荐	—

鉴于新岭隧道段地质情况较差,尽管方案二造价比方案一低,方案二左幅2个双车道隧道并不能满足车流量需求,且四车道隧道属于大断面隧道,施工难度大、施工风险高且工期长,对隧道旁一村落的影响也最大;方案一的行车通行能力能够满足远期车流量需求,因此推荐采用方案一。

3. 新老隧道合理净距确定

浙江是土地资源极为稀缺的省份之一,为使有限的土地得到最大限度的利用,隧道拓宽工程需在保证既有隧道结构安全的前提下尽量节约用地,因此,新老隧道间净距的选择无疑是一个非常重要的影响因素。为确保新隧道不会对老隧道的安全运营造成明显影响,有必要探明新隧道动、静力开挖作用下对老隧道造成的影响,以确定新建隧道的合理开挖工法、开挖进尺及新老隧道净距等关键性指标。

采用大型通用有限元程序ANSYS,结合新岭隧道的实际断面形式建立计算模型,研究动、静力状态下新建隧道施工对既有隧道的力学行为影响特征。结合新岭隧道的实际情况,分别选取Ⅲ级、Ⅳ级、Ⅴ级不同围岩三处典型断面进行计算分析。每种围岩断面均按照新老隧道净距分别为10 m、20 m及30 m三种情况进行计算。另外考虑到既有隧道病害严重,针对不同围岩段的衬砌背后空洞、裂缝等病害情况,研究其在爆破影响下的振动速度,并和二衬完好时的工况进行比较,进一步探讨新隧道施工对老病害隧道造成的影响。

通过新建隧道爆破及静力作用下对既有隧道的影响及施工工法的分析,可得到如下几个结论。

(1) 如图 5.9 所示,静力开挖作用下,随着净距的增加,新隧道施工对老隧道的影响逐渐减弱。当开挖净距控制在 30 m 时,各级围岩施工时的振动速度均满足相关规范要求。

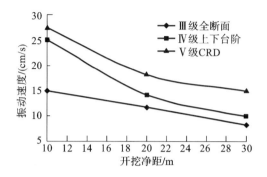

图 5.9　不同开挖工法、隧道净距与控制点振动速度关系曲线图

(2) 拱顶裂缝和空洞同时出现时的计算模型如图 5.10 所示,监测点布置示意图如图 5.11 所示,不同病害工况下各监测点振动速度峰值曲线图如图 5.12 所示。当二衬背后出现空洞时,由于空洞的放大作用,新建隧道爆破振动将引起空洞部位振动速度及位移等量值的增大。当既有隧道二衬出现裂缝时,在裂缝周边区域会产生应力集中现象,此时相比于正常工况,振动速度和位移反而会减小;当裂缝和空洞同时出现时,由于空洞的放大作用,结构的附加应力进一步增大,此为最不利情况,此时同样应当以振动速度和应力共同作为安全控制基准。

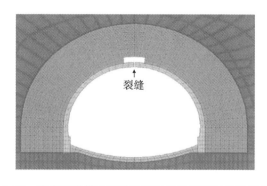

图 5.10　病害隧道拱顶裂缝和空洞同时出现时的计算模型

(3) 鉴于新岭脚村右侧拆迁问题,在前期线位方案的拟定过程中对隧道洞口间距和拆迁问题进行深入研究后发现,隧道洞口采用 20 m 净距较 30 m 净距拆迁量减少约 700 m²,征地面积减少 0.7 hm²,两者相差不明显。综上所述,对项目工期、施工安全性、工程造价和对既有隧道运营影响等因素进行综合比较

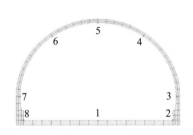

图 5.11　隧道监测点布置示意图

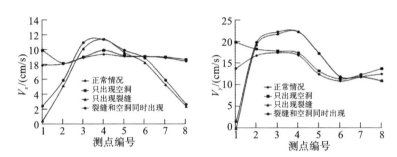

图 5.12　不同病害工况下各监测点振动速度峰值曲线图
(a)水平振动速度峰值；(b)竖向振动速度峰值

后,确定新建隧道与既有隧道间合理净距按 30 m 控制。

5.5.4　隧道主体设计

1. 既有隧道利用

新岭隧道拓宽后,对既有隧道采取病害维修加固、路面翻修、机电设施改造等措施,维持原有通行方向。

根据既有隧道全面的病害检测资料和新建隧道施工完成后的实际病害情况,采用工程类比法对既有隧道衬砌背后空洞注浆回填、裂缝修补与衬砌加固、渗漏水整治等方面进行全面的处治维修,同时对路面、机电附属设施等进行改造升级。整治加固完成后,要求在进行正常养护的同时,还应建立长期观察、观测机制。

2. 新建隧道设置

根据所选的拓宽方案一,在既有隧道两侧分别增建一个三车道隧道,隧道平均长度为 1414.5 m。新建隧道设计标准如表 5.16 所示。

表 5.16　隧道建筑限界指标表

项目		设计标准	
		新建三车道隧道	既有隧道（老标准）
设计行车速度/(km/h)		120	120
照明设计车速/(km/h)		100	100
隧道净空	行车道宽度/m	3×3.75	2×3.75
	侧向宽度 L/m	$L_左=0.75,L_右=1.25$	路缘带 0.75，余宽 0.5
	检修道宽/m	$J_左=1.00,J_右=1.00$	$J_左=0.75,J_右=0$
	检修道高/m	2.50	2.50
	建筑限界宽/m	15.25	10.75
	建筑限界高/m	5.0	5.0

3. 隧道洞内横通道及防灾救援设计

(1) 洞内车行横通道。

车行横通道用于应急情况下的车辆疏散,同时也兼行人疏散通道。新隧道与老隧道之间,左右洞各设一个车通。车通中线与隧道中线成 60°夹角。最大转弯半径为 15 m。既有隧道之间的车通保留。

(2) 洞内人行横通道。

综合考虑隧道长度等情况来设置人通、车通。新老隧道间各新增 2 个人通,既有隧道之间的人通保留。

(3) 隧道运营防灾救援应急预案。

当隧道内发生火灾、严重交通事故时,应立即阻断隧道外流入的车辆;当事故发生在新建隧道时,洞内事故分区内的人员、车辆通过新建人通、车通向既有隧道疏散,消防灭火作业首先由隧道管理人员现场组织疏散和救援,隧道洞内每隔 50 m 单侧设消火栓及灭火器。当事故发生在既有隧道时,洞内事故分区内的人员通过人通、车通向两侧隧道疏散,车辆通过既有车通向另一个既有隧道疏散。疏散路线示意图如图 5.13 所示。

4. 隧道施工工艺、监控量测及控制爆破措施

既有隧道在新建隧道施工时依旧在营运,由于既有隧道与新建隧道净距较小,新建隧道施工的爆破振动会在很大程度上影响既有隧道的行车舒适度、围岩

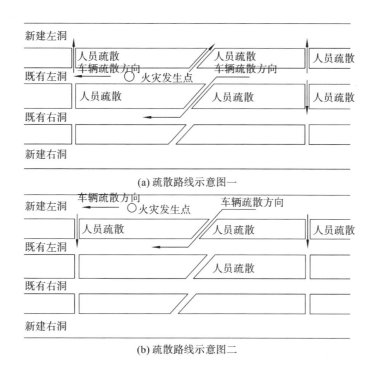

图 5.13 疏散路线示意图

稳定性以及结构安全。

因此,综合了新岭隧道的实际情况、地质概况等因素,根据爆破振动对老隧道围岩稳定及结构安全的影响性分析结果确定了施工方法、爆破控制指标等。

(1) 施工方法。

Ⅴ级围岩进出洞口段采用双侧壁导坑法,每循环进尺不大于 0.6 m;其余Ⅴ级围岩段采用预留核心土法,每循环进尺不大于 0.8 m。Ⅳ级围岩段采用上下台阶法,每循环进尺不大于 1.2 m。Ⅲ级围岩段采用全断面法,每循环进尺不大于 1.5 m。

(2) 既有隧道监控量测。

隧道施工过程中应对新、老隧道进行全程实时监控,动态评估新隧道施工对老隧道造成的影响,从而调整爆破等相关设计,主要监控量测项目包括如下各项。

①既有隧道洞内观察。

新隧道施工前应对老隧道进行全面的观测、记录,标记出所有的衬砌裂缝,重点观测可能新增的裂缝。每次爆破施工后,应立刻对起爆点对应的老隧道里程处前后50 m范围内进行全面的检查,重点针对裂缝的发展、悬挂设备、隧道外观等进行观测,应尽量采用自动化采集设备,以缩短检查时间,并用相机等进行详细记录。一旦发现异常情况,应立刻封闭交通,确保运营安全。

②既有隧道重点裂缝监测。

为进一步了解新隧道施工对老隧道造成的影响,对每次爆破掌子面前后30 m范围内的重点裂缝进行连续观测。

③既有隧道爆破振动速度监测。

每次隧道施工爆破时,需对既有隧道对应里程的监测点进行振速及频率的记录,评估对既有隧道的影响,从而动态调整施工。

在靠近新建隧道侧的既有隧道边墙上每断面布置2~3个测点,每个测点均设置垂直与水平速度传感器各1个;Ⅳ级、Ⅴ级围岩段每隔10 m设置1个断面,Ⅲ级围岩段每隔20 m设置1个断面。每次爆破时,记录爆破掌子面对应既有隧道里程前后5个断面的相应数据。由于既有隧道存在二衬裂缝、衬背空洞等病害情况,进行爆破振动速度监测时,监测点应尽可能设置在上述不利位置,依据既有隧道的实际情况选择具有代表性的位置设置振动测点进行测试。

(3) 控制爆破的措施。

①爆破振动速度要求。

既有隧道爆破振动速度一般不大于10 cm/s,当衬砌存在裂缝时,标准可控制为3~5 cm/s。为防止两次爆破的结果叠加,起爆间隔应根据测试确定,也可按经验值取不小于200 ms。

②爆破减振措施。

a. 恰当的掏槽位置以及掏槽形式的选择能有效降低爆破时的振动。

b. 爆破时按恰当的顺序分别起爆,实施微差爆破。

c. 炮孔封闭加强,从而有效提高爆破的能量利用率。

d. 合理布置空孔。在靠近既有隧道的一侧开挖区合理布置空孔,从而减小爆破产生的振动,减小对老隧道造成的破坏。

第6章 高速公路沿线设施改扩建施工

6.1 收费站改扩建

社会在发展,经济在进步,人民的生活水平在逐步提高,私家车拥有率也逐年上升。近年来私家车爆发式地增长,对各个等级的公路来说,交通量增长较为迅猛,特别是自 2012 年实行节假日高速免费政策后,在各个免费期的前后,高速公路的交通量都会有一个爆发式的增长,交通量的快速增加致使现有的收费站开放的道口数量无法满足爆发式交通量的需求,而收费站的通行能力直接影响着路段通行能力。如何改扩建现有的收费站、提高收费站的服务水平是现在收费站改扩建方案研究的重点。

高速公路收费站改扩建工程是指对现有的收费站出入口车道进行扩容、加宽改造,增加收费站出入口车辆通道,扩大收费广场,以满足更多的车辆在高速公路出口通行,为缓解拥堵现象而进行的改扩建工程。

6.1.1 收费站拥堵原因分析

(1)交通量剧增。社会经济飞速发展,机动车数量急剧增加,其增速甚至超过交通量预测结果,以致收费站规模无法适应日常车辆通行需求而产生拥堵。

(2)节假日交通量剧增。节假日是人们旅游、探亲访友的集中时段,特别是春节、清明、中秋、国庆等传统节日,更是人们集中出行的高峰期。节假日交通量剧增使得大量收费站出现了较大的通行压力,在部分大中城市收费站产生严重的拥堵。

(3)高峰时段车流量增大。收费站全天各时段交通量并非均匀分布,更多的交通量主要集中在数个高峰时段,一旦高峰时段交通量接近或大于收费站通行能力,就容易出现拥堵现象。

(4)绿色通行车辆比例大。我国对符合要求的运输鲜活农产品的车辆实行免费通行政策,而国内大部分高速公路收费站均采用人工的方式检查绿色通行车辆,检查过程耗时较长,有时检查一辆车甚至需耗时十多分钟,影响后续车辆正常通行,从而产生拥堵现象。

(5) 收费站技术指标较低。收费站车道数过少、收费广场直线段过短、渐变段渐变率过大,均容易使大型车辆难以驶进外侧超宽车道,阻挡了后方车辆,从而引发拥堵。

(6) 交通转移。高速公路上因为其他道路原因使得某个收费站交通量剧增而产生拥堵。

6.1.2 收费站改扩建基本原则

(1) 因地制宜,最大限度利用现有设施原则。

为最大限度减少改扩建费用支出,以最小的投入取得最好的效果,在拟定改扩建方案时争取尽可能利用现有设施,包括既有收费广场、收费岛、收费亭、收费天棚、房建设施、机电设施等。

(2) 供需平衡、适度超前原则。

高速公路收费站改扩建需要结合交通量预测的结果,可适当超前规划,并为日后再次扩建预留用地及可扩展的空间。根据预测的收费站开始使用 15 年的交通量确定土建车道数,根据预测的收费站开始使用 20 年的交通量确定征地车道数。

在确定收费车道数量时,在预测交通量的基础上,充分考虑计重收费对收费车道的影响,以解决计重收费对收费站服务能力的冲击。在确定设计小时交通量(DHV)、平均服务时间、收费服务水平 3 个参数的基础上,可利用运筹学中的排队论确定收费车道数。计算公式见式(6.1):

$$s = \frac{\rho}{u} = \frac{b/a}{u} \tag{6.1}$$

式中,s 为收费车道数;ρ 为 b 与 a 的比值,称为收费广场交通强度;u 为每一收费车道的交通强度,$u<1$;a 为平均来车时间(s),$a=3600/\text{DHV}$;b 为服务时间(s),各车型按组成比重和各自服务时间的加权平均值。

(3) 一次到位,功能完整原则。

通过改扩建,使所涉及收费站通行能力和服务水平均有较大程度提高,力求一步到位,功能完整。

6.1.3 收费站的通行能力及服务水平

1. 收费站通行能力

通行能力是指道路设施所能疏导交通流的能力。收费站的通行能力是指特定的道路、交通条件下,合情合理地通过收费站的最大交通量,通常以当量标准小客车/h 为基本单位。可以通过式(6.2)计算:

$$C = 3600/T \quad (6.2)$$

式中,C 为收费车道的理想通行能力(当量标准小客车/h);T 为对小客车的服务时间(s)。

2. 收费站服务水平

收费站的服务水平是描述收费站内部交通流的运行条件带给司机与乘客感受的一种质量标准。收费站的服务水平等级是以车辆的平均延误来划分的,一般有以下运行特征。

一级服务水平:对应交费找零及出口验票的收费方式,车辆一到,可随时进入收费车道接受服务,基本无须在收费道前排队等候;对于入口领卡的车辆,虽然进入收费站时前面可能已经有较多车道,但由于服务时间短,排队消散很快。

二级服务水平:对应交费找零及出口验票的收费方式,收费站前有较长车队行车,驾驶员有了较长时间的延滞感受,车辆排队基本有序;对于入口领卡的车辆,延误时间也较长,但排队比交费找零及出口验票的收费站消散得快。

三级服务水平:收费站前平均排队车辆数很多,排队长度较长,驾驶员逐渐难以忍受长时间的等候,后来的车辆有时会变换车道以争先接受服务。

四级服务水平:交通需求大于收费站的通行能力,收费站前形成很长的车队,且车队长度不断扩大。

6.1.4 收费站改扩建形式

据统计,高速公路收费站改扩建形式主要有横向扩建、纵向扩建、复式扩建、设可变换车道等,具体如表 6.1 所示。

表 6.1　收费广场改扩建形式一览表

序号	改扩建形式		
1	横向扩建	两侧同时拓宽	双向收费岛中心线不变,同时增加出口及入口收费岛
2	横向扩建	两侧同时拓宽	双向收费岛中心线偏移,仅增加出口(或入口)收费岛
3	横向扩建	两侧同时拓宽	双向收费岛中心线偏移,同时增加出口及入口收费岛
4	横向扩建	单侧拓宽	双向收费岛中心线不变,仅增加出口(或入口)收费岛
5	横向扩建	单侧拓宽	双向收费岛中心线偏移,同时增加出口及入口收费岛
6	横向扩建	单侧拓宽	原收费岛不变,在内广场增加出口及入口收费岛
7	纵向扩建	内广场扩建	原收费岛不变,仅在内广场增加出口(或入口)收费岛
8	纵向扩建	内广场扩建	原收费岛全部改为入口,内广场增加出口收费岛
9	纵向扩建	内广场扩建	原收费岛全部改为出口,内广场增加入口收费岛
10	纵向扩建	外广场扩建	原收费岛不变,在内广场增加出口及入口收费岛
11	纵向扩建	外广场扩建	原收费岛不变,在内广场增加出口(或入口)收费岛
12	纵向扩建	外广场扩建	原收费岛全部改为入口,外广场增加出口收费岛
13	纵向扩建	外广场扩建	原收费岛全部改为出口,外广场增加入口收费岛
14	复式扩建		出口(或入口)增加复式收费亭
15	复式扩建		出口及入口均增加收费亭
16	设可变换车道		可按需求变换成出口或入口

1. 横向扩建

横向扩建为高速公路收费站改扩建最为常用的方式,适用于收费站横向单侧或双侧用地不受限的情况,可在原收费站的一侧或两侧同时拓宽。

(1) 两侧同时拓宽。

在原收费广场的两侧同时拓宽(见图 6.1 和图 6.2)。

优点:①符合现行收费站的常规建设形式,可辨认效果好,安全高效;②若采用双向收费岛中心线不变的形式,可使扩建前后行车轨迹变动不大,有利于车辆快速通行;③收费广场两侧均可为日后再次扩建预留用地;④仅需设置一处收费大棚,运营管理较为方便,形象美观。

缺点:①收费广场两侧均需要新增用地,通常需要对设置在收费广场旁的管

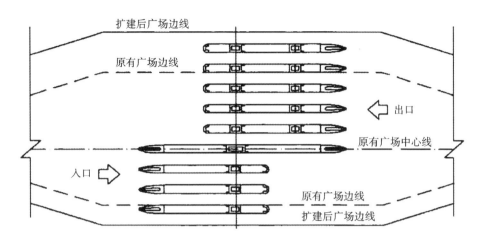

图 6.1　横向两侧拼宽、双向收费岛中心线不变示意图

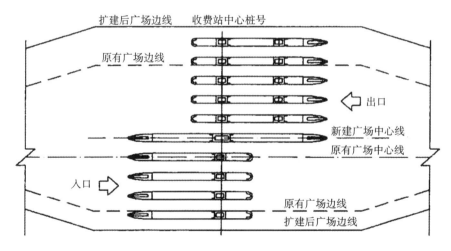

图 6.2　横向两侧拼宽、双向收费岛中心线偏移示意图

理区进行拆除改造,经济性指标略为不足;②出入口收费车道均会受到收费站扩建的影响。

(2)单侧拓宽。

仅在原收费广场的一侧进行拓宽,另一侧不作改变(见图 6.3 和图 6.4)。

优点:①仅需在一侧新增用地,另一侧收费站通车及用地均未受影响;②若采用双向收费岛中心线不变的形式,两侧行车轨迹未改变。

缺点:①若采用双向收费岛中心线不变的形式,仅可增加出口(或入口)的通行能力;②若采用双向收费岛中心线偏移的形式,会造成收费广场线形不顺,行

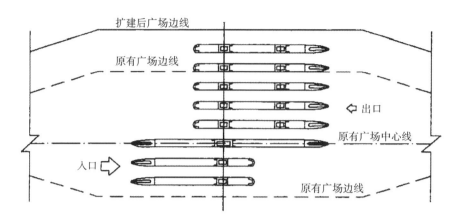

图 6.3　横向单侧拼宽、双向收费岛中心线不变示意图

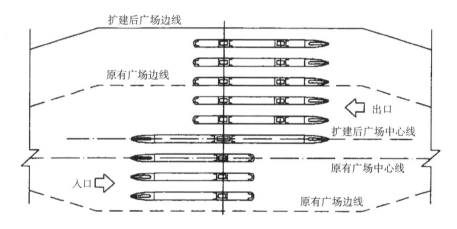

图 6.4　横向单侧拼宽、双向收费岛中心线偏移示意图

车轨迹不顺，不利于车辆快速通行，特别是对于设置 ETC 车道的收费站，车辆通行速度会受到影响。

2. 纵向扩建

纵向扩宽为在原收费广场的前方或后方设置一处新的收费广场，两处收费广场相互配合，适用于原收费广场横向用地受限的情况（见图 6.5 和图 6.6）。

优点：①可充分利用纵向既有高速公路用地范围，减少新增土地面积；②有效避免了收费站横向用地空间不足的情况，并能有效提高收费站的通行能力；③新收费区域建设过程中，对原收费广场区域影响较小。

缺点：①同一收费站拥有两处收费区域，且距离较远，运营管理较为不便；

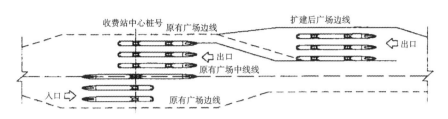

图 6.5　内广场纵向拓宽示意图

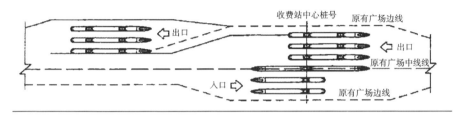

图 6.6　外广场纵向拓宽示意图

②改变了原有收费站的布设形式,出入口车道固定不可变换;③需设置两处收费大棚,造价较高。

3. 复式扩建

复式扩建为在不拓宽原收费广场、不增加收费车道数的情况下,在原有收费岛增设一处或多处收费亭,形成同一条收费岛上有两个或多个前后排列的收费亭(见图 6.7)。

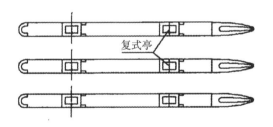

图 6.7　复式扩建示意图

优点:①可充分利用现有收费岛进行改造,成本较低;②施工周期短,对收费站正常运营影响较小;③收费广场无须拓宽,无须新增用地,绿色环保。

缺点:①扩建规模受到原有收费站规模的影响,不可任意扩大;②因收费岛长度及原有机电设备的限制,复式收费亭仅可收取无须计重的客车的通行费。

4. 设可变换车道

设置可变换车道是在原有收费车道数量不变的情况下，在毗邻双向收费岛的部分出口/入口岛增加入口/出口设备，在单向交通量较大时，可临时减少出口/入口车道数量，同时增加入口/出口车道数量，临时满足通行需求。

优点：①可充分利用现有收费岛进行改造，成本较低；②施工周期短，对收费站正常运营影响较小；③收费广场无须拓宽，无须新增用地，绿色环保。

缺点：①扩建规模受到原有收费站规模的影响，不可任意扩大；②由于部分收费岛会经常出入口互换，因此易引起逆行车辆走错收费车道的情况；③ETC设备不可设置在中央的双向收费岛。

高速公路收费站改扩建的形式较多，需综合考虑交通量、车型比例、高峰时段、现场用地、管理站区位置、周边其他设施限制等实际情况，不盲目追求规模，综合考虑经济合理性。根据不同项目的实际情况，可采用上述收费站改扩建形式的一种或多种相结合的方式，选择切实可行的改扩建方案。

6.1.5 收费站改扩建施工

1. 收费站改扩建工程建设规模及内容

高速公路收费站改扩建工程，项目不大，但其涵盖的内容却不少。其中主要包括路基扩宽改造、路面拓宽改造、桥涵接长、地下通道建设、路基防护排水改造、交通安全设施改造、收费大棚改造、配套相应机电设施及整车式静态称重系统、超宽车道安装"绿色通道"快速测系统、收费系统改造、照明设施改造、职工宿舍楼共12项改造工程项目。同时，拆除原有收费广场收费大棚、收费车道和收费岛并恢复路面，征地拆迁等。

2. 收费站改扩建施工方案与选址的确定

如何合理地进行收费站改造扩建，先找准问题再进行方案论证与确定。同时，进行项目前期地质、地貌和气候条件现场调查，针对不同的设计内容，都需要根据目前的交通量采用不同的预测年限，推算若干年后的预测交通量，来确定扩建规模。

高速公路收费站收费广场，一般建设在原收费广场附近，有利于现场施工和原有基础设施的利用。收费广场建设原则上不应影响干线交通运行，收费广场应设置在通视良好、通风易排水、环境优美、易于运营管理和交通生活便利的地点。收费广场应尽可能设置在平坦的直线路段,不得将收费广场设置在易超速的凹形竖曲线的底部或长下坡路段的下方,否则容易造成通行车辆刹车失灵,导致交通事故频发。收费广场的设置应满足收费业务和管理业务的要求,一般宜在收费方案确定后,按照系统要求和工艺要求进行收费广场的规划和设计,规划布局力求合理,适应高速公路建设总体发展需求。主线收费广场距特大桥、隧道应大于1 km。分期修建的收费广场区,其收费广场路基、收费大棚、地下通道等必须一次建设到位,而其他配套设施、收费设备等可按高速公路开通后第五年远景交通量计算配置。

3. 收费站扩建新旧路基、路面的顺接

收费站扩建过程中,收费岛的宽度、车道宽度一般应与原有收费站指标保持一致,适当增加超宽车道。收费站设计线放置于既有路面中心线位置,以便新旧路的顺接。收费广场直线段一般为150 m,起终点处收敛渐变率(L/S)采用4。

收费站改扩建工程纵断面受到原有车道既有路面标高控制,故一般不作调整,完全利用即可。在横断面选择上,为了减少收费广场两侧的高差,考虑车道静态称重设备的特殊要求,防止路面出现台阶,又要考虑路面排水,收费广场直线段路面横坡采用1.0%,渐变段部分路面横坡顺接原收费站断面处横坡,土路肩横坡为3%。渐变段处路面横坡进行适当调整即可。

新旧路基搭接部分自下而上开挖台阶,台阶宽度不小于2 m,设置4%内倾横坡,随开挖随填筑压实。上下路床底面及每级台阶顶面应设置土工格栅,路床部位土工格栅由开挖面铺设至边坡自由段,其余台阶部位土工格栅宽4 m。

为减少新旧沥青路面之间的差异变形,保证结合部的强度和稳定性,新旧沥青混凝土路面间应采用台阶形搭接,开挖台阶宽度为30 cm。新旧水泥混凝土路面纵向衔接部,需在旧水泥面板立面钻孔植筋,以加强衔接;水泥混凝土路面与沥青混凝土路面衔接段,设置不小于3 m的搭接过渡段。

4. 收费站扩建特殊路基处理

西北地区多为湿陷性黄土地区,一般为Ⅰ级非自重湿陷性黄土或Ⅱ级自重湿陷性黄土(根据地勘钻孔确定),湿陷程度轻微或中等。同时,收费站周围一般有耕种农田。根据湿陷等级和收费站扩建项目特点,一般采用以下措施进行处治:基底采用换填石灰土+素土翻挖回填夯实处理,坡脚外侧设置隔水墙,路基

坡脚处采用换填5%石灰土进行处治,中部采用原状素土翻挖后重新填筑进行处治。换填石灰土处置宽度 5 m(加宽宽度 $W<5$ m 时按 W 控制),坡脚外至隔水墙内缘。隔水墙设于坡脚外 2 m 处,1 m 宽、2 m 高,采用5%石灰土材料,隔水墙外侧包覆复合土工膜。地基翻挖后,基底先采用自重不小于20t的振动压路机压实,压实度不小于90%,再分层压实素土及坡脚处石灰土,分层压实厚度控制在 15~20 cm,压实度不小于93%。另外在填方段路床,当 0.3 m 上路床填料最小强度 CBR 值达不到规范要求的 8% 时,采用掺8%的石灰处理。

5. 收费站改扩建施工方法及注意事项

路基路面施工全过程应严格遵循技术规范的有关规定。施工、监理人员应在施工前认真查阅设计文件,收集现场资料,编制详细完善的组织设计。

路基填筑前应对材料进行测定,在雨季施工时,应做好临时排水和防护措施,将水引离路基顶面,避免路肩和边坡拉槽、坍塌。基层、底基层施工结束应立即覆盖养护,防止太阳暴晒及干缩开裂。收费站改扩建工程为局部路段加宽,各工点较分散,施工单位进场后应复测控制点。根据现场环境确定最佳配合比方案及施工方法。健全监理组织,完善质量检查方法,严禁雨天进行沥青混凝土路面施工。做到各工序的产品试验指标达到设计要求后方可进行下一道工序。同时,应加强安全管理,做到"安全第一、预防为主",安全、生产两不误。

6.1.6 高速公路收费站改扩建施工案例

高速公路改扩建施工时,为减少对当地交通的干扰,施工方式通常采取半幅施工半幅正常通行,收费站的改扩建施工就变得尤为复杂。交通量较大的收费站不能进行全封闭,只能采取可下不可上的方式,分幅进行施工,增加了通行、施工风险,对方案中导改及施工提出了较高要求。

1. 工程概况

(1) 工程简介。

京哈高速公路长春至拉林河段改扩建工程既有高速公路为双向四车道,按双向八车道高速公路改扩建,双侧拓宽。

米沙子互通式立交于 2013 年建成通车,位于米沙子镇西南侧,为原有互通式立交。立交区范围为 K1007+660~K1008+920,交叉桩号为 K1008+403;通过米沙子连接线连接附近乡镇以及国道北京至抚远公路(C102)。米沙子互通式立交主要服务于米沙子镇。

原立交区主线设计速度为 120 km/h,四车道路基宽为 28.00 m。匝道设计速度为 40 km/h,单向单车道匝道路基宽为 8.5 m。米沙子互通式立交原为单喇叭 B 型。在原位改造,对 B、C、D、E 匝道与主线连接部及邻近段落进行局部改造,同主线施工一同进行。其中对 A 匝道 AK0+000～AK0+299.980 路面进行凿除后重新施工,改造收费处,对左侧进行加宽。

(2) 米沙子收费站概况。

收费站现状为 3 进 3 出(见表 6.2)。根据交通量预测结果,匝道收费站车道数采用 3 进 5 出。新建车道为左侧第四、第五车道,均为出收费口车道。

表 6.2 米沙子收费站现状调查

左右幅	车道	车道类型	有无地磅	备注
左侧 (出收费站)	第一车道	ETC 车道	无	
	第二车道	人工收费车道	有	
	第三车道	人工收费车道	有	可走加宽车辆
右侧 (进收费站)	第一车道	施工便道	无	已停用
	第二车道	ETC 车道	无	已停用
	第三车道	取卡车道	无	已停用

2. 收费站方案比选

结合现场情况及通行要求,拟定了 2 个施工方案进行比选。

(1) 方案一导改及施工内容简述。

第一步:右侧第一车道增设地磅,并对收费口进行改造(见图 6.8)。

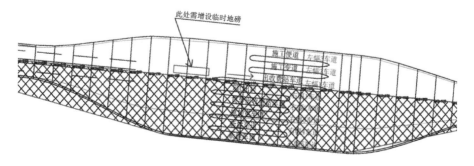

图 6.8 方案一米沙子收费站导改平面

第二步:进行第一次导改,收费站左侧 AK0+000~AK0+299.980 段全封闭,左侧出口导流到右侧第一车道作为出口,导流车道两侧设置隔离墩。

第三步:A 匝道左侧路基加宽段填筑,路基边坡按照设计要求开挖台阶,台阶高度 100 cm,宽度 150 cm。

第四步:进行收费站 AK0+000~AK0+299.980 段左侧路面结构层凿除及路床复压工作。

第五步:收费站 AK0+000~AK0+299.980 段左侧水稳摊铺。

第六步:收费站 AK0+000~AK0+299.980 段左侧沥青及钢筋混凝土路面摊铺;房建单位进行雨棚拆除与安装工作,同时机电单位进行相应管线布设工作。

第七步:左侧完成防护及排水施工,机电单位进行调试工作。

第八步:进行第二次导改,收费站 AK0+000~AK0+299.980 段右侧道路全封闭,对下高速出米沙子收费站车道进行导改,左侧第三、第四、第五车道可设置为米沙子收费站出口,启用收费系统。左侧第二车道设置为施工便道,导流车道两侧设置隔离墩。

第九步:进行收费站 AK0+000~AK0+299.980 段右侧路面结构层凿除及路床复压工作。

第十步:收费站 AK0+000~AK0+299.980 段右侧水稳摊铺。

第十一步:收费站 AK0+000~AK0+299.980 段右侧沥青及钢筋混凝土路面摊铺;房建单位进行雨棚拆除与安装工作,同时机电单位进行相应管线布设工作。

第十二步:完成右侧防护及排水施工,机电单位进行调试工作,车道全部开放。

方案一存在的主要问题:

①右侧出收费站车道需增设地磅;

②右侧出收费站车道属于常规车道(车道宽 3.6 m),无法走加宽车辆;

③进口改为出口,无安全岛设置,收费口存在安全隐患。

(2)方案二导改及施工内容简述。

第一步:进行第一次导改,收费站左侧 AK0+000~AK0+299.980 段第三车道(加宽车道)封闭,留左幅第一车道(原 ETC 车道、无地磅)、第二车道(原人工收费车道、有地磅)暂不进行凿除继续通行,导流车道两侧设置隔离墩。

第二步:A 匝道左侧路基加宽段填筑,需开挖原有左侧第三车道,并对左幅第二、三车道收费岛进行凿除,保证超宽车辆在左幅第二车道可以通行。

第三步:进行收费站 AK0+000~AK0+299.980 段左侧导改车道外路面结构层凿除及路床复压工作。

第四步:收费站 AK0+000~AK0+299.980 段左侧水稳摊铺。

第五步:收费站 AK0+000~AK0+299.980 段左侧沥青及钢筋混凝土路面摊铺;同时机电单位进行相应管线布设工作。

第六步:左侧完成防护及排水施工,机电单位进行调试工作。

第七步:进行收费站 AK0+000~AK0+299.980 段右侧道路的全封闭,对下高速出米沙子收费站车道进行第二次导改,新建左侧第四、第五车道可设置为米沙子收费站出口,启用收费系统,导流车道两侧设置隔离墩。

第八步:进行收费站 AK0+000~AK0+299.980 段右侧路面结构层凿除及路床复压工作。

第九步:收费站 AK0+000~AK0+299.980 右侧水稳摊铺。

第十步:收费站 AK0+000~AK0+299.980 右侧沥青及钢筋混凝土路面摊铺;收费站临时全部封闭,房建单位进行雨棚拆除与安装工作,同时机电单位进行相应管线布设工作。

第十一步:完成右侧防护及排水施工,机电单位进行调试工作,车道全部开放。

方案二存在的主要问题:

①收费站位置 200 m 长度内需连续导行 3 次车道,且导改幅度较大,对行车安全造成不利影响;

②左侧新建路段受导流车道影响接缝位置不规则,且都为冷接缝,对路面质量造成极不利影响。

(3)方案一、二比选。

方案一、二对比分析情况见表 6.3。

表 6.3 方案对比分析

项 目	方 案 一	方 案 二
工期/d	125	90
费用/万元	30	5
通行压力	较大	小
施工难度	小	大

续表

项　　　目	方　案　一	方　案　二
质量问题隐患	小	大

3. 综合分析

方案一左右幅分幅施工的施工缝位置位于收费场站中线处,对施工质量影响最小;由于是收费站原进口改为出口,收费站收费设施做出较大调整,需增设地磅及收费装置,导致费用大幅增加;且无收费岛防撞设施,安全隐患较大,无法通行超宽车辆。

方案二使用原有出口,基本不需要进行改造,费用及进度大大降低,但导行比较复杂,行车风险变大,施工缝位置位于行车道位置,施工质量必须严格把控。

经过综合分析,项目部采用方案二进行收费站的改扩建施工及导改,在施工前调查探明已有管线的布置情况,避免挖断光缆、电缆影响收费站的正常使用。积极做好同机电、房建工区的沟通,合理安排工作面,按照施工节点完成各项任务。为应对突发情况,把右幅第一车道作为应急车道,不进行占用,如有车流量增大等突发情况可直接用作小型车出口(不需使用称重系统)。

6.2　服务区改扩建

6.2.1　服务区改扩建目标、原则、特点

1. 高速公路服务区改扩建目标

高速公路服务区改扩建的目标旨在综合考虑安全行车需求、道路使用者需求、车辆正常运行的需要,使服务区的布局适应经济社会发展和交通自身发展的需要,减少道路的不安全因素、事故隐患,提高高速公路网的整体效益、服务水平和安全水平,形成布局合适、设施配套齐全的现代化高速公路服务区网,使之与整个高速公路网相协调。

2. 高速公路服务区改扩建原则

为提升服务区综合服务能力,应参照以下原则进行施工规划改造,满足公众

高品质的出行需求。

(1) 统筹规划、合理布局。

高速公路服务区改扩建规划布局应与既有路网建设规划布局、综合供能服务站规划布局和交通流特性相结合。结合既有高速公路服务设施的现状，在充分利用的前提下综合考虑改扩建工程设计方案和施工方案，实现服务网点、服务资源的协同配合、高效利用。确保服务区在改扩建过程中对服务水平和能力的影响降低到最低程度。同时做好交通组织和设计，实现整个服务区有序停车，提升服务区空间环境质量。按照国家相关政策和技术规范，适度超前规划，合理增加服务区用地规模和建筑面积，优化完善服务设施，提高整体服务能力。

(2) 以人为本、安全至上。

高速公路服务区改扩建规划建设应坚持把用户需求置于服务区规划的核心，坚持以人为本、安全至上的原则。在保证道路安全的前提下，满足司乘人员停车如厕、用餐、饮水、休息及车辆停车、加油、加气、充电、维修等基本需求，通过调查问卷和实地调研，搜集服务区使用者的需求、感受和意见，完善第三卫生间、母婴室、旅客休息室、司机之家、信息查询等公共服务功能配置，体现人性化服务，注重高速公路服务区的安全性、实用性、舒适性的和谐统一。

(3) 公益为主、兼顾效益。

在为道路使用者解除旅途疲劳，提供有效服务的同时，服务区功能的确定要有前瞻性，随着社会经济的发展、人民生活水平的提高，人们对服务项目的需求发生了很大的变化，应考虑所属高速公路的特点和旅客多样化的购物、用餐需求，充分利用所属路段大交通量、大旅客流量带来的商机，创造良好的商业氛围，在满足公众购物、餐饮需求的同时，为服务区运营单位带来较好的经济效益。

(4) 绿色发展、智能管理。

高速公路服务区的改扩建应树立低碳环保、绿色生态理念，满足现行节能环保建筑建设标准。推广天然气、太阳能、风能等洁净能源，根据"五水共治"要求，推进服务区污水纳管工程，实现中水回用和生活垃圾集中无害化处理，打造绿色生态型服务区。配置完善视频监控、事件监测、电子显示、信息发布设施，打造智慧高效型服务区，提升服务区智能监控综合管理水平。

3. 高速公路服务区改扩建工程的基本特点

(1) 点多、线长、面广。高速公路服务区改扩建工程沿高速公路布置，线路较长，沿线服务区较多，涉及范围广。

（2）施工期间要保证服务区正常运营。由于服务区是高速公路提供休息、加油、用餐的地点，这一特点决定了服务区改扩建工程应在保证服务区正常运营的情况下进行。

（3）工期紧。虽然改扩建工程一般在保证服务区正常运营的情况下进行，但施工势必对服务区的正常运营产生一定影响。因而，应保证改扩建工程在较短时间内完成。

（4）拆移量大，临时工程多。多数情况下，服务区改扩建规划的部分新建筑会位于原有场区，改扩建时，原场区内的部分管线及建筑需要进行拆除；而在拆除前需要修建临时管线及建筑以保证服务区的正常营业，这使得服务区改扩建的拆迁量大、临时工程多。

（5）施工单位多，管理难度大。服务区的改扩建涉及供配电、供污水、加油站、匝道及场区、房建、装饰等专业，均需要相应的专业施工单位进行施工，各施工单位工作面相互交叉，使现场协调难度加大。另外，这类工程一般与地方村（民）联系较多，可能会涉及征拆问题，给施工带来了不小难度。

6.2.2 服务区改扩建选址与规模

1. 服务区改扩建选址

既有高速公路网改扩建时增设服务区和现有服务区改造扩征场地时都会有新征地选址的问题。以适当的间距设置服务区，是使服务区内各项功能得到充分合理利用的最重要条件。《高速公路交通工程及沿线设施设计通用规范》（JTG D80—2006）中规定：服务区的平均间距不宜大于 50 km；最大间距不宜大于 60 km。《公路工程技术标准》（JTG B01—2014）中规定：服务区的平均间距应在 50 km 左右，停车区与服务区或停车区之间的间距宜为 15～25 km。在既有高速公路网改扩建施工规划时，应综合考虑与现有高速公路、已规划高速公路服务（停车）区的间距，避免出现路网形成后不同路段服务（停车）区间距过长问题，对间距超过 60 km 的路段增设服务区或停车区，实现服务网点、服务资源的协同配合、高效利用。

站址选择除了考虑相关路网的服务区间距要求，还应综合考虑路线线形、地形、地质，以及供水供电、排污等因素；充分利用主线的弃方区域、挖方区域，必须和当地的土地规划相结合，少占（或不占）耕地，利用荒地，尽量减少土方的填挖量；避免影响主线两侧的涵洞、通道及桥梁等构造物，避开低洼及山洪、断层、滑坡、流沙等地质灾害易发地段;与互通立交、隧道进出口的间距应满足相关规范要求,确保道路行车安全;选择例如公交枢纽、收费站等附近交通量大的路段;选择线形良好、视距良好的路段,一般要求圆曲线最小半径 2000 m,竖曲线最小半径 2500 m,最大纵坡 2%,停车视距最小 200 m;选择水、电等基础设施的供给达到设计要求的点位;靠近高速公路网附近重要城镇的位置,促进相应区域经济发展;选择自然景观及人文景观良好的地点设置服务区,使之与自然环境协调一致,可平衡因高速公路全封闭而带来的隔绝感;并考虑预留余地,余地先布置绿化景观以应对服务区的远期发展。

2. 服务区改扩建规模

改扩建后服务区的总用地规模、建筑面积应满足《公路工程技术标准》(JTG B01—2014)、《高速公路交通工程及沿线设施设计通用规范》(JTG D80—2006)及《公路工程项目建设用地指标》(建标〔2011〕124 号)的基本要求。

从国内外服务区改扩建的调研情况来看,服务区占地规模和建筑面积受主线交通量、交通性质、区域位置、用地条件、沿线城市发展等诸多因素的影响,差异性较大,很多省份出台了更有针对性的规定,例如河南省提出对于国道主干线、靠近大中城市及旅游区的重点服务区,总用地面积上限值按 13.33 hm^2 控制;若与旅游或其他商业资源结合,总用地面积上限值按 20.00 hm^2 控制。因而国家规范指标提出的上限值具有指导意义,但不能简单以数字来约束,应综合考虑上述差异化因素,适度超前规划,合理增加服务区用地规模和建筑面积,优化完善服务设施,提高整体服务能力。

改扩建服务区用地规模一般由道路及停车区域、房建及配套设施区域和绿化景观区域三大部分组成。对于高速超多车道(十车道或十二车道)服务区用地规模的确定,通过现场调查和统计分析,得出路段交通量、车型比例、驶入率、周转率和高峰率等参数值,通过《公路工程项目建设用地指标》(建标〔2011〕124 号)中服务区用地规模的模型和计算公式得出道路及停车区域的面积,进而推算出房建及配套设施区域和绿化景观区域面积,并以现有服务区的使用情况进行佐证,最终得出此路段改扩建服务区总用地规模。

6.2.3　服务区改扩建类型

高速公路服务区改扩建类型一般分为三类,即原址改扩建、原址新建和新址新建。此外,从工程合理化角度出发,施工方案的规划设计又分为近期规划和远期规划。

1. 原址改扩建

保留和利用服务区内原有综合楼等主要建筑物，结合既有高速公路服务设施的现状，科学利用新增用地，合理布置服务区内道路及各类停车场等设施。这种类型在保证改扩建功能需求的前提下，尽量减少既有建筑的拆迁，可以最大限度地节约改扩建建设成本。这也是高速公路服务区改扩建项目中应用最为广泛和推崇的工程类型。

（1）原址改造。当扩征用地受限且原服务区场地规模基本符合要求时，在尽量保留现状道路、服务设施和停车区域的前提下，不新征用地，仅对服务区停车场的停车形式、停车区域、停车位数量进行重新调整，重新组织车辆交通流线，提高停车效率。

（2）垂直主线方向在原有用地后侧扩征用地。可作为新建停车场，既能实现客、货车停车场分区设置，又能使综合楼位于场地中心，使公厕、餐厅、超市等主要服务设施的服务半径实现最小化，提高服务区的整体服务水平。这种方式可以避免征地引发的与主线构造物冲突、加减速车道难以利用等问题，但征地难度相对较大。

（3）平行主线方向在原有用地右侧扩征用地。可作为新建货车停车场和畜产车、危险品车停车场。考虑到很多早期建设的服务区因用地局促等原因，畜产车和危险品车没有独立的停车区域，或是与综合楼间距过近，可将右侧扩征用地的后广场设计为畜产车、危险品车停车场，将其远离综合楼和加油站，既能满足危险品运输车与加油站油罐间距的规范要求，也能保证畜产车的气味不影响综合楼。这种方式较有利于场区内的交通组织，容易将停车、如厕、购物、餐饮、加油等主要功能设施在服务区内平顺、便捷地实现动线串联，征地难度也相对较小，但容易与主线上的涵洞、通道、桥梁等构造物冲突，原有服务区的加减速车道也需要拆除重建。

（4）在原有用地周围扩征较大面积的用地。这种类型对服务区整体布局变化较大，适合一些早期建设的加油区域和停车区域都需要改造的服务区。这类服务区在改扩建设计时单一地沿平行或垂直主线方向扩征较小面积的用地意义不大，需要在原有用地周围扩征较大的面积重新布置加油站区域和停车区域。但相对于前几种原址改扩建方式，其征地难度最大，涉及附属用房迁移的数量最多，场区内的道路交通组织也最为复杂。

总之，无论采取哪种扩征用地方式，均应结合主体工程、区域场地环境、给排水条件、电力供应情况以及服务区功能需要等各类条件综合考虑，权衡利弊选择最优方式，以达到节约投资、保护环境、满足需求的改扩建目标。

2. 原址新建

尽管我们倡导原址改扩建，但对于一些特殊的情况，如少数服务区因为年份较长、结构形式落后、原综合楼形体限制等原因不利于改造及扩建，在改扩建的远期规划时，建议在原址上拆除老旧综合楼及道路、停车场等主要建（构）筑物，重新规划设计以满足服务区长远发展要求。

3. 新址新建

国内外大部分服务区的升级、改造都采用了原址改扩建和原址新建的方式，只有当原址不能扩征用地或改扩建代价高于新建时才采取新址新建的方式，例如：扩征用地需占压文物、光缆、高压走廊、供水管线、输油管线；扩征用地需进行挖山、填沟等大规模土石方工程；扩征用地地质条件不满足建设要求；现有场地供水条件不满足扩容需求等。另辟新地规划设计服务区代替原有不满足要求的服务区，或者结合高速公路网整体规划，在适当间距的地段加设停车区，作为服务功能的补充和完善。

4. 近期规划和远期规划

服务区的改扩建尽量不影响其基本服务功能，分期规划为保障高速公路正常、安全运营，为实现可持续发展的长远目标做有益的探索。一般近期规划不扩征土地，仅重点改造综合楼和停车场；远期规划考虑扩征土地，甚至另辟位置新建服务设施。室外环境维护与建筑改扩建主体修缮同步实施，包括道路设施修复和路面硬化，照明设施、排水设施、安全防范设施、垃圾收储设施、无障碍设施修缮及更新，绿化景观提升等内容。

6.2.4 服务区改扩建的改进要点

1. 布局的改进

高速公路服务区的布设形式宜采用分离式，条件受限时可采用单侧聚集式。分离式布设的服务区不追求两侧服务设施功能和布置完全对称。采用单侧聚集式的服务区,其上下行停车区必须独立分区;部分设施可以共用,但2个方向的车流不得混流。

服务区的场地按功能可分为四大部分:车辆服务区、人员服务区、辅助设施区和休闲绿化区。改扩建后的服务区场地布局应按功能合理分区、统筹规划。

(1) 车辆服务区。

车辆服务区包括停车区、维修区和加油、加气区,主要以服务车辆为目的。

停车区应根据路段相应交通量、交通组成重新复核车位数,优化各种车型的停车方式,方便停放、进出自如,做到各种车型分区停放,且充分利用服务区改扩建后的场地。

停车场的车位分区按小客车(包括无障碍车位、电动车充电车位)、大客车、大货车、危险品车、畜产车、超长车位考虑。根据各种车型的停车方式布置停车场:小型车辆停车场采用前进停车、后退出车或后退停车、前进出车的方式;大型车辆停车场采用前进停车、前进出车的方式;超长车辆停车场采用前进停车、前进出车的平行式停车方式。

改扩建后的停车场应将危险品车、畜产车专用停车位应设置在相对独立、处于综合楼下风向的区域,并远离综合楼;超长车停车位顺贯穿车道设置;无障碍车位靠近综合楼和公共卫生间;电动车充电车位靠近综合楼和变电间;客车区驻留时间短,可设在综合楼广场前侧,尽量缩短人员至综合楼、公共卫生间的步行距离;货车区驻留时间长,可设在综合楼后侧;公共卫生间附近设置大客车下客区;综合楼前设置人流缓冲活动区,综合楼、公共卫生间前设置的停车位不得影响人员通行。考虑到高峰时段和平时客、货车停车数量的需求有差异,局部设置客货两用车位以随机应变,用醒目的反光标线在场地内区分,两用车位的进出车道均按大车的行驶要求设置。各种车型停车区域的划分采用不同颜色的标线和铺地材料。

维修区设置机修车间、修车台和冲洗车位,考虑到故障车辆的停放、洗检和回转要求,建议维修区前设置小广场,原有维修区不满足要求的可改建为服务区库房,重新将其规划设置在服务区入口一侧,并靠近大货车停车区。

加油、加气区设置加油站和加油棚,重点考虑安全问题,根据《汽车加油加气加氢站技术标准》(GB 50156—2021)的要求,校核油罐与服务区内建(构)筑物的防火间距,在改扩建时在保证安全的前提下尽量利用原有加油站房和设备,使服务区在改扩建期间继续保持对外加油功能,仅在加油站位置和容量均不满足基本运营需求时才采取拆除重建的方式,并预留加气站的位置。

(2) 人员服务区。

人员服务区包括盥洗区、餐饮区、购物区、休息区，主要以服务司乘人员为目的，一般以综合服务楼的形式呈现，布置在服务区场地中间地带，面向主高速路，向来往的司乘人员展示其形象。

(3) 辅助设施区。

辅助设施区包括泵房变电间等设备用房，垃圾收集处理设施、水处理设施等附属功能设施，人行或车行天桥、地下通道等室外功能设施，主要以服务内部工作人员为目的。辅助设施区一般与司乘人员不直接相关，在改扩建时，在充分利用原有供水、供电等辅助设施的前提下，拆除陈旧、老化的设施，不影响天桥、地下通道等室外功能设施，结合管线的综合布设设置在司乘人员的视野之外。

(4) 休闲绿化区。

休闲绿化区包括休闲设施和绿化景观，主要以提供司乘人员一个适合停驻、休息的外部空间为目的。早期的服务区较少考虑室外休闲绿化区的布置，在改扩建时，考虑在综合楼附近、加油站附近、停车位间的绿化隔离带重点打造休闲绿化区。

2. 流线的改进

改扩建后的服务区按照人车分流的原则，合理布置人流、车流，减少人、车交叉，方便人员、车辆安全行驶。实现停车场大客车、大货车分离，其余小车、危险品运输车、畜产车辆分区停放，实现整个服务区有序停车，提升服务区空间环境质量。

服务区内司乘人员的流线主要包括：如厕、就餐、购物、休息的客车乘客人流，大车停车司机的流线，故障车辆的司机流线，加油车辆的司机流线。早期建设的服务区场地设计以车为主要服务对象，对人流在服务区内穿行的便捷性与安全性考虑较少，改扩建时应遵循"以人为本、安全至上"的规划原则，在各种车型停车场内通往综合服务楼的主出入口处加设人行斑马线、彩色沥青混凝土铺装或彩色喷绘路面形成人行道，宜高出路面 15 cm 以区别车行道，按到达目的地的最近距离布置，可通过布置绿化带、分流岛尽可能减少人行道的数量。有条件的情况下，将小客车和无障碍车位通往综合楼内公共厕所的人行道设为风雨廊道，可采用轻钢或张拉膜结构形式做顶棚。

3. 规划功能的拓展

服务区作为当地文化特色、经济水平的重要展示窗口，总体规划应与地方经济发展规划、村镇建设规划紧密结合,在改扩建时将有条件的服务区转型升级成为功能完善、业态齐全、产品精良、服务优质的复合功能型服务区,将服务区与旅游、消费、交通等新的业态结合,参照"公益为主、兼顾效益"的规划原则,使服务区成为客流、物流和信息流交汇的重要节点,成为带动城乡统筹发展的重要载体和全新的产业发展平台。

(1) 服务区+旅游模式。

邻近旅游景区的服务区依托自然资源,通过在服务区内规划自驾游服务站、房车营地、露营营地、住宿酒店、景区咨询和接驳场所,精心设计服务区内的空间和景观,提供旅游综合服务,升级成为有主题特色的旅游休闲度假区。充分挖掘服务区所在区域的美食特色,并且引进受欢迎的连锁餐饮品牌,在服务区内规划充足的餐饮区域,使服务区餐饮本地化和特色化;开发新型住宿模式,例如帐篷营地、特色民宿、集装箱式酒店等,使服务区住宿品质化和特色化;全面提升服务区内的园林景观和休闲设施,设置健身、温泉、垂钓等场所,使服务区景观园林化和休闲化。

(2) 服务区+商业综合体模式。

将与周边发达城镇关系密切的服务区升级为与城市生活相关的商业综合体,打造以特色体验为核心,在服务区内规划集购物、休闲娱乐、生活体验于一体的商业街和可以举办小型商贸展示会的场地,规划建设基于高速公路服务区移动互联网销售终端,以服务区附近区域的特色农副产品、特色文化贸易产品、旅游产品、进口日用消费品为主,形成服务于高速公路消费群体线上线下体验式消费终端,成为一个有亮点的贸易场所。这种结合商业综合体的新模式服务区既面向司乘人员,也对城镇居民开放。

(3) 服务区+交通物流模式。

城市周边的高速公路服务区附近分布大型生产企业,企业生产的原材料与产品需要通过高速公路进行集散或通过高速公路与其他运输方式衔接。因此,具有这种区域优势的服务区在改扩建时可以结合自身在物流配送上的优势,与高速公路旁的大型生产企业或者当地运营成熟的物流企业合作,在服务区改扩建时规划升级成为物流仓库或配送中心,作为物流企业的物流节点,甚至在服务区成立自己的物流公司,在服务区内扩建物流园区,开展物流集散服务。

6.2.5 服务区改扩建工程匝道施工

高速服务区改扩建工程中匝道施工是服务区能否优质、高效完成的重点,在匝道施工过程中不但会遇到技术方面的难题,还要配合服务区做好保通保经营工作,现场组织管理难度较大。

1. 匝道改扩建的特点

(1) 改扩建工程是在承担大交通量且不中断交通的条件下进行施工的。由于匝道施工是在大交通量且交通不中断的条件下实施扩建,所以涵洞通道拼接、互通改建、服务区扩建、路面施工要克服大交通量带来的不利影响,施工组织、管理非常复杂。

(2) 服务区扩建时间短、质量要求高,以最大限度地减少对经济发展的影响。由于匝道施工会对服务区的经营及形象带来一定的影响,因此匝道改扩建工期要求较紧。

(3) 扩建必须以人为本,确保交通运行安全和建设者安全。要在保证全线正常运营的情况下完成各项扩建,必须从大范围路网的角度编制交通组织方案,各阶段的施工计划、组织必须与交通分流、管理相协调,并根据工程进度实时、动态进行调整,以保证交通通行和施工"两安全"。

(4) 技术难题多。服务区改扩建工程过程中地质情况变化较为复杂,施工中不仅要解决工后沉降,还要处理好路堤拼接的差异沉降以及涵洞通道的拼接与加固改造。

基于以上条件,服务区的改扩建工程比新建工程更难、更具特点。

2. 匝道施工中技术方面的重点

(1) 软土地基处治。软土地基处理是服务区改扩建过程中可能要遇到的一个难题,现将软土地基的处治方法进行简单介绍。

由于新拼接的路基与既有路基建设的时间间隔长,既有路基沉降已基本完成,既有高速公路两侧坡脚附近的地基土也有一定程度的固结。如果不采取技术措施,新旧路基将产生大的差异沉降而引起纵向裂缝、路面开裂、路基失稳等一系列不良现象。因此,必须进行扩建软基处理研究,针对不同软基层深度和填土高度,提出软土地基沉降控制的不同处理方法。

要保证软基地段的路基拼接质量,关键要减小新旧路基差异沉降,这可从两方面入手:一是从减小路堤的荷载出发,通过减小地基附加应力来达到减小差异沉降的目的,可以考虑轻质路堤填料在高速公路拼接路段中的使用问题;二是提高地基的承载力,即从加固地基着手来减小差异沉降,关键在于如何选择技术上可行、经济上合理的地基处理方法。结合实际情况,有以下解决方案。①对填土高度≤3 m的路段采用50 cm碎石垫层处理。碎石垫层下铺单层钢塑格栅,其作用是提高碎石垫层的抗剪能力,提高地基的整体稳定性;碎石垫层顶面铺设土工布,防止细粒土堵塞碎石排水孔隙,影响排水效果。②对填土高度>3 m的路基基底和涵洞、通道基础,采用碎石桩和管桩进行处理。目的是加快地基排水固结、增强地基强度、消除沙土液化。碎石桩平面采用正三角形布置,桩距为2 m,桩径为0.5 m,桩长为7 m;管桩采用平面采用正方形布置,桩距为1.5 m,桩径为0.4 m,桩长为5 m。

(2) 路基拼接方法。对于路基的拼接形式,可采用台阶拼接,一般路基拼接采用由下至上开挖台阶的拼接方式,每层台阶宽度大于100 cm,台阶高度为60~70 cm;既有高速公路边坡顶部土路肩75 cm范围内全部开挖,开挖台阶尺寸为100 cm×150 cm;为方便新旧路基接缝处的压实,台阶形式设计为台阶坡面向既有路基倾斜的竖向倾斜式,坡度比为10∶1。新旧路基的拼接处设置土工格栅。拼接路基的填土采用重型击实新规范标准,分层压实,开挖台阶及新填路基压实度控制标准在原有标准基础上适当提高。加强路基施工期间地基变形和稳定性的监测,通过监测地基的动态变化,检验地基处理的加固效果,为制定路基填筑计划、确定路面开始施工的合理时间、保证填筑施工路堤的安全,以及检验工后沉降及差异沉降提供依据,并为扩建工程实施积累经验。

3. 保通保经营

不中断交通施工是服务区改扩建工程的最大特点。为保障交通和施工顺利实施,要对"改扩建工程保通方案"进行专题研究,以保障施工和道路安全通行为中心,以扩建工程的交通组织为重点,妥善处理施工和交通营运矛盾,努力降低服务区改扩建匝道施工对高速公路安全运营、周边公路和整个路网所造成的影响。

(1) 涵洞、通道盖板拼接施工。涵洞、通道拼宽时,采取利用高速公路中央紧急出口引导车辆的办法,半封闭施工,另半幅车辆双向通行。

(2) 新建上路匝道施工。①上路匝道施工前,对服务区出口匝道及施工区进行渠化,封闭行车道及紧急停车带。上路车辆使用原匝道进入渠化线路进行通行;正常行驶的车辆利用超车道行驶;新匝道建成后,车辆利用新匝道上路,同时拆除旧匝道。②设置临时高速公路交通标志和安全渠化设施。③旧匝道拆除后,撤除临时交通标志和渠化设置,恢复正常通行。

(3) 新建下路匝道施工。①下路匝道施工前,对服务区入口匝道及施工区进行渠化,封闭行车道及紧急停车带。下路车辆利用原匝道进入服务区;正常行驶车辆利用超车道行驶。同时设置交通标志和安全渠化设施。②新匝道建成后,进入服务区的车辆正常行驶,对旧匝道进行封闭渠化;正常行驶车辆按照渠化装置利用超车道、行车道正常通行。

(4) 施工人员和施工车辆的安全要求。①施工期间,当隔离栅、防撞立柱和波形护栏拆除后,项目部应加大对施工人员和车辆、沿线村民、牲畜等的防范和控制。②施工人员进入施工区域时,须穿反光背心,戴安全帽,佩戴施工工作人员标识;施工车辆和设备进入施工路段,应当安装黄色安全警示灯,悬挂车用施工标志,并严禁无牌、无证车辆进入施工现场。③施工期间,严禁施工人员横穿高速公路;严禁施工车辆在高速公路停车、掉头、逆行;运输建筑材料的施工车辆必须采用箱式车进行运输,防止砂石撒落在高速公路上。④匝道施工中,在护坡处需设置土工布或彩条布做好防雨准备,防止雨水冲刷边坡,危及高速公路主线安全。

6.3 机电工程改扩建

6.3.1 机电工程主要结构组成

(1) 供配电与照明系统。

高速公路机电系统中的供配电系统的主要作用在于维持高速公路机电系统24小时供电通畅。该系统作为整个机电系统的基础,主要由高压供电系统和低压供电系统两部分构成。照明系统主要用于改善隧道内路面状况,改善隧道内人的视觉感受,减轻驾驶员疲劳,有利于提高隧道通行能力,保证交通安全。

(2) 收费系统。

高速公路机电系统中的收费系统的主要任务是收取高速公路通行费用。收费系统主要由三个部分组成,分别是收费站、收费中心和收费车道。在对收费系统各机电设备进行控制时利用的是计算机及网络系统、闭路监控系统、语音及报警系统等。当然,为了防止收费系统遭受非法入侵,也会采取一定的管理措施,即设定各级管理员的使用权限。

(3) 通信系统。

通信系统是利用先进的技术维持高速公路稳定、安全的系统,通信系统是高速公路机电系统中的"神经"系统,它能够通过对先进技术的利用来及时传输有用的数据,维持高速公路运行的高效性。

(4) 监控系统。

监控系统能够实现对周围环境信号等的检测,维持高速公路的安全稳定运行。监控系统由三个部分构成,分别是信息的采集系统、发布系统和处理系统。其中信息采集系统的组成部分为环境监测、视频监控、气象监测、车辆检测等装置;信息发布系统的组成部分为匝道信号装置、实时信息显示板、现代信息引导系统、无线电广播等;信息处理系统的组成部分为中心计算机、综合控制台以及显示监控、通信控制、地图显示等设施。

6.3.2　机电工程改扩建施工要点

(1) 根据运营需求和道路改扩建施工进展,使用临时过渡传输方案,实现新建、改扩建等收费站业务运营正常化。

(2) 完成新建收费站级系统和收费车道设备的安装与调试,并按时投入使用。保留旧收费站原有的数据、视频、语音传输通道,建立新旧收费站之间的临时传输通道,保证新站相关数据与信息发送到旧收费中心。

(3) 保证旧收费中心的区域联网功能,全面处理全线收费数据,维持现有旧监控中心业务处理功能,维持现有旧通信中心内环网干线联网功能。

(4) 在改扩建期间,需将国家"三部委"(科技部、财政部、自然科学基金委)科技项目课题内容与既定设计中的监控系统软件方案相结合,搭建临时外场设备数据传输通道,保证"三部委"科技项目课题中外场设备的及时调试,为课题的可行性论证做好基础准备。

(5) 在改扩建期间,需要按时间节点要求,完成新旧监控系统部分功能切换、新通信系统调试与试运行。

6.3.3　机电工程改扩建施工内容

高速公路的改扩建工程是为迎合现代交通的需要,进而给人们的生活带来更多的便利,不同的地方改扩建的内容也不尽相同,通过对我国近几年高速公路改扩建的研究,总结出机电工程改扩建施工主要内容有以下三点。

(1) 设置不停车电子收费系统(ETC)车道。为达到较高质量的收费系统安装与调测试工作,首先将使用年限超过 5 年的设备全部淘汰,然后按照新建、改建、扩建收费站的土建工程计划,通过将新型安装系统与旧型安装设备相结合的方式,来设置不停车的电子收费系统,不仅提高了收费站的工作效率,而且加快了我国高速公路现代化建设步伐。

(2) 设置数字统计过程控制(SPC,Statistical Process Control)。通过采用原有的干线传输设备,在高速公路上安装全新的 SDH STM-16 等级网络传输设备,进而编制新型监控系统软件,建立新型监控中心,同时还可以更新旧监控系统的网络设备,增加多种功能的道路车辆监控设备、路面检测设备等,适当加大信息发布和视频监控密度,不仅为原有信息提供了传输平台,而且传输信息更准确、快速。

(3) 建立新的供配电与照明系统。通过对原有供电设备的整理、更换,编制新的电力监控软件,安装电力系统设备,进而满足收费站的用电需求以及匝道照明需求。如对于现有照明使用的高杆灯、低杆灯灯杆等设备,只需进行适当的翻新即可投入改扩建使用。

6.3.4 机电工程改扩建施工交通组织计划

为确保高速公路改扩建项目的顺利进行,制定合理的交通组织计划是极其有必要的,如表 6.4 所示。

表 6.4 高速公路改扩建施工交通组织计划表

序号	交 通 组 织	施 工 组 织
1	完善分流道路	征地、拆迁
2	保持现状双向 4 车道	对路基加宽的开挖、填筑;对桥梁的下部施工建设;加长涵洞建设
3	将中型以上火车分流到分流通道	对路面基层铺装
4	右半幅分段封闭交通,左半幅正常通行	对右半幅部分路段安装防撞护栏以及路面面层铺装
5	左半幅分段封闭交通,右半幅双向 4 车道通行	对左半幅部分路段匝道加以改建以及铺装互通区主线路面
6	右半幅双向 4 车道通行	防护左半幅坡面以及路基的排水系统
7	左半幅封闭交通,右半幅双向行驶	左半幅路面的全部工程

6.3.5　昌九高速公路改扩建机电工程施工案例

昌九改扩建由于征地限制,只能围绕原有高速公路进行单双边扩宽。而单双边拓宽易对通信保通造成影响,且由于老中央分隔带是新泽西挡墙,沿线地质复杂。考虑后期智慧高速用电需求,在机电工程施工过程中,研究通信保通、智慧供电、管道迁移及敷设等方案具有重要意义。

1. 昌九高速公路改扩建项目机电工程概况

(1) 昌九机电设施现状。

①监控系统。

昌九高速原有交通监控设施共设置了 40 套智能交通摄像机、4 套车检器、11 套 F 型和门架可变情报板、4 套可变限速标志。

②通信系统。

昌九高速原有通信系统设置了 1 处通信分中心、13 处无人通信站。干线传输系统的 ADM 为华为公司的 OSN2500 型号 SDH 设备,SDH 设备提供 STM-4 接口,光接口按 1+1 方式进行配置,从而形成了链状保护。华为 OSN1500 作为 13 处无人通信站的基层用户接入设备,为视频会议、车检器、可变情报板、收费数据传输等业务提供保障。在沿线东侧用波纹管套纸管敷设了一条 136 km 的 30 芯单模光缆,光纤跳站接入相连,从而使光纤网络拓扑结构形成了两纤自愈环网。光纤使用时间过长、熔接点较多,致使光纤衰减较大,再加上设备老化严重,系统传输等级较低,已无法满足改扩建后的监控和收费系统业务传输需求。

③收费系统。

昌九高速原有三个主线收费站(泊水湖、昌北、机场)、十个匝道收费站(荷花垄、九江南、沙河、通远、星子、德安、共青城、艾城、永修、新祺周)。昌九高速收费系统由一个收费分中心、十三套收费站出入口收费车道计算机系统构成,包含入口 43 条、出口 72 条,其中动态称重车道 49 条,ETC 入口车道 6 条,ETC 出口车道 12 条、4 套自动发卡机,总计 115 条收费车道。然而昌九高速于 1989 年兴建,匝道线形和收费广场相关技术指标均无法满足现行技术规范要求。

(2) 昌九机电工程施工要求。

①监控系统。

新增彩色大型门架可变信息标志、F 型情报板、智能交通摄像机、微波车检器、全景摄像机、卡口摄像机、多要素一体式气象站等外场监控设备。根据主体单位施工改造方案,对原有外场监控设备进行部分拆除、部分利用、移位利用,可用作施工和运营期间外场临时的监控设备。

②通信系统。

保留原有的干线传输系统的SDH设备、通信电源等设备,根据主体单位提供的拓宽方案,保留部分原有通信光缆、新增部分临时光缆、光端接线盒,以此保障全线通信系统的畅通。后期使用"IPRAN双环＋视频交换机双环"传输结构取代SDH,在两侧分别敷设96芯单模光缆形成真正意义上的物理环网,待正式机电工程实施完毕后,再将原有光缆、临时光缆、原有通信设备拆除。

③收费系统。

因收费系统设备具有特殊性,在正式机电工程实施完毕前原有收费系统不能中断,并在原有收费系统迁移和拆除过程中做好临时收费方案。为保证收费站过往车辆和乘客安全,收费站改扩建应分为新建收费站、易址重建收费站、原址重建收费站三个类别并进行分析。

2. 改扩建项目机电工程重难点分析

(1)监控系统。

在改扩建施工、交通导改过程中,由于原有移位和部分利用的外场监控设备光电缆被频繁破坏及改迁,导致外场视频图像业务无法上传。

本项目约一千米增设一套智能交通摄像机、十套全彩高分辨率情报板,并为后续智慧高速预留用电需求,导致外场设备用电需求大大提高。从成本、维护、技术指标、环境等要素考虑,太阳能板无法满足本项目需求,需要采取3.3 kV全程中压供电方式进行智慧供电。

然而这种供电方式存在安全隐患,必须对电缆进行保护敷设,但本项目采用边通车边施工方式,交通转换频繁,界面提交时间晚,施工周期却很短,同时昌九改扩建沿线边坡复杂、多单位交叉施工,因此增加了开挖电缆沟的深度和宽度、敷设保护管和穿电缆的施工难度和强度。

(2)通信系统。

为保证施工期业务传输,传输链路需保持畅通,但由于昌九改扩建项目需要两侧加宽及东侧加宽路段,导致原有光缆无法利用,施工前需将该段光缆更换为临时光缆并迁移至新泽西挡墙内或架空至路基线外。

因此,为满足后续通车业务的传输,需要重新敷设光缆。以往新建高速项目光缆敷设在中央分隔带处,而本项目中央分隔带是新泽西挡墙,新泽西挡墙需要

翻新、更换、新增,同时又存在路基单边拓宽和双边拓宽的问题,导致两根96芯光缆只能分别敷设在沿线两侧形成环网。然而,在前期拆除老桥、新泽西挡墙施工、绿化施工、养护、交安施工的过程中频繁破坏光缆,给通信业务保障带来了很大压力。

由于前期IPRAN系统稳定性不可靠,需要对SDH系统进行搬迁从而保证业务传输,但SDH系统经过多年使用,搬迁以后难以再次启动使用。

(3)收费系统。

为了配合交通转换,每个收费站施工时间只有20~30 d,施工期紧张,导致出入口发放PSAM卡放行车辆、一个收费站分两次通车,然而边通车边施工的安全性得不到保障。

另外,部分原址重建的收费站因场地局限,在保证施工与通行安全的前提下,需要搭建临时收费站,并在新老业务切换时保证数据完整性,在新收费广场通车时做好新老设备的对接以及业务的容错。

3. 解决措施

(1)技术措施。

①监控系统。

移位的监控摄像机可采用太阳能供电,并通过临时改迁的通信链路或4G网络将视频图像上传至监控分中心;拆除的监控摄像机可安装至养护车上,通过4G传输作为机动车载式监控,与移位和保留的智能监控摄像机共同对施工现场和危险路段进行监控。

由于路基存在单边和双边拓宽,需要对原有的大型门架情报板进行拆除处理,可与车载式监控摄像机共车使用可移动式可变信息标志发布信息。

位于老互通范围内的多要素一体式气象站,可改迁至不影响老互通的施工区域外,通过临时改迁的通信链路将数据上传至就近收费站。

从就近所站和枢纽箱变取电,利用上下位机升降压为外场设备供电,避免阴雨天气无供电、蓄电池防盗、供电容量等诸多问题,提高了外场监控设备供电的安全和稳定性。由于从上位机至下位机全程使用3.3 kV电压,存在安全隐患,为了避免问题发生,全程使用套钢管保护电缆方式施工,同时上下位机安装漏电保护装置防止漏电伤人。根据交通转换的空档期,采用人工和机械相结合的流水作业方式,对电缆沟进行开挖、钢管敷设焊接、穿缆。

②通信系统。

为保障顺利施工和安全通行服务,前期应确保各收费站收费广场路肩入口至办公大楼通信机房的光缆完好并上架;匝道和主线的通信链路利用德安分离段老路幅、左侧加宽路段的原有光纤、光端接线盒和临时通信链路相结合,将通信系统割接至架空光缆中。

③收费系统。

易址重建和原址重建的收费站,在现有收费站新增车道号。前期组织施工单位梳理老站还未使用的 IP,将其用于新增车道,并顺延原有车道 IP,老 IP 省联网中心不回收。

新站 IP 与原收费站 IP 属于同一网段,保证新增车道网络与原收费站网络畅通,同时配置好收费软件参数,确保收费数据能正常下发及上传。参照收费站更换服务器方案,进行新老服务器切换,切换前后皆可更换服务器。通车前后收费站名称需一致,切换前后不影响报表数据、流水查看,两个站数据合并,中心不需要新增收费站机构,不需要重新制作费率。

原址重建收费站先在附近修建临时收费站,机电设备采用利旧方式安装;临时路由采取架空或者利用老路由下穿,不影响拆除和重建收费站;从收费广场至收费站厂区的临时光电缆,由该收费岛引出,顺天棚立柱上架空线缆通过作业区域,再下至场区地面沿电缆沟至办公大楼。充分利用自动发卡机和 ETC 车道,避免使用人工发放 PSAM 卡放行车辆。

(2)管理措施。

为了解决新旧机电传输系统的并存切换兼容、外场机电设备遍布全路段、传输通道恢复等问题,监理单位应要求施工单位在对光缆、外场监控设备改迁前进行工期倒排、制定临时搬迁路段割接保畅方案、成立光缆抢修小组,同时制定方案之前,应明确需求条件、具体内容,并由监理工程师会同业主、设计、施工单位共同进行项目四方会审。

设置备选方案,搭建出临时的外场设备传输通道,确保在临时搬迁路段割接失败、路段半幅封闭停止施工时,其他路段可继续使用原分中心通信机房,保障改扩建期间不影响其他车辆的通行和信息传输的连续性。

对进场的工程材料、设备进行合同、厂商、外形、装箱单、规格型号、数量等核验,确保符合工程合同要求;对于光、电缆和其他材料,进行长度、参数、衰减值、电阻等系统检查,确保满足工程使用要求;对于一些关键专用设备,除了常规检查,监理人应当与业主共同进行出厂公检,获取精准设备资料,保证系统满足施工和安全运行要求。

全程中压供电的钢管过桥固定焊接、钢管过桥转弯处、钢管埋深等重点部位、隐蔽工程的施工质量,在很大程度上影响着项目竣工验收后的运行使用,监理应对其进行重点把关;应增加单体设备、系统功能测试,严格把关产品的安装工艺,确保试运行和运营的正常进行,减少后期维护成本。

(3)组织措施。

机电监理单位联合业主单位、主体监理单位,组织路基、路面、房建、绿化、交安、养护等多个施工单位,对各单位的交叉作业区域界面进行划分,同时根据施工单位的具体施工进度安排关键施工线路、明确施工顺序,避免施工过程中出现安全问题和不同施工单位间互相破坏劳动成果的问题。

(4)经济措施。

根据本项目特点将机电工程施工进度划分为不同的阶段,并根据完成情况、施工工艺、系统的稳定性、创新情况等进行奖惩,提高施工单位积极性和施工质量。协助项目业主合理选择机电承包商,检查其机电设备的主要性能指标、选型和机电系统的功能指标是否完全符合机电工程招标技术规范的相关要求。同时配合项目业主在不需要增加项目成本的情况下,优化原机电系统软件配置,获得更高的性价比。另外需要确保在施工过程中,各工序、环节均满足专业标准,在加快工程进度的同时,尽量减少工程变更,为下一阶段工程施工质量提供保障。

6.4 既有高速公路防撞波形梁护栏的利用

目前,我国高速公路上使用的护栏大多为波形梁护栏。

6.4.1 护栏一般损坏状态分析

碰撞作为高速公路护栏常见的破坏方式之一,往往会导致护栏损坏得比较严重。碰撞会导致护栏板变形、护栏立柱及地基土之间产生挤压力。在自然与气候的作用下,久而久之,护栏外观会产生锈蚀,焊缝及搭接处也会产生不同程度的损害。从高速公路实际调查情况来看,护栏的主要损坏形态如下:

(1)护栏板横向弯曲变形甚至断裂;

(2)护栏立柱因受力产生变形,严重的甚至出现裂痕,且地基土产生破坏;

(3)护栏其他附属部件损坏;

(4) 护栏镀层脱落，出现擦痕、露铁等现象，焊缝及搭接处产生破坏。

6.4.2 护栏损坏评价指标

1. 护栏外观鉴定

根据《波形梁钢护栏》(GB/T 31439—2015)、《公路交通工程钢构件防腐技术条件》(GB/T 18226—2015)等相关规范的规定，评价指标主要包括：(1)护栏各部件尺寸；(2)裂缝情况；(3)变形情况；(4)搭接和固定情况；(5)焊缝等。现场检测包括外观鉴定、实测项目、使用状况调查3大类。护栏外观鉴定如表6.5所示。

表 6.5　护栏外观鉴定

外观鉴定项目	检 测 项 目
镀层	均匀性；擦痕露铁
焊缝	平整性；裂缝
护栏板	平整性；线形一致性；搭接合理性；变形；油污；锈蚀
护栏立柱	变形；倾斜；油污；锈蚀；缺失；稳固
防阻块	变形
搭接固定情况	搭接方向；紧固；螺栓锈蚀

2. 护栏的现场检测

采用物理检测和化学检测手段，对护栏进行现场检测，将得到的检测值与规范进行对比，分析出护栏目前状况是否满足要求。护栏现场检测项目如表6.6所示。

表 6.6　护栏实测项目表

评级指标	现场实测项目	方法仪器
护栏基本尺寸	立柱壁厚/mm	测厚仪
	立柱长度/mm	直尺、拉线
	护栏板厚/mm	千分尺
	基地金属厚度/mm	千分尺

续表

评级指标	现场实测项目	方法仪器
裂缝	护栏板裂缝/mm	直尺
	立柱端头裂缝/mm	直尺
焊缝	立柱焊缝/mm	超声波探测仪
变形	护栏板顺直度/(mm/m)	拉线、直尺
	立柱竖直度/(mm/m)	垂线、直尺
	立柱倾斜度/mm	拉线、直尺
搭接和固定	搭接平顺度/(mm/m)	拉线、直尺
镀层	镀层厚度/μm	测厚仪
锈蚀	护栏板锈蚀厚度/mm	化学剂、测厚仪

6.4.3 护栏使用状况调查

对改扩建路段护栏使用年限、养护记录、事故记录、事故后处理方案等信息加以记录。养护情况良好或重大事故后已更换的护栏加 5 分,严重损害的减 5 分,发生较大事故的减 2 分,发生一般事故且进行了相应维护的计 0 分。结合外观评价、现场检测及使用状况调查的结果,综合计算权值,将护栏现场检查结果分为优、良、中、差 4 个等级。

6.4.4 护栏再利用全寿命周期经济性评价

根据全寿命周期成本分析理论,结合高速公路护栏再利用实际过程,既有高速公路护栏再利用所需费用如图 6.9 所示。

图 6.9 护栏再利用过程费用

护栏再利用经济效益评价见式(6.3)~式(6.5):

$$\alpha = L_{CC_2} - L_{CC_1} \tag{6.3}$$

$$L_{CC_1} = C_{D1} + C_{C1} + C_{M1} \tag{6.4}$$

$$L_{CC_2} = C_{D2} + C_{C2} + C_{M2} + C_R \tag{6.5}$$

式中,L_{CC_1}为购买新护栏的总成本;L_{CC_2}为护栏重复利用的总成本;C_D为设计成本;C_C为建造成本;C_M为养护成本;C_R为修复成本。

式中的 α 为护栏再利用效益评价结果,当 $\alpha<0$,则高速护栏再利用费用较新购护栏费用低,可以考虑再利用,否则需要购买新护栏。

6.4.5　护栏改造方案设计原则

护栏改造设计不同于新建项目的护栏设计,不仅要符合新规范,还要考虑与旧护栏的协调性等众多因素。因此从满足功能、协调景观、节约成本、方便施工、施工保畅等方面综合考虑,确定了以下护栏改造方案设计原则。

(1) 防撞等级第一位原则。

《公路护栏安全性能评价标准》(JTG B05—01—2013)中对各防撞等级的护栏实车碰撞试验的试验条件、试验方法和考核指标都有明确规定,护栏改造设计方案都须按照《公路护栏安全性能评价标准》(JTG B05—01—2013)的要求,通过实车碰撞试验验证其最终满足相应防护等级所要求的各项指标方可使用。

(2) 适用性原则。

除将护栏改造设计方案的防撞等级作为第一位之外,还应综合高速公路实际情况,有针对性地提出适用的改造设计方案,包括改扩建项目、护栏整体提级改造以及事故多发路段护栏改造。

(3) 中央分隔带护栏的施工安全防护作用。

在改造设计方案中充分考虑原有护栏在施工过程中的隔离和防护作用,尽可能较少地改动原有中央分隔带护栏,使其成为施工期间的安全防护屏障。

(4) 节约成本,充分利用原有护栏设施。

护栏改造技术方案需要在保证改造后护栏防撞等级的基础上,充分利用在用的原有护栏设施,尽量减少拆除、废弃原有护栏构件。拆除的护栏材料,经局部修补或重新采用防腐防锈处理措施,并经检验合格后,宜重复利用。在满足新规范规定的设置原则及防撞等级的条件下,充分利用改扩建工程中拆除的路侧护栏构件与中央分隔带护栏进行组合,以节约护栏改造成本。

(5) 施工方便,降低施工安装工艺难度,缩短工期。

护栏改造的实施需要在边通车边施工的环境中进行,中央分隔带护栏改造施工不仅影响建设周期,对施工期间的交通组织也有影响。护栏改造方案尽量避免拆除中央分隔带原有护栏立柱和护栏板等构件,缩短工期的同时也使其起到施工期间隔离防护的作用。改造方案的设计需要同时兼顾施工方便、安装快捷的原则,减少大型施工设备的使用,使护栏改造简单有效。

6.4.6 护栏改造方案

1. 路侧护栏

(1) 护栏立柱加高。

2006年之前,我国高速公路的波形梁护栏按照《高速公路交通安全设施设计及施工技术规范》(JTJ 074—1994)的相关规定设计,护栏板中心线距地面高度为60 cm。新颁布的《高速公路交通工程及沿线设施设计通用规范》(JTG D80—2006)规定,当中央分隔带波形梁护栏面与路缘石左侧立面不重合时,护栏板中心线距地面高度还应加上路缘石的高度。

现有高速公路护栏与新规范相比,护栏面与路缘石左侧立面不重合时高度不够。此外,日常维修养护以及路面加铺工程也会导致现有高速公路护栏高度不够。因此在护栏改造时,需对原有护栏进行加高,目前护栏加高有内套接高和外套接高两种方法,如图6.10所示。内套方案最大加速度比外套方案小,即内套方案缓冲效果较好。内套方案在现场施工时,由于新旧立柱采用同一直径,接头处平顺、美观,施工质量有保证、可控,且操作快速、便捷,利于缩短工期。

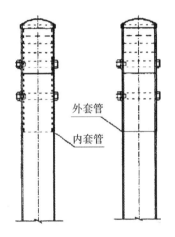

图6.10 护栏立柱加高方法

(2) 护栏立柱加密。

《高速公路交通安全设施设计及施工技术规范》(JTJ 074—1994)与新颁布的《高速公路交通工程及沿线设施设计通用规范》(JTG D80—2006)中护栏立柱间距如表6.7所示。新规范中对小半径路段以及小桥、通道、明涵路段护栏立柱间距与一般路段立柱间距加以区分,前者比后者立柱间距要小,即对易发生事故路段及事故严重路段进行立柱加密,以达到提高防撞等级的目的。护栏改造时,应对相应路段进行立柱加密,以满足新规范设计要求。

表 6.7　波形梁护栏的分类

安装位置		旧规范要求		新规范要求		
		防撞等级	立柱标准中心间距/m	防撞等级	立柱标准中心间距/m	适用范围
路侧		A	4.0	B	4.0	正常路段
					2.0	小半径路段以及小桥、通道、明涵路段
				A	4.0	正常路段
					2.0	小半径路段以及小桥、通道、明涵路段
				SB	2.0	土方、石方、挡土墙路段
		S	2.0		1.0	小桥、通道、明涵路段
				SA	3.0	土方、石方、挡土墙路段
					1.5	小桥、通道、明涵路段
				SS	2.0	土方、石方、挡土墙路段
					1.0	小桥、通道、明涵路段
中央分隔带	分设型	Am	4.0	Am	4.0	土方、石方正常路段
					2.0	小半径路段以及小桥、通道、明涵路段
				SBm	2.0	土方、石方路段
		Sm	2.0		1.0	小桥、通道、明涵路段
				SAm	3.0	土方、石方路段
					1.5	小桥、通道、明涵路段
	组合型	Am	4.0	Am	2.0	土方、石方正常路段
		Sm	2.0		1.0	小半径路段以及小桥、通道、明涵路段

(3) 双波叠加组成新的三波护栏。

《高速公路交通安全设施设计及施工技术规范》(JTJ 074—1994)中双波波形梁梁板尺寸为 310 mm×85 mm×3 mm。采用双波叠加组合的新三波波形梁梁板尺寸为 465 mm×85 mm×3(或 6)mm，即梁宽 465 mm，梁中间部分厚度变为 6 mm，两边厚 3 mm。与《高速公路交通工程及沿线设施设计通用规范》(JTG D80—2006)中 506 mm×85 mm×4 mm 三波波形梁梁板相比，叠加的三波波形梁梁宽要窄 41 mm，两边壁厚要薄 1 mm。改造后护栏整体防撞性能提高。

(4) 双排双波护栏。

双排双波护栏有两种:一种是在原有护栏板上层增加一层护栏板;另一种则是在原有护栏板下层增加护栏板,具体如图 6.11 所示。

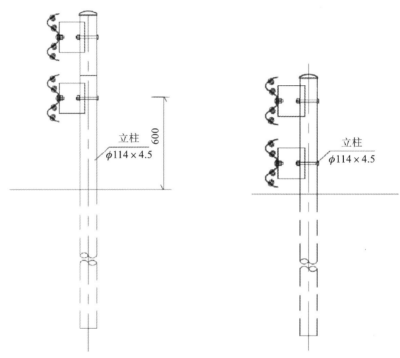

(a) 在原有护栏板上层增加护栏板　　　(b) 在原有护栏板下层增加护栏板

图 6.11　双排双波护栏构造图

在原有护栏板上层增加一层护栏板的优点是改造后护栏整体防撞性能较高,相同防撞等级内对于大型货车和客车的防护具有较高的安全性,缺点是需要新增加高立柱。在原有护栏板下层增加护栏板的优点是改造后护栏在相同防撞等级内对于小型车的防护具有较高的安全性,缺点是改造后的双层双波护栏对大型货车和客车的防护无明显增强。选用哪种护栏改造方式,应通过对公路车速和车辆组成的调研分析,针对占比例较多的车型提出具有针对性的护栏改造方案。

(5) 增加横梁。

增加横梁需在原立柱中插入一根弯曲立柱,然后再增加一根圆管横梁。改造后护栏整体防撞性能较高,相同防撞等级内对于大型货车和客车的防护具有较高的安全性能。缺点是需要增加防阻块、弯曲立柱、横梁以及横梁套管,用钢量较大,经济效益较差。增加横梁构造见图6.12。

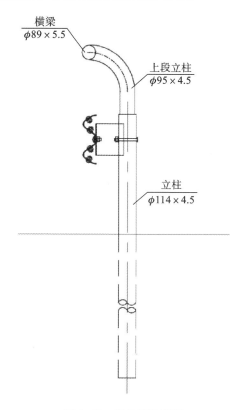

图 6.12 增加横梁构造

2. 中央分隔带护栏

(1) "8"字双波护栏。

"8"字双波护栏改造是采用原波形梁板对拼的方法。具体实施时只需将路侧的波形梁移到中央分隔带并与原护栏板对拼,提高中央分隔带护栏防护能力的同时,可大大减少施工运输距离。

(2) 增加横隔梁。

在立柱上部两侧安装2块横隔梁,连接中央分隔带两侧护栏板,从而提高护栏整体防撞性能。因横隔梁横跨整个中央分隔带,中央分隔带两侧护栏板相连后将影响种植树养护的方便性。

以上护栏改造方法中路侧护栏改造方法适用于中央分隔带护栏改造,但中央分隔带护栏改造方法不适用于路侧护栏改造。每种改造方法都有其局限性,在实际应用中单一的护栏改造方法可能难以满足防撞性能要求,因此需要将几种方法进行组合形成符合现行规范的改造方案。通常护栏改造方案包括护栏立柱加高、立柱加密及梁板改造,由此即可形成多种改造方案。每种改造方案都有其优劣势,应根据实际情况选择适合实际条件的改造方案。

6.4.7 护栏改造方案经济效益指标

护栏改造方案比选指标除了满足防撞等级及适用性条件,另一重要指标就是经济效益指标。护栏改造方案费用主要由4部分组成:护栏拆除费用、护栏翻新费用、新增构件费用、安装费用。不同的改造方案这4项费用均有所不同。对于改扩建项目,在满足防撞等级要求的前提下,尽可能较少地改动原有中央分隔带护栏,充分利用拆除的路侧护栏构件与中央分隔带护栏进行组合的方案总费用是最低的。对于事故路段护栏提级改造工程而言,更换构件越少的方案则费用越低。

第7章 高速公路工程项目进度控制

7.1 高速公路工程项目进度控制概述

7.1.1 高速公路工程项目进度控制的概念及主要内容

所谓项目进度控制,是指在项目进度执行过程中对项目进度执行状况进行实时监督管理,以检查项目的实际执行状况是否与进度计划相符。在评估项目的进度状态时,应着重分析与项目进度计划不一致的地方,深度剖析原因,采取针对性的措施解决问题,使项目能够顺利进入下一阶段。项目进度控制工作遍布整个项目实施的全过程,主要包括以下工作内容。

(1) 对于项目进度目标的监控。

对于企业工程项目的管理者而言,明确的目标对于进度控制至关重要。由于每个项目参与者负责不同类型的工作和重点,因此项目进度计划的监控目标和重要监控点也有所不同。评估项目进度目标是否合理、判断项目进度计划目标能否实现是非常必要的。

站在项目实施方的角度,其主要任务是根据项目合同的要求,对项目施工期内各项工程的实际施工期进行监控,以确保工程能够在规定的时间内完成。项目的材料供应商主要负责确保按照合同规定的时间节点向需求者供应材料、设备等物资。

(2) 对于项目进度计划的监控。

从总体上看,项目的总体进度计划是一个全面而系统的进度安排体系,其包含许多子计划。鉴于各参与方自身的进度计划不同,在企业工程项目的实施过程中,必须根据特定的工作节点或项目的时间周期来编制项目的进度计划。

(3) 对于项目进度的监控。

项目进度计划的执行是一个动态且连续的过程,项目进度计划的作用不仅体现在已完成的任务上,而且还体现在项目进度计划执行的整个过程中。项目各方应根据合同规定的职责,定期监测项目进度计划的执行情况,如果在监测过程中遇到任何偏差,应及时纠正,必要时应适当调整项目进度计划。站在项目管理者的角度,委托一个专门的监理单位来监督项目进度的实际执行情况是十分必要的。监理单位人员通过多种方式检查现场进度情况,比如依据施工单位提交的项目进度报告或者到实施现场进行检查等。

就项目施工方角度而言,要建立健全自身的项目进度安排体系和监控机制,以实现依据进度计划对项目进行实时、有效的管理。

7.1.2 高速公路工程项目进度控制的目标

在确定工程项目进度控制目标时,必须全面细致地分析与高速公路工程进度有关的各种有利因素和不利因素,才能制定出一个科学、合理的进度控制目标。确定工程项目进度控制目标的主要依据包括高速公路工程总进度目标对实施工期的要求、工期定额、类似工程项目的实际进度、工程难易程度和工程条件的落实情况等。

确定工程项目进度目标应考虑以下几个方面。

(1) 对于大型高速公路工程项目,应集中力量分期分批建设,以便尽早投入使用,尽快发挥投资效益。

(2) 结合工程的特点,参考同类高速公路工程的经验来确定施工进度目标,避免只按主观愿望盲目地确定进度目标,导致工程项目实施过程中的进度失控。

(3) 考虑工程项目所在地区的地形、地貌、水文、气象等方面的限制条件。

(4) 考虑外部协作条件的配合,包括工程项目实施过程中所需的水、电、气和道路、通信及其他社会服务项目的满足程度。

(5) 合理安排土建与设备的综合施工,应按照它们各自的特点,合理安排土建施工与设备安装的先后顺序及搭接、交叉或平行作业,明确设备工程对土建工程的要求和土建工程为设备工程提供施工条件的内容和时间。

(6) 做好资金供应、施工力量配备、物资供应与施工进度的平衡,确保满足工程进度目标的要求。

7.1.3 高速公路工程项目进度控制的主要特点

(1) 系统性。

项目进度控制是一个系统的、连贯的过程,它的实施建立在项目进度计划的基础上,就企业项目各参与方而言,他们必须严格控制项目的具体实施情况。项目进度计划主要分为两种类型,分别是项目的总体进度计划和每个参与方的进度计划,它们根据WBS分解图、时间节点进行划分,可以制定年度、季度、每月和每周计划。

(2)弹性。

工程项目具有施工工期长、易受环境因素干扰的特点,其在施工过程中可能会出现进度滞后或提前的情况,因此,进度计划在推进实施的过程中需要适时根据实际情况进行调整。若进度计划的实际执行状况与原始进度计划严重不符,企业必须能够迅速找到不利因素、做出调整并重新制定匹配的项目进度计划,从而确保项目顺利实施,所以弹性特点在项目进度控制中是十分必要的。

(3)动态性。

项目进度控制是一个持续的、动态的过程。在项目实施过程中,应经常跟踪进度计划的执行情况,并定期进行检查,以及时掌握实际进度,避免进度计划出现偏差,以确保项目进度计划的顺利实施。

(4)封闭循环性。

项目进度控制需要遵循一定的流程,在项目进度计划编制好之后根据其时间节点要求进行具体实施,然后对已实施的项目进度计划的执行情况进行检查、评估,与原始项目进度计划不符时,及时做出调整,得到一个新的计划,再以此计划代替原计划作为新的参照物,重复实施上述环节,最终形成项目进度控制的闭环系统。

(5)反馈性。

项目进度控制中的反馈性主要体现在项目进度计划的实际执行情况跟踪过程中,一般而言,可以总结为两个反馈过程:项目管理单位将收集到的项目实际进度信息反馈给项目实施单位,项目实施单位把收到的反馈信息纳入进度计划中,对进度计划进行改进后再反馈给项目管理单位。通过信息的交互反馈与共享,最终得以高效实现项目整体进度目标。

7.2 高速公路工程项目进度计划编制

7.2.1 项目进度计划基本理论

项目进度计划是指在项目实施过程前,在对项目的资源情况及准备工作充分了解的基础上,对所涉及的各项工作进行合理安排。在这里是指根据高速公路的建造顺序、各个工作的开始及完成时间,对各项高速公路工作进行合理排序,使工程在项目合同计划的期限内按时完成。合理的项目进度控制是项目进度管理的重要保障。项目进度计划是施工项目中各项工作在时间与空间上的安排与配置,即根据合同的实施目标与工程项目的开展顺序,对所有的项目活动作出时空上的合理安排。具体流程为根据竞标计划书,确定项目的施工期间及开始与结束施工的时间,根据项目工程中涉及的主要工程内容,确定施工前的准备工作,如相关的员工、施工中的机械设备、仪器仪表、原材料、计划分析文件等资源的需求数量与分配情况。因此,项目进度计划涉及整个项目的所有阶段,是合理分配项目资源,安排项目施工时间,保证项目按合同计划顺利完成,合理控制项目整体投资的有效前提。

项目进度计划是项目资源在时空中的合理配置,即其中一个重要信息为时间安排,项目进度涉及的时间众多,主要包括如下一些要素:施工期限、最早开始时间、最早结束时间、最晚开始时间和最迟结束时间、时差与其他计划时间。

施工期限,又称为施工作业持续,简称工期,是完成一项工作实际需要耗用的时间。在项目招标成功之后,招标公司都对项目有一个预算的工期,根据此工期来控制项目的整体进度,根据与剩余工期的比较,可以了解项目进度与计划相差多少,随时调整计划,调整施工方案,争取在项目计划周期内完成。一个项目的完成是一个连续的过程,在项目工程中不仅要考虑本项目的工期长短,还要考虑紧前、紧后项目工期的影响,通过整体把握项目工期,能够有效缩短整个工期时间。最早开始时间(earliest start-time,ES)是指某一工作能够最早启动施工的时间。最早结束时间(earliest finish-time,EF)是指某项工作能够最早完成的时间,是由某一工作最早开始时间的节点加上这项工作的计划工期时间计算而得。最晚结束时间(latest finish-time,LF)和最迟开始时间(latest start-time,LS)与以上 EF 和 ES 的定义相似。LF 是指为了保证项目在合同要求完工时间内完成,某项活动必须完成的最迟时间。LS 是指为了使项目在合同要求完工的时间内完成,某项活动必须开始的最迟时间。最迟开始时间由最迟结束时间减去此工作的计划工期时间段而得。如果最迟开始时间与最早开始时间不同,那么该项工作的启动时间就可以浮动,称为时差(TS)。时差既可以由最晚开始时间与最早开始时间的时间差确定,又可以由最晚结束时间与最早结束时间确定。计划时间是指进度计划中选择施工的时间,一般在最早开始时间与最晚结束时间之间。该项目的初始建设时间为项目的基线日期,当前选择的计划日为计划安排的日期。

7.2.2 项目进度计划的编制方法

项目进度计划编制的工具有很多种,常用的进度计划编制工具有关键日期法、甘特图法、线性图法(进度曲线图)、里程碑事件法、网络计划法与结构矩阵法。

(1)关键日期法。关键日期法是编制项目进度计划发展最早的一种方法,此种方法只通过陈列一些关键工作活动与时间的关系来组成进度计划,是最简易制作的一种项目进度计划表。

(2)甘特图法。甘特图,又称为横道图与条形图。它是以不同的横条方式形象地表示出每个项目的启动前后顺序与施工时间。甘特图以横条为时间标注,横条的长短表示工作的工期长短,不同位置的横条表示工作的开始施工时间与结束施工时间不同。在甘特图中不会出现两个横条交叉的现象,通过此图可以很直观地看到项目中一些主要活动之间的先后顺序与持续时间长短。甘特图的特点为制作简单,且现在已经有专门的软件来绘制此图,界面直观明了,在一些小型项目管理中应用非常广泛。但是甘特图法描述过于粗略,无法表示多目标、多约束的大型项目中内部各个工序间的关系,制定的图标不仅不能突出项目中的主要工序与关键节点任务,也没有考虑项目工作间的交互作用,使得制定的计划没有现实意义。

(3)线性图法。线性图与甘特图的形式较接近,也是在一个二维坐标内表示时间与工作的关系,它以一条由无数点确定的线(直线、折线和曲线)组成的平面来表示。线性图有多种形式,常见的为横轴表示时间,一般代表工期,纵轴表示与时间相关的因变量,如计划的累计完成工程、实际完成工程、预计费用、实际费用与效率等。累计完成工程具体可以分为高速公路上道路铺设的条数、桥墩的个数、防护栏数量等,累计费用为完成以上工作所花费的费用总额,同时也可以用百分比来表示,比较实际完成量与计划完成量之间的百分比。根据项目施工的实际情况,在项目开展初期由于各项设备与人员还没有进入最佳工作状态,效率没有中期高,而进入后期收尾工作由于涉及参与者较多,施工效率也会有所下降,因而进度曲线大体呈"S"形。

(4)里程碑事件法。里程碑事件法是指把项目中的一些关键事件与重要活动在项目实施的时间内突出地标示出来。这些被标示出来的关键事件被称为里程碑事件。标示出的事件能够被明显地确认,一般为项目进度计划过程中的相交接点与控制点,能对项目起到承上启下的作用,因而需要特别控制这些活动,保证项目在规定的时间完成。通过合理制定这些关键事件的进度计划可以合理反映项目进度在一定时间内的实施情况,并合理控制项目整体进度。此种方法不能单独使用,需要与甘特图等方法联合使用。

(5) 网络计划法。网络计划法是在充分考虑项目中的各个工作间的内部逻辑关系而形成的计划流程图。网络计划法在建立中,充分考虑项目工作间的主次关系,明确关键事件,采用定性与定量相结合的方法,对各工作进行分析、预测与决策,调配最优资源来整合项目,并且可以根据现实情况采取纠偏措施,对计划进行及时的动态调整。在网络计划法中,经常使用的为关键路径法(CPM)和计划评审法(PERT)。

关键路径法是以工作分解结构为基础而进行的对项目总耗时最优的一种调节,后续工作为进度监督和控制。关键路径法是指求得项目计划中最长的路线,即完成项目的最长时间,以此来确定这个项目的总耗时。关键路径根据工作分解结构,考虑项目工作之间的逻辑关系,再根据各个项目工作的工期、最早开始时间、最早结束时间等时间参数计算而得。

计划评审法是将工程项目作为一个系统,按照工作间的逻辑关系,对系统进行统一规划,以期达到人力、物力的最优化组合。

关键路径法与计划评审法不仅可以反映施工进度,而且能够抓住主次,找到关键事件,根据工作的内部逻辑进行计划,在现实生活中得到广泛的应用。

(6) 结构矩阵法。结构矩阵法是根据项目之间的逻辑关系,把各个工作表现在一个矩阵中,矩阵的构成能够充分体现和处理作业间的资源或信息流向关系,适用于处理作业间相互关系复杂的项目进度计划。

7.2.3 项目进度检查的方法

(1) 横道图法。

横道图法是指通过横道线对项目实际进度数据和已编制好的项目进度进行比较。它的优点是直观易懂,缺点是适用的对象为分项目或更细化的小项目,受横道图自身的限制只能进行局部的比较。

(2) S 曲线法。

S 曲线法是通过 S 曲线示意图中两条 S 曲线来直观地描述在项目施工期间,企业编制的进度计划和具体实施过程中的进度两者之间的偏差,如图 7.1 所示,其横轴和纵轴分别表示项目施工进度的时间和项目进度的完成情况。S 曲线法的不足是无法对存在的偏差具体量化。

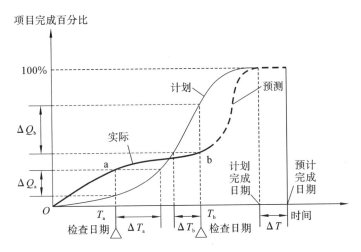

图 7.1　S 曲线示意图

对图 7.1 的说明如下。

①项目的实际进展速度。如果项目实际进展的累计完成量在原计划的 S 形曲线左侧,表示此时的实际进度比计划进度超前,如图中 a 点所示;反之,如果项目实际进展的累计完成量在原计划的 S 形曲线右侧,表示实际进度比计划进度拖后,如图中 b 点所示。

②进度超前或延迟时间。图中 ΔT_a 表示 T_a 时刻进度超前时间;ΔT_b 表示 T_b 时刻进度拖延时间。

③工程量完成情况。图中 ΔQ_a 表示 T_a 时刻超额完成的工程量;ΔQ_b 表示 T_b 时刻拖欠的工程量。

④项目后续进度的预测。图中虚线表示项目后续进度若仍按原计划速度实施,总工期拖延的预测值为 ΔT。

(3)挣值法。

所谓的"挣值法"是指根据项目成本来分析项目的实际实施进度的方法。根据企业制定的项目进度计划,分解项目建设期的工作。首先,对项目计划工作量及已完成工作量的预算成本进行估算,然后对项目的计划工作量及实际完成工作量的真实发生成本进行计算,最终汇总计算出在实际执行过程中项目投入的成本,与预算成本进行比较,分析项目进度计划的执行情况。

(4)香蕉线法。

通过两条曲线来展示项目进度计划的具体执行情况,这两条曲线形成了一个形状类似香蕉的闭合图形,如图 7.2 所示,因此被称为香蕉线法。其中,有一条曲线是依据项目进度计划中各项工作最早开始时间绘制成的 ES 曲线,而另一条是依据项目进度计划中各项工作最晚开始时间绘制成的 LS 曲线。

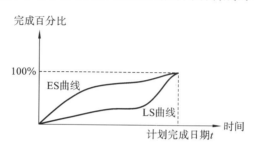

图 7.2 香蕉曲线示意图

(5) 前锋线法。

在项目的实际执行过程中,按照一定的时间节点检查项目进度计划中各项工作的实际执行进度,以反映实际的执行进度和项目进度计划的比较结果,此方法称为前锋线法。

(6) 列表法。

所谓的列表法指的是通过表格的形式对项目的执行情况及执行时间进行记录,并实时计算各项工作的剩余完成时间,从而实现项目进度的实时跟踪。通常而言,列表法是在进度表中最迟完工时间的条件下,通过企业项目完工所需工期与剩余完工时间的差额,计算出工程剩余总工期。如果计算出的总工期等于企业进度计划的剩余完成工期,则表明工程基本与工程进度计划相符合;如果前者大于后者,则表明该项工作提前完成,两者之差即为提前时间;如果前者小于后者,则表明该项工作影响了进度计划的正常推进,造成拖延,两者之间的差额即为延迟时间。

(7) 关键链法。

此种方法是从整体的角度实现对工程项目的进度计划的控制。关键链法和关键路线法看似不同,但是目标是一样的。关键链法首先对整个项目的各项工作进行分解;然后利用各工序之间的逻辑关系和其各自施工时间,绘制网络计划图。在编制的网络计划图中总工期最长的项目工作链为关键链,即企业项目的所有总时差为零的过程组成的过程链,关键链各工序的工期相加即得到企业项目的工期。通过关键链法监控项目进度计划与实际执行进度计划之间的差异,关键链上的工作的完成情况直接影响企业项目最终实施结果,因此项目各参与方可以选择把项目的主体资源优先投入这些工作中,确保它们按时按质完成,这对企业项目进度计划的顺利实施具有重大意义。

7.2.4 项目进度计划的调整

1. 分析进度偏差对后续工作及总工期的影响

(1) 分析出现进度偏差的工作是否为关键工作。如果出现进度偏差的工作位于关键线路上,即该工作为关键工作,则无论其偏差有多大,都将对后续工作和总工期产生影响,必须采取相应的调整措施;如果出现偏差的工作为非关键工作,则需要根据进度偏差与总时差和自由时差的关系做进一步分析。

(2) 分析进度偏差是否超过总时差。总时差(TF)是指在不影响总工期的前提下,本工作可以利用的机动时间。如果工作的进度偏差大于该工作的总时差,则此进度偏差必将影响其后续工作和总工期,必须采取相应的调整措施;如果工作的进度偏差未超过该工作的总时差,则此进度偏差不影响总工期,至于对后续工作的影响程度,还需要根据偏差与其自由时差的关系做进一步分析。

(3) 分析进度偏差是否超过自由时差。自由时差(FF)是指在不影响其紧后工作最早开始时间的前提下,本工作可以利用的机动时间。如果工作的进度偏差大于该工作的自由时差,则此进度偏差将对其后续工作产生影响,此时应根据后续工作的限制条件确定调整方法;如果工作的进度偏差未超过该工作的自由时差,则此进度偏差不影响后续工作,因此,原进度计划可以不作调整。

2. 进度计划的调整方法

为实现进度目标,当进度控制出现问题时,必须对后续工作的进度计划进行调整。一般来讲,进度计划调整的方法有以下几种。

(1) 改变工作之间的逻辑关系。这种方法是通过改变关键线路和超过工期的非关键线路上的有关工作之间的逻辑关系来达到缩短工期的目的。只有在工作之间的逻辑关系允许改变的情况下,才能采取这种方法。

这种方法的特点是不改变工作的持续时间,而只改变工作的开始时间和完成时间。对于大型高速公路工程,由于其单位工程较多且相互间的制约比较小,可调整的幅度比较大,容易采用平行作业的方法来调整进度计划;而对于单位工程项目,由于受工作之间工艺关系的限制,可调整幅度比较小,所以,通常采用搭接作业的方法来调整施工进度计划。

(2) 改变关键工作的持续时间。此种方式与前述方式不同,它主要着眼于关键线路上各工作本身的调整,工作之间的逻辑关系并不发生变化。其调整方法视限制条件及其对后续工作影响程度的不同而有所区别,一般考虑以下三种情况。

①网络图中某项工作进度拖延,但拖延的时间在该项工作的总时差范围内、自由时差以外,即 FF<Δ≤TF。根据前述内容可知,这一拖延并不会对工期产生影响,而只会对后续工作产生影响。因此,在进行调整前,需确定后续工作允许拖延的时间限制,并以此作为进度调整的限制条件。

②网络图中某项工作进度拖延,但拖延的时间超过了该项工作的总时差,即 Δ>TF。这种情况下,无论该工作是否为关键工作,其实际进度都将对后续工作和总工期产生影响。此时,进度计划的调整方法又可分为以下三种情况。

a. 项目总工期不允许拖延。如果工程项目必须按照原计划工期完成,则只能采取缩短关键线路上后续工作持续时间的方法来达到调整计划的目的,通常要考虑工期与费用的优化问题。

b. 项目总工期允许拖延。这种情况只需要用实际数据取代原始数据,重新计算网络计划时间参数,确定最后完成的总工期。

c. 项目总工期允许拖延时间有限。此时可以把总工期的限制时间作为规定工期,用实际数据对网络计划还未实施的部分进行工期与费用优化,压缩计划中某些工作的持续时间,以满足工期要求。

上面的三种进度调整方法均是以工期为限制条件来进行的。值得注意的是,当出现某工作拖延的时间超过其总时差(Δ>TF)而对进度计划进行调整时,除需考虑设备工程总工期的限制条件外,还应考虑网络图中该工作的一些后续工作在时间上是否也有限制条件。在这类网络图中,一些后续工作也许涉及独立的合同,时间上的任何拖延都会带来协调上的麻烦或者引起索赔。因此,当遇到网络图中某些后续工作对时间的拖延有限制时,可以以此作为条件,并按前述方法进行调整。

③网络计划中某项工作进度超前。在高速公路工程计划阶段所确定的工期目标,往往是综合考虑了各种因素而确定的合理工期。时间上的任何变化,无论是进度拖延还是超前,都可能造成其他目标的失控。所以,如果高速公路工程实施过程中出现进度超前的情况,进度控制人员必须综合分析进度超前对后续工作产生的影响,并同承包单位协商,提出合理的进度调整方案,以确保工期总目标的顺利实现。

7.2.5 项目进度控制的措施

工程项目进度控制的措施可以分为 4 类：组织措施、技术措施、经济措施和合同措施。

1. 组织措施

组织是目标能否实现的决定性因素，系统的组织包括组织结构、组织分工和工作流程。因此，组织措施主要包括以下几项：

(1) 建立工程项目进度实施和控制的组织系统；

(2) 落实各层次的进度控制人员、具体任务和工作职责；

(3) 确定工程项目进度目标，建立工程项目进度控制目标体系；

(4) 建立工程进度报告制度及进度信息沟通网络；

(5) 建立进度计划审核制度和进度计划实施中的检查分析制度；

(6) 建立进度协调会议制度，包括协调会议举行的时间、地点以及协调会议的参加人员等；

(7) 建立图纸会审、工程变更和设计变更管理制度。

2. 技术措施

不同的设计理念、施工方案都会对工程进度控制产生不同的影响。对设计前期方案进行评审和选用时，应对工程设计方案与工程进度控制的关系进行分析比较。在工程进度受阻时，分析是否存在设计方面的影响因素，为实现工程进度控制目标有无设计变更的可能性。施工方案对工程进度控制也有直接的影响，不仅应分析施工技术的先进性和经济合理性，还应考虑其对工程进度控制的影响。在施工进展受阻时，分析是否存在施工方案的影响因素，为实现工程进度控制目标，找到改变工程施工技术、施工方法的可能性。工程项目进度控制的技术措施主要包括以下几项：

(1) 审查承包商提交的进度计划，使承包商能在合理的状态下施工；

(2) 编制进度控制工作细则，指导监理人员实施进度控制；

(3) 采用网络计划技术及其他科学适用的计划方法，并结合电子计算机的应用，对高速公路工程进度实施动态控制。

3. 经济措施

进度控制的经济措施涉及资金需求计划、资金供应条件以及经济激励措施等,主要包括以下几项:

(1) 落实实现进度目标的保证资金,在工程预算中应考虑加快工程进度所需的资金,其中包括为实现进度目标将要采取的经济激励措施所需的费用;

(2) 签订并实施关于工期和进度的经济承包责任制;

(3) 建立并实施关于工期与进度的奖惩制度;

(4) 办理工程预付款及工程进度款支付手续。

(5) 应急赶工给予优厚的赶工费用;

(6) 工期提前给予奖励;

(7) 工程延误收取误期损失赔偿金。

4. 合同措施

进度控制的合同措施主要包括:

(1) 推行 CM 承发包模式,对高速公路工程实行分段设计、分段发包和分段施工;

(2) 加强合同管理,协调合同工期与进度计划之间的关系,保证合同中进度目标的实现;

(3) 严格控制合同变更,对各方提出的工程变更和设计变更,监理工程师应严格审查后再补入合同文件之中;

(4) 加强风险管理,在合同中应充分考虑风险因素及其对进度的影响,以及相应的处理方法;

(5) 加强索赔管理,公正地处理索赔。

第8章 高速公路工程项目成本管理

8.1 高速公路工程项目成本管理概述

8.1.1 高速公路工程项目成本的组成

以经济用途视角定位高速公路施工项目成本,可将其称为工程成本,通过工程成本能明确地以使用途径将各项费用反映出来,这对后期分析成本变化有着十分重要的意义。施工项目成本的构成是根据我国交通运输部颁布的《公路工程建设项目概算预算编制办法》(JTG 3830—2018)确定的。

(1) 直接成本。

耗费于施工过程工程实体构成或者与工程构成有关的所有费用的总和就是直接成本,其主要包括以下四个内容。

第一,人工费用。这部分费用的主体包括从事于工程项目施工的直接工人、现场配料运料的辅助工人和负责构件制作的工人等,他们的工资、奖金、津贴、劳保费和附加费用等。

第二,材料费。用于建造高速公路施工项目实体的材料费用,包括主材料、外购结构构件、周转材料的摊销费和租赁费以及形成高速公路施工项目实体的其他辅助性材料费用。

第三,施工机械使用费。产生这部分费用的主体是所有用于工程项目施工过程中的施工机械,由这些施工机械产生的台班费、租赁费、安装费、拆卸费和进出场费等。

第四,措施费。这部分费用包含的内容较为琐碎,比如临时设施摊销费、工程定位复测费、场地清理费、生产工具使用费以及施工过程中产生材料的二次搬运费等。

(2) 间接成本。

所有用于保证高速公路施工项目顺利实施但无法计入直接成本的费用总和

就是间接成本,主要包括以下 11 个内容。

第一,人员工资。人员工资用于项目现场管理人员的工资性支出。

第二,办公费。办公费是指施工现场管理办公使用的水电费等。

第三,劳动保护费。劳动保护费是指用于保证施工现场管理人员以及工人劳动保护的措施性费用,比如在不利于人员身体健康的环境中开展施工工作的保健费用。

第四,差旅交通费。差旅交通费是指项目建设有关人员因公出差产生的费用。

第五,职工福利费。职工福利费是指根据合理的比例,以现场施工人员的工资为基数产生的福利费。

第六,工具使用费。工具使用费是指对于部分不属于固定资产的器具、交通工具或者家具等物品的现场管理费用,其中还包括用于消防用具的购置费、检验费、试验费、维修费和摊销费用等。

第七,固定资产使用费。固定资产使用费是指现场管理及试验部门使用的固定资产的折旧及修理费用。

第八,保险费。保险费是指施工管理用财产、车辆保险及高空、井下作业等特殊工种安全保险等。

第九,工程保修费。工程保修费是指工程交付使用后在规定的保修期内的修复费用。

第十,工程排污费。工程排污费是指施工现场按规定交纳的排污费用。

第十一,其他费用。其他费用是指上述内容以外的工程间接费用。

8.1.2 高速公路工程项目成本的分类

高速公路施工项目成本分为以下几类。

(1) 预算成本。

它是指建设工程预算成本,根据预算单价和图纸工程量计算以反映完成高速公路施工项目建筑安装任务所需的直接费用和间接费用。

(2) 实际成本。

它是指项目在施工过程中实际发生的并按成本核算对象和成本项目归类的生产费用支出的总和。

(3) 计划成本。

计划成本是对高速公路施工项目预先确定的计划性生产费用,这部分费用的计划是在项目经理的领导下完成的,计划过程是建立在强化管理和加强经济核算的基础上的,同时运用了多种有效的技术组织措施。

(4)责任成本。

责任成本是根据成本中心归集的可控成本。它是将成本与经济责任制结合起来,把能够用成本反映的经济责任落实到各部门、车间、班组乃至个人,借以调动降低成本积极性的成本指标。由于各成本中心只对该中心能直接产生影响和控制的成本负责,要确定各中心的责任成本,就需要按成本的可控性将成本分为可控成本与不可控成本。

建设项目预算利润以外的收入能通过预算成本反映出来,而项目的实际支出则由实际成本反映。项目成本降低额就是实际成本值与预算成本值之间的差值,成本降低率则是由成本降低额与预算成本的比率表示,通过比较实际成本和计划成本能更加科学地考核高速公路施工项目的成本技术完成情况。

8.1.3 高速公路工程项目成本管理的含义

高速公路施工项目成本是指在整个高速公路施工过程中消耗掉的劳动者的劳动以及生产资料所对应价值的货币表现,每个单个的项目是企业开展成本核算的主要对象。对施工企业而言,高速公路施工项目成本管理属于重要的日程管理内容之一,企业以实现项目成本最小化为最终目的,在此过程中施工企业需要在分析行业发展现状以及行业特征的基础上,对项目施工全过程所产生的各项费用完成相应的管理和控制。高速公路施工项目的成本管理内容有很多,一方面要将项目实施过程中产生的责任成本合理分解,另一方面还要在监督落实责任成本的基础上制定有效的成本技术,确定好成本管理阶段性目标,再分别从成本预测、计划、决策、控制、核算、考核和监督等环节对高速公路施工项目成本管理实行全过程的监督管理与控制。

8.1.4 高速公路工程项目成本管理的主要内容

作为高速公路项目管理重要内容之一的成本管理,其在具体实施过程中需要完成的第一个环节就是通过合理的成本预测来确定成本管理的目标,在目标成本的主导作用下编制详细且具有较高可行性的成本管理方案,以便为后期的成本管理、成本分析以及成本考核工作提供统一的参考标准。核算发生在项目实施过程中,在成本技术指导下产生的实际成本值才更具有参考价值,以便有效地计算出计划成本与实际成本之间的差值,并分析出现差额的原因,进而提出有针对性的修正措施,这些环节都是保证项目成本管理与控制有效性的关键。由此不难看出,高速公路施工项目成本管理的内容和过程是比较固定的,主要有成本预测、成本决策、成本计划、成本管理、成本核算、成本分析和成本考核。

高速公路工程在项目管理实践中可以围绕成本管理的主要内容细化成本管理的目标和各个阶段的任务,在做好精细划分的基础上逐渐形成具有一定操作性的办法。首先,在成本预测和决策过程中,要根据现有的项目资料和工程实际情况对企业的利润目标做出综合性的考虑;其次,根据上一步预测和决策阶段的结果进一步细分各个阶段的成本目标,并编制出具有一定可行性的成本计划,将此计划作为开展成本管理的重要依据;再次,以决策阶段制定出的成本计划为执行标准,在一定范围内对各项工程的成本与费用进行有效控制,在避免有效资源利用不充分或者浪费的同时促进成本技术的顺利实施;最后,将工程项目成本目标的完成情况如实地在成本核算环节反映出来,将其作为企业日后开展成本管理工作的学习经验和参考,实现企业提升高速公路施工项目成本管理水平的目标。

8.2　高速公路工程项目成本计划

8.2.1　项目成本计划的编制原则

为了使成本计划能够发挥积极作用,在编制成本计划时应掌握以下原则:
(1) 从实际情况出发的原则;
(2) 与其他计划结合的原则;
(3) 采用先进的技术经济定额的原则;
(4) 统一领导、分级管理的原则;
(5) 弹性原则。

8.2.2　项目成本计划的编制依据

编制项目成本计划,需要广泛收集相关资料并进行整理,以作为项目成本计划编制的依据。在此基础上,根据有关设计文件、工程承包合同、施工组织设计、项目成本预测资料等,按照施工项目应投入的生产要素,结合各种因素变化的预测和拟采取的各种措施,估算施工项目生产费用支出的总水平,进而提出施工项目的成本计划控制指标,确定目标总成本。目标总成本确定后,应将总目标分解落实到各级部门,以便有效地进行控制。最后,通过综合平衡,编制完成项目成本计划。

项目成本计划的编制依据包括:
(1) 投标报价文件;
(2) 企业定额、施工预算;
(3) 施工组织设计或施工方案;
(4) 人工、材料、机械台班的市场价;
(5) 企业颁布的材料指导价、企业内部机械台班价格、劳动力内部挂牌价格;
(6) 周转设备内部租赁价格、摊销损耗标准;
(7) 已签订的工程合同、分包合同(或估价书);
(8) 结构构件外加工计划和合同;
(9) 有关财务成本核算制度和财务历史资料;
(10) 项目成本预测资料;
(11) 拟采取的降低项目成本的措施;
(12) 其他相关资料。

8.2.3 项目成本计划的内容

项目成本计划应满足合同规定的项目质量和工期要求,满足组织对项目成本管理目标的要求,满足以经济合理的项目实施方案为基础的要求,满足有关定额及市场价格的要求,满足类似项目提供的启示。其具体内容如下。

1. 编制说明

编制说明指对工程的范围、投标竞争过程及合同条件,承包人对项目经理提出的责任成本目标,项目成本计划编制的指导思想和依据等具体说明。

2. 项目成本计划的指标

项目成本计划的指标应经过科学的分析预测确定,可以采用对比法、因素分析法等方法。

项目成本计划一般情况下有以下三类指标。

(1) 成本计划的数量指标,如:

①按子项汇总的工程项目计划总成本指标;

②按分部汇总的各单位工程(或子项目)计划成本指标;

③按人工、材料、机具等各主要生产要素划分的计划成本指标。

(2) 成本计划的质量指标,如施工项目总成本降低率,可采用:

①设计预算成本计划降低率=设计预算总成本计划降低额/设计预算总成本;

②责任目标成本计划降低率=责任目标总成本计划降低额/责任目标总成本。

(3) 成本计划的效益指标,如工程项目成本降低额,可采用:

①设计预算成本计划降低额=设计预算总成本－计划总成本;

②责任目标成本计划降低额=责任目标总成本－计划总成本。

3. 单位工程计划成本汇总表

按工程量清单列出的单位工程计划成本汇总表,见表 8.1。

表 8.1 单位工程计划成本汇总表

序 号	清单项目编码	清单项目名称	合 同 价 格	计 划 成 本
1				
2				
3				
4				
5				
…				

4. 单位工程成本计划表

按成本性质划分的单位工程成本汇总表,根据清单项目的造价分析,分别对人工费、材料费、机具费和企业管理费进行汇总,形成单位工程成本计划表。

成本计划应在项目实施方案确定和不断优化的前提下进行编制,因为不同的实施方案将导致人工费、材料费、机具费和企业管理费的差异。成本计划的编制是项目成本预控的重要手段。

因此,成本计划应在工程开工前编制完成,以便将计划成本目标分解落实,为各项成本的执行提供明确的目标、控制手段和管理措施。

8.2.4 项目成本计划的编制程序

1. 收集、整理资料

需要收集、整理的资料包括以下几项：

(1) 上年度成本计划完成情况及历史最好水平资料(产量、成本、利润)；

(2) 企业的经营计划、生产计划、劳动工资计划、材料供应计划及技术组织措施计划等；

(3) 上级主管部门下达的降低成本指标和要求的资料；

(4) 施工定额及其他有关的各项技术经济定额；

(5) 施工图纸、施工图预算和施工组织设计；

(6) 其他资料。

另外，还应深入分析当前情况和未来的发展趋势，了解影响成本升降的各种有利和不利因素，研究如何克服不利因素和降低成本的具体措施，为编制成本计划提供丰富、具体和可靠的成本资料。

2. 估算计划成本

估算计划成本即确定目标成本。目标成本是指在分析、预测，以及对项目可用资源进行优化的基础上，经过努力可以实现的成本。工作分解法又称工程分解结构，在国外被简称为 WBS(work breakdown structure)，它的特点是以施工图设计为基础，以本企业做出的项目施工组织设计及技术方案为依据，以实际价格和计划的物资、材料、人工、机械等消耗量为基准，估算工程项目的实际成本费用，据此确定成本目标。其具体步骤是：首先把整个工程项目逐级分解为内容单一、便于进行单位工料成本估算的小项或工序，然后按小项自下而上估算、汇总，从而得到整个工程项目的估算。估算汇总后还要考虑风险系数与物价指数，对估算结果加以修正。

利用 WBS 系统进行成本估算时，工作划分得越细、越具体，价格的确定和工程量估计就越容易。工作分解自上而下逐级展开，成本估算自下而上，将各级成本估算逐级累加，便得到整个工程项目的成本估算。在此基础上分级分类计算的工程项目的成本,既是投标报价的基础,又是成本管理的依据,也是和甲方工程项目预算做比较和进行营利水平估计的基础。估算成本的计算公式见式(8.1):

$$估算成本 = 可确认单位的数量 \times 历史基础成本 \times 现在市场因素系数 \times 将来物价上涨系数 \tag{8.1}$$

式中,"可确认单位的数量"是指钢材吨数、木材的立方米数、人工的工时数等;"历史基础成本"是指基准年的单位成本;"现在市场因素系数"是指从基准年到现在的物价上涨指数。

3. 编制成本计划草案

对大、中型项目,经项目经理部批准下达成本计划指标后,各职能部门应充分发动群众进行认真的讨论,在总结上期成本计划完成情况的基础上,结合本期计划指标,找出完成本期计划的有利因素和不利因素,提出挖掘潜力、克服不利因素的具体措施,以保证计划任务的完成。为了使指标真正落实,各部门应尽可能将指标分解落实下达到各班组及个人,使目标成本的降低额和降低率得到充分讨论、反馈、再修订,使成本计划既能切合实际,又能成为群众共同奋斗的目标。

各职能部门也应认真讨论项目经理部下达的费用控制指标,拟定具体实施的技术经济措施方案,编制各部门的费用预算。

4. 综合平衡,编制正式的成本计划

各职能部门上报了部门成本计划和费用预算后,项目经理部首先应结合各项技术经济措施,检查各计划和费用预算是否合理可行,并进行综合平衡,使各部门计划和费用预算之间相互协调、衔接;其次,要从全局出发,在保证企业下达的成本降低任务或本项目目标成本实现的情况下,以生产计划为中心,分析研究成本计划与生产计划、劳动工时计划、材料成本与物资供应计划、工资成本与工资基金计划、资金计划等的相互协调平衡。经反复讨论,多次综合平衡,最后确定的成本计划指标,即可作为编制成本计划的依据。项目经理部正式编制的成本计划,上报企业有关部门后即可正式下达至各职能部门执行。

8.3　高速公路工程项目成本管理原则、过程、方法

8.3.1　项目成本管理的原则

成本管理是一项系统科学的管理工作，在实际的操作过程中一般应遵循以下五项原则。

1. 全面性原则

高速公路施工项目的成本发生于项目实施的整个过程，从成本预测到考核分析、从施工前的准备工作到施工结束后的竣工验收，在此过程中的每一个环节以及每一个参与的人都是高速公路施工项目成本管理的内容，在全面性原则下开展管理工作具体有以下三个方面的内容。

(1) 全过程成本管理。以节约控制项目成本为目的，杜绝各种浪费和多余消耗，需从项目的施工准备成本、正式施工各个环节成本以及缺陷责任期成本展开有效管理工作。

(2) 全方位成本管理。高速公路施工项目成本管理工作涉及多方面内容，施工管理的组织架构是由项目管理机构各个部门形成的，这既是成本管理的主体，也是项目成本的主要来源。要想实现节约成本、提高经济效益的目的，必须在全方位管理下让项目各个部门形成合力、确定统一的项目成本目标，同心协力、全方位地控制好成本来源。

(3) 全员成本管理。生产力中最活跃的因素始终是人，所有企业活动的效益都是由人创造的，基于对这一点的考虑，在高速公路施工项目成本管理中有必要充分发动全体职工参与进来，要避免只让项目管理人员或者技术人员参与成本管理的情况出现，通过激发全体职工的主观能动性，实现人人按规定、事事照预算的成本管理。

2. 可控性原则

可控成本管理指的是建筑企业各个职能部门都有权对耗费加以限制或调整，当然也有不可控成本，这部分指的是各个职能部门没有对其进行限制或调整

的费用。无论何种成本管理类型,其在具体执行过程中的划分依据都是一样的,即项目主体的管理者和职能部门拥有的管理权限。可控性原则的重点在于集中全力、充分深入地挖掘可控成本的潜力,进而实现节约成本、提高经济效益的目的。

3. 责、权、利相结合原则

拥有权限也就意味着承担责任,因此各个职能部门都必须在承担相应的经济责任基础上合理运用管理权限,对可控成本进行有效的管控。项目经理主要负责对下属各个级别责任部门的管理结果做出考核,并按考核结果实行相应的奖惩措施。在整个项目范围内,成本管理网络的构成以及后期成本的有效控制都必须在权利、责任和利益三者相结合的原则下进行,如此才能真正保证各个部门以及各级管理人员都在客观、公平的要求下行使权利、承担责任,以管理结果为标准享受对应的利益。

4. "开源"与"节流"相结合原则

传统的成本管理几乎都是采用"节流"的方法,即通过精打细算、节约开支开展成本管理工作,但随着社会的发展和建筑业的进步,仅仅依靠"节流"已经无法有效地发挥成本管理的作用了,所以要采取更加积极主动的方法,通过引进先进技术抓好项目成本管理,实现"开源"与"节流"的双管齐下,比如将最新的技术和工艺运用到施工过程中,强化变更索赔管理,提升合同管理水平等,这些都是有效的"开源"成本管理法。

5. 目标管理原则

建立目标成本的前提条件是定额,同时目标成本的实现需要整个项目全体员工齐心协力地努力和付出。一般情况下,在制定目标成本的过程中,要同时从高速公路施工项目内部的具体条件和项目所处的外部环境考虑,综合运用量、本、利分析法为高速公路施工项目制定出科学合理的目标成本,确保目标成本的可行性、操作性。成本管理将既定的目标成本作为开展工作的主要依据,并以此统一全体员工在成本管理方面的思想,使其共同朝着一个目标前进,与此同时注意在目标管理实施过程中定期地将当前进度与目标成本做对比,以及时地调整成本管理力度。

8.3.2 项目成本管理的过程

在项目施工进程中的不同阶段,因工作对象不同,成本管理的手段和方法也存在差异,但究其本质而言,成本管理的控制技术是基本一致的。一般情况下可将高速公路项目实施的成本管理分为三个不同阶段。

(1)第一个阶段:事前管理。事前管理也就是在高速公路工程项目施工开始之前推进的成本管理,这其中包括几个方面的内容,如成本预算、成本计划等。项目相关负责人在这个时期首先需要综合当前高速公路工程项目的实际特点和具体特征,综合依据科学合理的方法进行对应的成本预测和成本估量,结合高速公路工程项目中各项费用支出制定书面执行书,其中具体工作可分为两个方面。

①明确成本目标。高速公路工程项目开展之前,首先需要项目负责人结合精确的估量方法确定出当前项目整体水平以及具体的支出明细,以此为基础确定出成本技术和成本管理目标,这也是进行高速公路工程项目成本管理的基础和关键,便于后期进行更加完善且详细的成本管理和成本核算工作。

②编写成本计划。在明确成本目标之后,需要项目负责人综合高速公路工程项目中的各项费用支出计划科学、合理地制定出使企业经济效益最大化的成本计划。在高速公路工程项目执行过程中,还需要负责人严格依据所制定的计划推进各项成本管理工作,这也是后期成本管理的基础和依据,是成本管理的重要手段和工具。

(2)第二个阶段:事中管理。所谓事中管理指的是项目施工过程中存在的成本管理。在项目施工过程中成本管理是实时存在且贯穿始终的,也是成本管理的中间环节,是企业产生经济效益的关键和基础,也是企业项目控制的关键内容。作为一个长期性的行为,项目施工阶段中的不少过程都对成本管理存在影响,例如物资采购制度、施工组织、高新技术应用等,这些内容极有可能影响施工阶段的成本管理,因此在这个过程中需要对各方参与主体的责任和义务进行精准划分,协调各方参与主体,严格依据成本技术推进施工过程,确保高速公路施工项目的成本消耗严格依据计划执行,其中各工作可具体分为两个方面。

①实际成本监测。实际成本监测指的是施工过程中对不同成本消耗的实施监控,确定其与成本计划有效统一,生成实际成本报告,对实际成本和计划成本进行对比分析,确定其中是否存在偏差,并对存在的偏差进行分析。

②实际成本跟踪。实际成本跟踪表示的是施工过程中的每一个环节和流程都需要进行准确的成本管理,对其中产生偏差的原因进行分析。

（3）第三个阶段：事后管理。所谓事后管理也是竣工结算阶段的成本管理。作为成本管理的最后一个环节，竣工结算管理也是其中较为关键的环节之一，事后成本管理主要就是依据竣工结算资料来进行的，因此资料的完整性、规范性、数据的准确性，以及建筑环境对竣工结算的影响都是至关重要的。这个阶段需要相关管理人员针对性地对成本管理中的各项问题进行分析，结合分析结果生成最终检验报告，其中包括下述几个方面的内容。

①核算成本。对高速公路工程项目中的实际成本和计划成本的偏差进行核算，确定当前项目成本管理的效果。

②分析成本。对项目成本的变动进行分析，确定其是否超过计划或者低于计划，确定造成这种结果的因素，并且总结经验教训，为后期类似工程提供有用的参考意见，制定出更加合理的成本管理方法。

③考核成本。进行核算成本的分析和考核，确定产生成本偏差的根本原因，对原因进行针对性的分析和研究，为后期的成本管理工作提供可行性的参考意见和建议。与此同时，依据具体的部门责任划分和责任主体对应的绩效进行奖惩，提升各部门工作人员在成本管理工作中的积极性，进一步提升成本管理水平。

8.3.3　项目成本管理的方法

1. 施工项目成本分析法

（1）成本分析法概念。

成本分析法是以控制项目工程的成本为目的而采取的一种方法，分析成本节约或成本超支的原因，以此提高经济效益、改进项目成本管理工作水平。成本分析法主要有两种方式。

①工程成本综合分析法。

对施工企业某一施工项目或是施工阶段的实际成本和预算成本采取对比分析的方法就称为工程成本综合分析法。在此种方法下，项目人工费用、材料费用、机械使用费以及各种间接费用共同组成项目成本。影响高速公路施工项目成本管理的因素有很多，既有外部原因，也有内部管理原因，通过综合分析法，能够分析出项目成本变化趋势产生的原因，以便采取相应的措施将项目成本控制在预设范围内。

②工程成本具体分析法。

由于高速公路工程投资大,工期长,施工环境恶劣,工程的人工费、材料费和机械使用费就占据总工程造价的80%。而具体分析法就是对综合分析法中项目成本的各项内容进行单独具体的分析,有利于对工程项目中的成本进行科学组织和管理。以项目人工费用为例,人工费是指项目工程施工的天数乘以日平均工资,受预算与实际之间的差异影响,差异越大,人工费用的偏差也就越大。通过对项目人工费用进行分析,就可以根据预算和实际之间的差异,来对项目人工成本的变化趋势进行掌握和了解,以便能够及早发现其中的问题并及时解决。

(2) 成本分析法类型。

项目施工成本的发生和形成包含了从工程的前期准备到工程施工再到竣工交付直至保修期满的全过程,每一个阶段都伴随着巨大的人力、物力和财力的消耗。按照成本分析法的分类,我们大致可以从以下几个方面进行成本核算和分析。

①人工费用分析。

在项目经理与施工企业签订劳务分包合同时,就需要对项目所需的人工以及相应的人工费用进行明确的规定,同时还需要对分包项目的范围、金额以及合同双方的权责进行明确划分。对于项目经理而言,除了需要支付合同约定的各项人工费用,有时还会产生额外的人工费用,例如:a.由于工程量的增加,导致人工增加而产生的人工费用;b.固定人工以外的,工资以日结为方式的人工费用。

②材料费用分析。

工程项目成本管理是企业加强工程项目管理的重要内容,材料费用作为工程成本的主要内容,分析内容主要包括主要材料和结构件费用的分析、周转材料使用费分析、材料采购保管费分析,以及材料储备的分析四个方面。

第一,主要材料和结构件费用的分析。

主要材料和结构件费用的高低,主要受价格和消耗数量的影响。而材料价格的变动,受采购价格、运输费用、途中损耗、供应不足等因素的影响;材料消耗数量的变动,则受操作损耗、管理损耗和返工损失等因素的影响。因此,可在价格变动较大和数量使用异常的时候再作深入分析。

第二,周转材料使用费分析。

周转材料的利用率和损耗率影响着项目周转的材料费用,使之出现一定范围的波动。而周转速率与周转材料的使用时间成反比,即周转速率越慢,周转材料的使用时间越长。

第三,材料采购保管费分析。

材料采购保管费属于材料的采购成本,包括:材料采购保管人员的工资、工资附加费、劳动保护费、办公费、差旅费,以及材料采购保管过程中发生的固定资产使用费、工具用具使用费、检验试验费、材料整理及零星运输和材料物资的盘亏及毁损等。材料采购保管费一般与材料采购数量同步,即材料采购得多,采购保管费也会相应增加。

第四,材料储备资金分析。

材料储备资金主要是根据日均材料用量、材料储备时间、材料单价三个因素进行的,其中任意两个因素发生变动,都会使得材料储备资金的占用量发生变化。而材料储备时间(按天数计算)对材料储备资金的影响最大。

③机械使用费分析。

一般在工程施工现场,不可能全部具备施工所需的机械设备,因此,为了确保项目的正常开展,工程项目部会通过外租等方式获得机械设备。而在机械设备的租赁过程中会出现两种情况:第一,根据工程实际产量选择适宜的机械设备,所有相关费用根据实际完成情况来计算,例如土方工程,项目经理只需要根据实际完成的土方数量结算费用,无须考虑挖掘机的使用损耗以及利用率;第二,机械设备的租赁费用根据设备实际使用时间展开计算,如果设备的完好率不高,那么就会导致机械设备的利用率不高,进而使得机械设备的使用时长和使用费用同时增加。

④其他直接费分析。

其他直接费用是指在项目施工过程中所发生的直接费用以外的费用。例如:二次搬运费用、工程水电费、工程定位复测费、场地清理费等。

⑤间接成本分析。

项目成本可以分为直接成本和现场经费两大部分,其中现场经费也被称为间接成本。工程施工准备、组织施工、施工管理过程中所产生的费用就称为间接成本,包含工资福利、管理所需的其他费用。而间接成本的分析与其他直接费的分析一样,主要通过对比预算费用和实际费用进行。

2. 成本累计曲线法

(1)成本累计曲线法概念。

成本累计曲线又称为时间-累计成本图,能够明确表示出工程项目在不同时间节点上的变化情况,并对不同时间节点上项目工程的实际累计成本和预算(理想)累计成本进行表示,并作对比分析,直观体现出两者之间是否存在较大的差异。

(2) 成本累计曲线图的绘制。

横轴表示项目的工期,纵轴表示项目的成本,按照一定的时间间隔或时间单元累加各工序在该时间段内的支出就能够绘制出时间-成本累积曲线图,如图 8.1 所示。

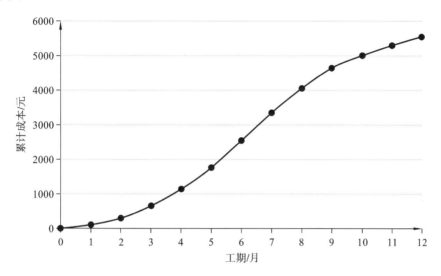

图 8.1　时间-成本累积曲线(S 形曲线)

(3) 成本累计曲线法的作用。

成本累计曲线图上实际支出与理想情况的任何一点偏差,都是一种警告信号,但并不是说工作中一定发生了问题。发现偏差时要查明原因,判定是正常偏差还是不正常偏差,然后采取措施处理。在成本累计曲线图上,根据实际支出情况的趋势可以对未来的支出进行预测,将预测曲线与理想曲线进行比较,可获得很有价值的成本管理信息。这对项目管理很有帮助。虽然成本累计曲线可以为项目控制提供重要的信息,但是前提是所有工序时间都是固定的。

利用各工序的最早开始时间和最迟开始时间制作的成本累计曲线称为成本香蕉曲线,见图 8.2。成本香蕉曲线表明了项目成本变化的安全区间,实际发生的成本变化如不超出两条曲线限定的范围,就属于正常变化,可以通过调整开始和结束的时间使成本管理在计划的范围内。如果实际成本超出这一范围,就要引起重视,查清情况,分析出现的原因。如果有必要,应迅速采取纠正措施。顺便指出,成本香蕉曲线不仅可以用于成本管理,还是进度控制的有效工具。

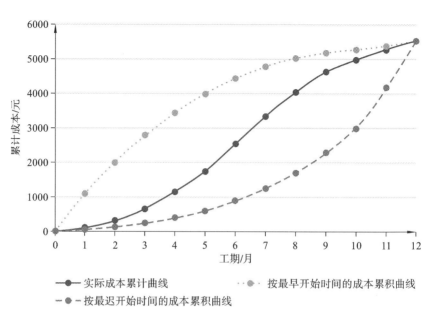

图 8.2 成本香蕉曲线

3. 作业成本法

（1）作业成本法概念。

作业成本法概念提出："企业生产产品所必须要开展的各项作业导致了企业间接费用的产生，并认为间接费用与产品产量并没有太大的关系，更多的是与导致其发生作业的数量有较大的关系。"作业成本法的基本思路是：产品消耗作业，作业消耗资源，借助"作业"这一手段进行分析，经过科学的重组，产生新的产品成本。作业成本法能够有效区分出与产出量相关的制造费用，并采用不同的动因进行分配，使成本库中归集的制造费用具有共性，而费用分配以及分配的标准也更加具体合理。作业成本管理的方法主要如下。

①作业消除。

作业消除指消除工程中没有增值价值的作业。例如，在条件许可和供货时间充分合理的情况下，就可以将原材料从供应商处直接运输到施工现场，从而省去从集中保管仓库到施工现场的二次搬运环节，消除这一不增值的作业步骤。

②作业选择。

所谓作业选择是指尽可能地列举出每个工序和环节可能产生的作业，并从中选择出最佳作业。例如，工程施工过程中所采取的组织方案不同，那么就会产生不同的作业方法,不同的作业方法又会导致作业成本具有差异性。在其他条件都固定的情况下,选择作业成本最低的方案,就能够有效控制施工项目的作业成本。

③作业减低。

作业减低是指对必要作业进行改善,或是对短期内无法立即消除的不增值作业进行改善。例如减少整理次数,以此来实现改善整理作业的目的。

④作业分享。

作业分享是指通过规划经济效益来使得项目工程必要作业的效率有所提高,也就是说在使成本动因数量增加的同时,并不增加作业成本,其作用在于能够降低单位作业成本和产品分摊成本。

(2) 作业成本法的特点。

①优化生产作业流程。

通过作业成本分析,就能够对作业层次的成本数据进行提取,对增值与不增值作业进行准确的识别,从而有效提高增值作业的效率,并最大限度消除不增值作业,进而实现优化高速公路施工项目成本的目的。

②提供更为精准的成本信息。

作业成本法开展的核心和基础是"作业",通过作业归集和分配成本,在把握成本费用和产品的配比关系上做到精准、细致,进而提供更为详细和准确的高速公路施工项目成本信息。

③实现有效控制成本的目的。

作业成本管理以成本动因作为媒介,以资源流动作为主线,通过动态跟踪项目施工作业活动,分析成本变动因素,以此来探寻最佳的成本管理路径。但是,由于作业成本法自身的局限性,该种方法的推广效率不高,具体表现为以下两点。

第一,成本动因在选择上具有主观性。成本动因作为分配间接费用的标准,其自身具有较强的主观性,很多资源消耗其实相对固定,就很难能与特定作业联系起来,诸如折旧费、保险费等。因此,如果成本动因选择不合适,那么就无法获得真实的成本信息。

第二,在因素的考虑上忽略了从总成本角度出发。更加重视从单项成本的角度来管理和评价,以此来实现降低总成本的目的,但是事先却没有对总成本开展合理的规划,没有对成本目标进行合理的考量,因此,导致成本降低效率极为有限。

(3) 作业成本法的实施步骤。

高速公路施工项目实施作业成本法主要分为以下三个环节。

①建立成本作业库,确认作业所需消耗资源。在掌握和熟悉高速公路工程施工流程的基础上开展识别作业,然后分类、整理作业,建立成本作业库,并确认和计量实际所消耗的资源,以此来作为作业分配的依据。

②计算实际作业成本。实际作业成本是指在一定时期内,作业中心归集的实际消耗资源的费用总和。

③作业成本差异计算与分析。由于高速公路的建设、经营条件与预期之间存在一定差异,实际发生的作业成本通常会与标准作业成本之间存在差异,因此就需要分析这两者之间所存在的偏差,以此来提高作业效率。

(4) 作业成本法的优缺点比较。

作业成本法是以作业为核心的成本核算体系,将成本分配的重点放在间接成本上,能够提供更精确的成本信息,通过对作业成本的确认、计量,尽可能消除没有价值的作业,有助于控制成本,也有助于管理者进行决策,提高市场竞争力。

当然,作业的区分存在困难,施工生产活动复杂多样,相互联系、相互依存,并不是所有作业都界限清晰、责任分明,这也增大了成本动因确认的难度,对于造成成本变动的因素不易分辨,所以作业成本法难免具有主观性和一定程度的武断性,这是作业成本法的缺点。

4. 目标成本法

(1) 目标成本法的概念。

目标成本管理指在成本管理中应用目标管理的一整套理念和方法,从而形成一种全新的成本管理理念和方法,这也是高速公路施工企业新时期管理的重要手段之一。在高速公路施工项目成本管理中采用目标成本管理法,严格控制项目各项成本支出,促进企业经济效益不断增长,推动高速公路施工项目的管理水平不断提升,进而激发员工工作的积极性。

高速公路施工项目目标成本管理的基本思想是指从高速公路施工项目中标之日起,工程施工以目标为导向开展施工活动,根据目标完成的进度评价项目工程施工完成结果。目的在于充分挖掘企业内部潜在资源与能力,降低资源消耗,帮助企业增加效益,不断提高企业全体员工成本意识,激发员工创造力与想象力,为企业发展做出应有贡献,不断提高企业核心竞争力,确保企业在激烈的市场竞争中占据领先地位。

高速公路施工项目目标成本管理可分为三个阶段:目标成本确定—目标成本管理—目标成本考核。根据高速公路施工项目的特殊性,项目施工成本几乎是围绕高速公路这一项目为中心开展的,因此,制定、实施以及实现项目施工成本必须形成一个完整的整体,从根源上限制施工成本的支出额度,通过不断设定、分解和实现目标成本,最终实现将目标成本限制在可控范围内。

(2) 目标成本法的特点。

目标成本管理实质就是对高速公路工程施工企业未来利润采取具有战略性的成本管理技术手段。其特点主要体现在以下三个方面。

①提高企业经济效益,帮助企业实现高速公路施工经营总体目标。由于从目标成本的计算到企业日常成本管理工作全部围绕高速公路施工目标利润的实现这一主要任务,同时它所关注的范围不仅包含项目投资策划以及项目设计等环节,还涵盖了施工准备、施工过程、项目竣工验收等各个环节的成本管理,也就是说将成本管理渗透到施工项目全过程中,以此来实现企业经营总目标。

②有利于产业链上各企业之间资源优势的整合,不断提高企业在行业市场中的竞争实力。将产品层次的目标成本压力进行分解,然后传递给不同系统的要素,促进它们能够通力合作,共同找出降本增效的方法,从而使得不同企业之间能够进行有效融合。

③强化成本管理的内容,有助于实现成本目标和成本计划,以及不断完善高速公路施工企业的内部责任制和经济核算制度。

此外,目标成本管理也存在一定局限性,主要表现在以下几个方面。

第一,目标成本管理的成本分配法较为单一,缺乏多样性,资源消耗依旧是基于产品数量或部门的方式,对于一些具有联系和相同性质责任的归属情况却有所忽略。

第二,目标成本管理并没有对目标进行分解,并融合到不同的业务活动中,仅仅是从整体上明确责任人的成本目标,无法计算实际成本脱离责任成本的差异,进而使得信息出现失真现象。

第三,目标成本管理所采取的分析法比较传统,毫无创新意识,其分析对象依旧是产品,根据产品成本的实际数和计划数进行对比分析。这种偏差分析由于对费用的分解过于浓缩,使得分配基础略显单一,进而导致成本分析所提供信息的真实性有待考究。

高速公路施工企业在选择目标成本管理法时,必须要充分汲取标准成本制度的优势来弥补目标成本管理法的缺陷,并且有选择性地借鉴责任成本制、作业成本法等其他先进的成本管理方法和制度，不断创新和改革成本管理的深度和广度，从而构建更为科学合理的成本管理模式。

（3）目标成本法的实施步骤。

①确定成本目标。

成本目标的确定是高速公路施工项目成本管理的起点，在目标制定时必须要科学合理，否则将会严重影响成本管理的有效性。首先，在项目实施初期阶段，项目部必须要详细地掌握市场动态以及国家的政策法规，结合自身项目实际情况，科学预测未来施工成本，从而降低风险；然后再根据实际制定出具有可行性高的成本计划，明确项目施工过程中所产生的各种费用、成本水平以及降低成本所采取的各种措施。

②分解成本目标。

确定成本目标后，就需要根据各部门、岗位的不同分解目标，并依据项目工期要求，按照时间主线分为年度目标、季度目标、月度目标以及旬目标；按照费用项目体系将目标分为人工费、材料费、机械设备费以及管理费用等成本目标，并重新组合形成独立的目标体系。在分解成本目标时，还必须要将岗位责任制和经济责任制充分结合起来，以此来实现权责结合；同时，分解到各个部门或个人的成本目标，必须符合部门或个人能力且是能够有效控制的成本，即成本目标分解具有可行性，否则将会失去管理的意义。

③控制成本目标。

控制成本目标是对成本发生到形成过程进行全程控制。目标成本能否实现关键在于是否能够按照既定路线和实际情况有效执行目标成本，即控制成本目标。根据预先设定的目标成本，选出合适的施工方案和技术，通过各种有效的控制手段，指导和监督目标成本，确保成本目标能够实现。不仅要找出影响成本目标的因素，并采取有效的方式跟踪控制这些影响因素，同时应研究存在的偏差或是出现的各种问题，并及早采取有效的措施将成本控制在许可的范围内。

④成本核算。

目标成本管理要求在对成本进行核算时要切实反映出成本实际发生情况，更应当表示出所制定目标成本在某一时期的分解目标以及成本实际发生情况，以便能够对下一步成本分析提供依据。当然，成本核算必须要及时，只有这样才能使成本分析更加精确。

⑤成本分析。

成本分析是指将既定目标成本与通过成本核算所得的实际成本进行对比分

析,从而帮助企业成本管理部门掌握成本的变动情况,为分析成本变动的原因提供科学依据,并提出合理的改进措施。成本分析是成本管理工作的重要手段,对企业成本的控制具有非常重要的作用。特别是对于一些成本比重很大,并且经常发生变动的目标成本必须要经常进行监察,并在此基础上,深入分析影响成本的主客观因素,对比差距,充分挖掘企业项目内部资源优势和潜在能力,为今后目标成本制定提供科学有效的依据。

⑥成本考核。

根据目标责任考核对象对成本管理绩效好坏进行考核。在经济责任与目标成本管理水平相结合的基础上,通过经济责任来确保目标成本顺利实施,使得目标责任更具规范性和程序化,进而优化企业成本管理。成本考核具体做法如下。①逐层逐级别签订责任书,并由项目部分解目标成本责任后落实到具体的部门或个人,明确目标责任与经济利益的考核办法。当然,考核措施必须要能体现施工成本目标管理责权利三者相辅相成、有效融合的原则。②加强定期检查。由项目部负责人带头对各部门、各人员目标执行情况进行抽查,尤其是检查成本实际支出情况是否超出预定目标,同时还要对目标责任具体落实情况进行检查,进而为成本考核提供数据参考。③考核和评价成本目标达成率。通过有效的激励手段,不断调动各方成本管理意识的积极性,采取奖优罚劣的方式,促进成本管理有效进行。

(4) 目标成本法的优缺点比较。

目标成本法的优点首先在于它进行事前控制且容易将考核落实到位,在一开始就界定了成本的责任方。其次,目标成本法是一种全过程、全方位、全人员的成本管理方法。最后,目标成本法可以对成本形成的全过程进行监控,保证各工序环节的产品以特定的功能、成本及质量进行制造,然后以特定的价格结算,并获得令人满意的利润。

而目标成本法的主要缺点在于目标的分解比较困难,一旦分解不清就容易造成系统内部的混乱。

8.4 高速公路工程项目成本核算、分析及考核

项目成本分析是在项目成本核算的基础上,对成本的形成过程和影响成本升降的因素进行分析,以寻求进一步降低成本的途径,包括有利偏差的挖掘和不利偏差的纠正。项目成本分析贯穿项目成本管理的全过程,它是在成本的形成

过程中,主要利用施工项目的成本核算资料(成本信息),与目标成本、预算成本以及类似施工项目的实际成本等进行比较,了解成本的变动情况;同时也要分析主要技术经济指标对成本的影响,系统地研究成本变动的因素,检查成本计划的合理性,并通过成本分析,深入研究成本变动的规律,寻找降低施工项目成本的途径,以便有效地进行成本管理。成本偏差的控制,分析是关键,纠偏是核心,要针对分析得出的偏差发生原因,采取切实措施,加以纠正。

成本偏差分为局部成本偏差和累计成本偏差。局部成本偏差包括按项目的月度(或周、天等)核算成本偏差、按专业核算成本偏差以及按分部分项作业核算成本偏差等;累计成本偏差是指已完工程在某一时间点上实际总成本与相应的计划总成本的差异。应采取定性和定量相结合的方法分析产生成本偏差的原因。

8.4.1 项目成本核算

项目成本核算包括两个基本环节:一是按照规定的成本开支范围对施工费用进行归集和分配,计算出施工费用的实际发生额;二是根据成本核算对象,采用适当的方法,计算出该施工项目的总成本和单位成本。项目成本管理需要正确及时地核算施工过程中发生的各项费用,计算施工项目的实际成本。施工项目成本核算所提供的各种成本信息,是成本预测、成本计划、成本管理、成本分析和成本考核等各个环节的依据。

项目成本核算一般以单位工程为对象,但也可以按照承包工程项目的规模、工期、结构类型、施工组织和施工现场等情况,结合成本管理要求,灵活划分成本核算对象。项目成本核算的基本内容包括:人工费核算;材料费核算;周转材料费核算;结构件费核算;机械使用费核算;措施费核算;分包工程成本核算;企业管理费核算;项目月度项目成本报告编制。

项目成本核算制是明确项目成本核算的原则、范围、程序、方法、内容、责任及要求的制度。项目管理必须实行项目成本核算制,它和项目经理责任制等共同构成了项目管理的运行机制。公司层与项目经理部的经济关系、管理责任关系、管理权限关系,以及项目管理组织所承担的责任成本核算的范围、核算业务流程和要求等,都应以制度的形式做出明确的规定。

项目经理部要建立一系列项目业务核算台账和项目成本会计账户,实施全过程的成本核算,具体可分为定期的成本核算和竣工工程成本核算。定期的成本核算,如每天、每周、每月的成本核算等,是竣工工程全面成本核算的基础。

形象进度、产值统计、实际成本归集"三同步",即三者的取值范围应是一致的。形象进度表达的工程量、统计施工产值的工程量和实际成本归集所依据的工程量均应是相同的数值。

对竣工工程的成本核算,应区分为竣工工程现场成本和竣工工程完全成本,分别由项目经理部和企业财务部门进行核算分析,其目的在于分别考核项目管理绩效和企业经营效益。

8.4.2 项目成本分析的依据

通过项目成本分析,可从账簿、报表反映的成本现象中看清成本的实质,从而增强项目成本的透明度和可控性,为加强成本管理、实现项目成本目标创造条件。项目成本分析的主要依据是会计核算、业务核算和统计核算所提供的资料。

1. 会计核算

会计核算主要是价值核算。会计核算是对一定单位的经济业务进行计量、记录、分析和检查,做出预测,参与决策,实行监督,旨在实现最优经济效益的一种管理活动。它通过设置账户、复式记账、填制和审核凭证、登记账簿、成本计算、财产清查和编制会计报表等一系列有组织有系统的方法,来记录企业的一切生产经营活动,然后据此提出一些以货币来反映的有关各种综合性经济指标的数据,如资产、负债、所有者权益、收入、费用和利润等。由于会计核算具有连续性、系统性、综合性等特点,所以它是项目成本分析的重要依据。

2. 业务核算

业务核算是各业务部门根据业务工作的需要建立的核算制度,它包括原始记录和计算登记表,如单位工程及分部分项工程进度登记,质量登记,工效、定额计算登记,物资消耗定额记录,测试记录等。业务核算的范围比会计核算、统计核算要广。会计核算和统计核算一般是对已经发生的经济活动进行核算,而业务核算不但可以核算已经完成的项目是否达到原定的目的、取得预期的效果,而且可以对尚未发生或正在发生的经济活动进行核算,以确定该项经济活动是否有经济效果,是否有执行的必要。它的特点是对个别的经济业务进行单项核算,例如各种技术措施、新工艺等项目。业务核算的目的,在于迅速取得资料,以便在经济活动中及时采取措施进行调整。

3. 统计核算

统计核算是利用会计核算资料和业务核算资料,把企业生产经营活动客观现状的大量数据,按统计方法加以系统整理,以发现其规律性。它的计量尺度比会计核算宽,可以用货币计量,也可以用实物或劳动量计量。它通过全面调查和抽样调查等特有的方法,不仅能提供绝对数指标,还能提供相对数和平均数指标,可以计算当前的实际水平,还可以确定变动速度以预测发展的趋势。

8.4.3 项目成本分析的内容

施工项目成本分析的内容包括:一方面,根据统计核算、业务核算和会计核算提供的资料,对项目成本的形成过程和影响成本升降的因素进行分析,以寻求进一步降低成本的途径(包括项目成本中有利偏差的挖潜和不利偏差的纠正);另一方面,通过成本分析,可从账簿、报表反映的成本现象看清成本的实质,从而增强项目成本的透明度和可控性,为加强成本管理、实现项目成本目标创造条件。总体上,施工项目成本分析的内容包括以下三个方面。

1. 随着项目施工的进展而进行的成本分析

(1)分部分项工程成本分析。
(2)月(季)度成本分析。
(3)年度成本分析。
(4)竣工成本分析。

2. 按成本项目进行的成本分析

(1)人工费分析。
(2)材料费分析。
(3)机械使用费分析。
(4)其他直接费分析。
(5)间接成本分析。

3. 针对特定问题和与成本有关事项的分析

(1)成本盈亏异常分析。
(2)工期成本分析。

(3) 资金成本分析。

(4) 技术组织措施节约效果分析。

(5) 其他有利因素和不利因素对成本影响的分析。

8.4.4 项目成本分析的方法

由于施工项目成本涉及的范围很广,需要分析的内容也很多,应该在不同的情况下采取不同的分析方法。

1. 成本分析基本方法

(1) 比较法。比较法又称指标对比分析法。比较法就是通过技术经济指标的对比,检查计划的完成情况,分析产生差异的原因,进而挖掘内部潜力的方法。这种方法通俗易懂、简单易行、便于掌握,因而得到了广泛的应用,但在应用时必须注意各技术经济指标的可比性。比较法的应用,通常有下列几种形式。

①将实际指标与计划指标进行对比,以检查计划的完成情况,分析完成计划的积极因素和影响计划完成的消极因素,以便及时采取措施,保证成本目标的实现。在进行实际指标与计划指标对比时,还应注意计划本身的质量。如果计划本身出现质量问题,则应调整计划,重新正确评价实际工作的成绩,以免挫伤人的积极性。

②将本期实际指标与上期实际指标进行对比。这种对比显示了各项技术经济指标的动态情况,进而反映施工项目管理水平的提高程度。在一般情况下,一个技术经济指标只能代表施工项目管理的一个侧面,只有成本指标才是施工项目管理水平的综合反映。因此,成本指标的对比分析尤为重要,一定要真实可靠,而且要有深度。

③将实际指标水平与本行业平均水平、先进水平进行对比。通过这种对比,可以找出本项目与其他项目的平均水平和先进水平的差距,进而采取措施赶超先进水平。

(2) 因素分析法。因素分析法又称为连环置换法。这种方法可用来分析各种因素对成本形成的影响程度。在进行分析时,首先要假定众多因素中的一个因素发生了变化,而其他因素不变,然后逐个替换,并分别比较其计算结果,以确定各个因素的变化对成本的影响程度。

因素分析法的计算步骤如下。

①确定分析对象,即所分析的技术经济指标,并计算出实际数与计划数的

差异。

②确定该指标是由哪几个因素组成的,并按其相互关系进行排序。替代顺序原则:一般是先替代数量指标,后替代质量指标;先替代实物量指标,后替代货币量指标;先替代主要指标,后替代次要指标。

③以计划预算数为基础,将各因素的计划预算数相乘,作为分析替代的基数。

④将各个因素的实际数按照上面的排列顺序进行替换计算,并将替换后的实际数保留下来。

⑤将每次替换计算所得的结果,与前一次的计算结果相比较,两者的差异即为该因素对成本的影响程度。

⑥各个因素的影响程度之和,应与分析对象的总差异相等。

必须说明,在应用因素分析法时,各个因素的排列顺序应该固定不变。否则,就会得出不同的计算结果,也会产生不同的结论。

(3)差额计算法。差额计算法是因素分析法的一种简化形式,它利用各个因素的计划与实际的差额来计算其对成本的影响程度。

(4)比率法。比率法是指用两个以上的指标的比例进行分析的方法。它的基本特点是:先把对比分析的数值变成相对数,再观察其相互之间的关系。常用的比率法有以下几种。

①相关比率法。由于项目经济活动的各个方面是互相联系、互相依存又互相影响,因而将两个性质不同而又相关的指标加以对比,求出比率,并以此来考察经营成果的好坏。

②构成比率法。构成比率法又称比重分析法或结构对比分析法。通过构成比率法,可以考察成本总量的构成情况以及各成本项目占成本总量的比重,同时也可看出量、本、利的比例关系,即预算成本、实际成本和降低成本的比例关系,从而为寻求降低成本的途径指明方向。

③动态比率法。动态比率法就是将同类指标不同时期的数值进行对比,求出比率,以分析该项指标的发展方向和发展速度。动态比率的计算,通常采用基期指数(或稳定比指数)和环比指数两种方法。

2. 综合成本分析法

综合成本是指涉及多种生产要素,并受多种因素影响的成本费用,如分部分项工程成本、月(季)度成本、年度成本等。

(1) 分部分项工程成本分析。分部分项工程成本分析是施工项目成本分析的基础。分析对象是已完分部分项工程；分析方法是进行预算成本、目标成本和实际成本的"三算"对比，分别计算实际偏差和目标偏差，分析产生偏差的原因，寻求节约途径。

分部分项工程成本分析的资料来源是：预算成本来自施工图预算，计划成本来自施工预算，实际成本来自施工任务单的实际工程量、实耗人工和限额领料单的实耗材料。

由于施工项目包括很多分部分项工程，不可能也没有必要对每一个分部分项工程都进行成本分析，特别是一些工程量小、成本费用微不足道的零星工程。但是，对于那些主要分部分项工程，则必须进行成本分析，而且要做到从开工到竣工进行系统的成本分析。这是一项很有意义的工作，因为通过主要分部分项工程成本的系统分析，可以基本上了解项目成本形成的全过程，为竣工成本分析和今后的项目成本管理提供一份宝贵的参考资料。

(2) 月(季)度成本分析。月(季)度成本分析是施工项目定期的、经常性的中间成本分析，对于有一次性特点的施工项目来说有着特别重要的意义。因为，通过月(季)度成本分析，可以及时发现问题，以便按照成本目标指示的方向进行监督和控制，保证项目成本目标的实现。月(季)度成本分析的依据是当月(季)的成本报表，分析的方法通常有以下几种。

①通过实际成本与预算成本的对比，分析当月(季)度的成本降低水平；通过累计实际成本与累计预算成本的对比，分析累计的成本降低水平，预测实现项目成本目标的前景。

②通过实际成本与计划成本的对比，分析计划成本的落实情况，以及目标管理中的问题和不足，进而采取措施，加强成本管理，保证成本计划的落实。

③通过对各成本项目的成本分析，可以了解成本总量的构成比例和成本管理的薄弱环节。例如，在成本分析中，发现人工费、机械费和间接费等项目大幅度超支，就应该对这些费用的收支配比关系认真研究，并采取对应的增收节支措施，以防止今后再超支。如果是属于预算定额规定的"政策性"亏损，则应从控制支出着手，把超支额压缩到最低限度。

④通过主要技术经济指标的实际与计划的对比，分析产量、工期、质量、"三材"节约率、机械利用率等对成本的影响。

⑤通过对技术组织措施执行效果的分析，寻求更加有效的节约途径。

⑥分析其他有利条件和不利条件对成本的影响。

(3) 年度成本分析。企业成本要求一年结算一次，不得将本年成本转入下一年度。企业成本要求一年一结算，而项目是以寿命周期为结算期，然后算出成本总量及其盈亏。由于项目周期一般较长，除月（季）度成本核算和分析外，还要进行年度成本核算和分析，这不仅是企业汇编年度成本报表的需要，同时也是项目成本管理的需要。因为通过年度成本的综合分析，可以总结一年来成本管理的成绩和不足，为今后的成本管理提供经验和教训，从而可对项目成本进行更有效的管理。

年度成本分析的依据是年度成本报表。年度成本分析的内容，除了月（季）度成本分析的六个方面以外，重点是针对下一年度的施工进展情况规划切实可行的成本管理措施，以保证施工项目成本目标的实现。

(4) 竣工成本的综合分析。凡是有几个单位工程而且是单独进行成本核算（成本核算对象）的施工项目，其竣工成本分析应以各单位工程竣工成本分析资料为基础，再加上项目经理部的经营效益（如资金调度、对外分包等所产生的效益）进行综合分析。如果施工项目只有一个成本核算对象（单位工程），就以该成本核算对象的竣工成本分析资料作为成本分析的依据。

单位工程竣工成本分析应包括以下三个方面内容：竣工成本分析；主要资源节超对比分析；主要技术节约措施及经济效果分析。

通过以上分析，可以全面了解单位工程的成本构成和降低成本的来源，对今后同类工程的成本管理很有参考价值。

3. 成本项目的分析方法

成本项目的分析方法前文已提到，此处不再赘述。

4. 特定问题和与成本有关事项的分析

(1) 成本盈亏异常分析。成本出现盈亏异常情况，对施工项目来说，必须引起高度重视，必须彻底查明原因，必须立即加以纠正。

检查成本盈亏异常的原因，应从经济核算的"三同步"入手。因为，项目经济核算的基本规律是：在完成多少产值、消耗多少资源、发生多少成本盈亏之间，有着必然的同步关系。如果违背这个规律，就会发生成本的盈亏异常。

"三同步"检查是提高项目经济核算水平的有效手段，不仅适用于成本盈亏异常的检查，也可用于月度成本的检查。"三同步"检查可以通过以下五个方面的对比分析来实现：

①产值与施工任务单的实际工程量和形象进度是否同步；

②资源消耗与施工任务单的实耗人工、限额领料单的实耗材料、当期租用的周转材料和施工机械是否同步；

③其他费用（如材料价差、超高费、井点抽水的打拔费和台班费等）的产值统计与实际支付是否同步；

④预算成本与产值统计是否同步；

⑤实际成本与资源消耗是否同步。

实践证明，把以上五个方面的同步情况查明后，成本盈亏的原因自然会一目了然。

（2）工期成本分析。工期的长短与成本的高低有着密切的关系。一般情况下，工期越长费用支出越多，工期越短费用支出越少。特别是固定成本的支出，基本上与工期长短成正比，是进行工期成本分析的重点。

工期成本分析就是计划工期成本与实际工期成本的比较分析。所谓计划工期成本，是指在假定完成预期利润的前提下计划工期内所耗用的计划成本；而实际工期成本，则是在实际工期中耗用的实际成本。

工期成本分析的方法一般采用比较法，即将计划工期成本与实际工期成本进行比较，然后应用因素分析法分析各种因素的变动对工期成本差异的影响程度。

进行工期成本分析的前提条件是，根据施工图预算和施工组织设计进行量本利分析，计算施工项目的产量、成本和利润的比例关系，然后用固定成本除以合同工期，求出每月支用的固定成本。

8.4.5 项目成本考核

项目成本考核是指在施工项目完成后，对施工项目成本形成中的各责任者，按施工项目成本目标责任制的有关规定，将成本的实际指标与计划、定额、预算进行对比和考核，评定施工项目成本计划的完成情况和各责任者的业绩，并以此给予相应的奖励和处罚。通过成本考核，做到有奖有惩，赏罚分明，才能有效地调动每一位员工在各自施工岗位上努力完成目标成本的积极性，从而降低施工项目成本，提高企业的效益。

项目成本考核是衡量成本降低的实际成果，也是对成本指标完成情况的总结和评价。

成本考核制度包括考核的目的、时间、范围、对象、方式、依据、指标、组织领导、评价与奖惩原则等内容。

　　以项目成本降低额和项目成本降低率作为成本考核的主要指标,要加强公司层对项目经理部的指导,并充分依靠技术人员、管理人员和作业人员的经验和智慧,防止项目管理在企业内部异化为靠少数人承担风险的以包代管模式。成本考核也可分别考核公司层和项目经理部。

　　公司层对项目经理部进行考核与奖惩时,既要防止虚盈实亏,也要避免实际成本归集差错等的影响,使项目成本考核真正做到公平、公正、公开,在此基础上落实项目成本管理责任制的奖惩或激励措施。

　　项目成本管理的每一个环节都是相互联系和相互作用的。成本预测是成本决策的前提,成本计划是成本决策所确定目标的具体化。成本计划控制则是对成本计划的实施进行控制和监督,保证决策的成本目标的实现,而成本核算又是对成本计划是否实现的最后检验,它所提供的成本信息又将为下一个施工项目成本预测和决策提供基础资料。成本考核是实现成本目标责任制的保证和实现决策目标的重要手段。

第9章 高速公路工程项目全过程造价管理

9.1 高速公路工程项目造价管理概述

9.1.1 高速公路项目各阶段造价的关键影响因素分析

要找出影响工程造价控制的因素,首先必须分析建设周期内各个阶段的工作重点,如图9.1所示,可以根据高速公路建设项目的程序,将高速公路工程建设项目的生命周期划分为项目决策阶段、实施阶段和运营维护阶段,项目立项以前的所有工作都为项目决策阶段,从项目立项后到竣工验收完成的阶段,称为项目的实施阶段,包括项目设计、招投标、施工阶段和竣工验收阶段,从这些阶段中找出对工程造价造成影响的因素。

前文说过,项目的建设期分为项目决策阶段、实施阶段以及运营维护阶段,下面将根据各个阶段的工作,逐步找出影响工程造价的因素。首先项目决策阶段是第一个阶段,这个阶段要决定这个项目要不要做,做什么,怎么去做,要进行可行性研究,研究建设的必要性,并对项目建设后产生的经济效益和社会效益等做综合评价,其关键影响因素如表9.1所示。

表9.1 项目决策阶段相关影响因素划分表

	影响因素	主要内容
项目决策阶段因素	项目决策准备	项目规模、经济技术指标,投资环境因素,成本回收预期情况
	可行性报告编制	预算编制的合理性、规范性
	财务评价	内容与数据的真实性,评价指标、方法的合理性、规范性
	相关从业人员	从业人员资质,造价师资格,相关业绩与工作能力证明

项目的设计阶段也是业主单位工程管理中十分重要的阶段,在这个阶段基本确定了工程的质量等级、工程的结构特征甚至所用的施工方法与施工材料。

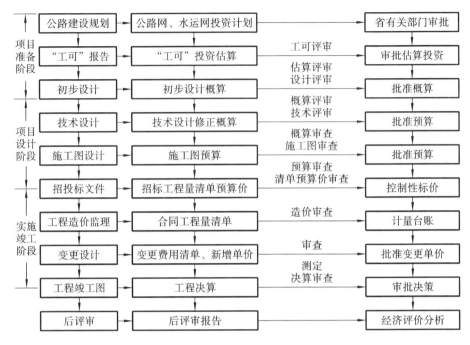

图 9.1 高速公路建设全流程工程造价示意图

工程造价在设计阶段就基本确定了,故这个阶段是工程造价管理控制的重要阶段,应该对项目设计成果、参与人员素质、设计人员的资质和经验等作综合考虑。经过相关文献总结后,将设计阶段的影响因素整理如表9.2所示。

表 9.2 项目设计阶段相关影响因素划分表

	影响因素	主要内容
项目设计阶段因素	设计进度管理	设计周期是否合理、质量标准是否准确
	概预算文件编制	计价依据是否权威,方法是否合理,是否漏项
	概预算文件审查	审查依据是否权威,方法是否合理,是否漏项
	从业单位人员情况	单位资质、人员资格是否符合要求
	概预算对比	概、预算对比情况
	概算估算对比	估、概算对比情况

项目招投标分别在项目设计前的准备工作阶段与施工准备前的阶段都有体现,是项目前期和实施期的一个过渡阶段,是选择设计单位或者施工单位的重要阶段,对工程造价管理的影响也十分重要。在此按其工作特点,将招投标阶段对工程造价管理的重要影响因素单独列出来,详见表9.3。

表 9.3　招投标阶段相关影响因素划分表

	影响因素	主要内容
项目招投标阶段因素	招标管理	招标的规范性、评标的科学性、专家的专业程度
	招标文件编制	文件编制依据合理性、内容的全面性与准确性
	招标控制价	控制价的准确性、全面性、科学性、审核的标准性
	中标合同的签订	单位资质、人员资格情况、从业能力、造价人员上岗资质
	评标办法	业主招标过程方法是否能反映工程实际
	合同价与预算价	预算价与合同价比值、对比情况进行量化分析

项目的实施阶段是整个项目生命周期中消耗的时间最长，所完成的工作量最大，消耗的资源也最多的阶段，在这个阶段业主要根据招投标文件与合同来对项目的进度、质量与工程造价进行管理和控制，而施工单位也要通过合同文件来进行工程造价控制，组织施工，确保各项任务按合同规定的工期完成。这个阶段是项目管理的重要组成部分，是工程造价控制的主要阶段。工程管理的重点是指导、监督、预测、控制，这个阶段影响工程造价管理的重要因素如表 9.4 所示。

表 9.4　实施阶段相关影响因素划分表

	影响因素	主要内容
项目实施阶段因素	工程变更因素	变更的及时性、科学性、准确性、权威性
	工程索赔因素	索赔证明的完整性、及时性、规范性
	价格管理	价差符合条款相关规定
	监理与计量支付	相关合同条款的内容、监理人员的综合素质
	合同管理	合同管理制度的科学性、完善性、规范性、及时性
	结算文件的编制	内容的全面性、准确性、依据的权威性、编制格式
	变更金额	变更金额与合同金额的比较情况
	合同纠纷率	合同纠纷占总合同的比重
	结算与合同价比	结算与合同价的比值

项目决算一般由建设单位编制，是反映建设项目实际造价和投资效果的文件，反映了从项目策划到竣工投产全过程的全部实际费用，是竣工决算的核心内容，也是项目最终工程造价核算与总结的重要阶段，其准确性、及时性和科学性严重影响工程造价管理。在此将其对工程造价管理造成影响的主要因素总结出来，详见表 9.5。

表 9.5　项目决算阶段相关影响因素划分表

项目	影响因素	主要内容
项目决算阶段因素	决算文件的编制	内容的完整性、全面性,相关资料的真实性、完整性
	决算文件的报备	报备资料的完整性、程序的规范性
	预决算差值	工程决算与施工图预算的金额比较

9.1.2　价值工程在施工管理中的应用

1. 施工组织设计中应用价值工程的意义

施工组织设计是贯穿施工全过程的指导计划,是各施工方案的总和,也是规划和指导工程项目从投标到竣工验收的全局性技术经济文件。所以应用价值工程对其进行优化,是为了保证各施工方案的科学化和合理化,在施工达到设计要求的同时,使工程成本、进度、质量三大目标都力争达到最优的状态。在施工组织设计阶段应用价值工程主要有以下几个方面的意义。

(1) 有利于节约物资消耗和劳动消耗,可靠地完成项目的目标成本。

(2) 有利于保证施工方案的先进性和合理性,确保方案具有良好的可实施性,为施工过程的顺利进行创造条件。

(3) 有利于将最新的技术成果应用到施工中,更好地实现项目的功能要求。

(4) 有利于施工企业不断提高员工技术素质、提高管理水平、增强核心竞争力。

2. 施工组织设计中应用价值工程的一般要求

(1) 做好调查工作,收集必要信息。

进行实地考察,了解待建区目前的土地使用方式、交通条件、周围环境、水电气设施以及临建的搭设;熟悉各种施工设计图纸及文件规定,了解各项设计指标,明确工程项目的功能目标和成本预算;借鉴其他工程的施工经验,了解先进的施工技术;对本企业的人、财、物各项情况及施工能力做好充分的把握。

(2) 根据工程特点,选择最优方案。

施工方案的制定依据是项目的功能要求,所以要首先明确建设项目的设计意图和初衷,然后结合工程的特点,带着创造性的思维去看待已有的方案,敢于提出质疑和改进措施,并熟悉当前施工技术的新发展,运用新的技术提高施工的经济效益。充分发挥经济和技术人员的创新能力,制定出更多更好的备选方案,以便从中选择最优方案。

(3) 以项目功能作为出发点,合理分配资源。

劳动力、机械设备、材料是工程项目施工中的主要资源,应以项目功能作为依据,进行施工各类资源的合理分配。建立功能系统图,明确必要功能和不必要功能,以及各功能的上下位关系,以剔除不必要功能,优化必要功能,从而在功能足够合理的基础上组织资源的供应和分配,以满足施工要求。

9.1.3 基于价值工程的高速公路项目造价组成合理性分析

工程造价的优化指的是在能完成质量、工期、安全目标的前提之下,实现工程造价花费最低的目标。价值工程作为一种提高项目价值的方法,非常适用于工程造价的优化。

1. 应用价值工程进行工程造价管理的意义

工程造价管理是现代项目管理的中的一项重要科学内容,它将工程造价管理由事中和事后控制变为事前控制,将被动控制变为主动控制,为合理地控制工程造价提供科学依据。可以随时核算项目实施各阶段费用支出的情况,分析工程造价管理偏差出现的原因,及时采取改进措施。

价值工程是以功能分析为基础的,所以工程造价的确定应该在满足项目功能的条件下进行产品结构、施工工艺、建筑材料的分析和选用,即需要通过功能工程造价关系来评价和改进上述各环节的实施;同时,工程造价目标也是项目管理总体目标的重要组成部分,可以将全员负责制具体化,有利于发挥全员在工程造价控制中的积极性和创造性。

合理的工程造价在整个项目工程造价控制中有着举足轻重的作用,所以应该将价值工程这一高效的方法应用到工程造价的确定中去,使工程造价更加科学化和合理化,也为后期项目实施提供更有力的依据。

2. 价值工程应用于目标工程造价确定的基本思路

价值工程应用于目标工程造价确定的基本思路如下。

(1) 选择研究对象。

一般情况,我们根据施工图预算中各分部分项工程的工程造价,运用对象选择方法(如经验分析法、ABC 分类法、百分比法等)来进行对象的审查,然后根据这些研究对象对整个项目影响,选出影响大的分部分项工程(一般是工程造价或数量占得多的)作为主要对象来分析它们的价值。

(2) 功能分析。

在确定好研究对象之后,应对研究对象进行功能分析。在此阶段,要依据研究对象的重要程度,综合考虑这些功能的实现难度来进行评价。

(3) 计算相关指数。

在此阶段要对功能指数、造价指数等进行计算。一般来说,可以把预算工程造价当作较合理的目标工程造价,在项目建设过程中,要合理地计划工程造价,以求达到的预期水平。可是,又因为工程施工过程中,有许多条件的变化是不可预测的,所以要及时对目标和计划进行修正。

3. 基于价值工程理论的高速公路项目造价组成合理性分析

(1) 信息收集。

这个阶段的主要工作就是收集研究对象的信息,让所有参与成员都能了解项目的概况。在高速公路工程建设项目工程造价管理中的信息收集主要包括基础资料、技术资料、经济资料等的收集。

(2) 功能定义。

功能定义是功能评价和方案创造的基础工作。所以在收集信息之后,价值工程方法的首要工作就是定义研究对象的功能,在高速公路工程中,就是要明确各分部分项工程的功能,以方便进行功能评价。功能定义的具体方法如下:先将高速公路工程造价分为若干个分部分项工程,这些部分都结合在一起能够实现整个高速公路的服务功能。通过对这些功能进行定义与改善,达到优化工程造价的目的。在这项工作中最主要的是找出每个分部分项的功能,将整个工程分为小的部分,以方便研究。在功能定义时要确保能够满足其必需的功能,同时要尽量减少不必要的功能,以免造成工程造价的增加。这些功能又应该分为主要功能与次要功能,为下面的研究作好铺垫。

(3) 功能整理。

功能整理是指将研究对象的功能系统化地进行整理,找出各局部功能之间的逻辑关系。将其应用于高速公路工程中,就是把各分部分项工程作为研究对象,明确它们的功能,建立功能系统。将高速公路工程分为 7 项单位工程,并对功能整理后的结果如表 9.6 所示。

表9.6 高速公路工程功能整理表

总体功能	结构安全	行车舒适	设施齐全	景观良好
路基工程	C_{11}	C_{12}	C_{13}	C_{14}
路面工程	C_{21}	C_{22}	C_{23}	C_{24}
桥涵工程	C_{31}	C_{32}	C_{33}	C_{34}
交叉工程	C_{41}	C_{42}	C_{43}	C_{44}
交通工程	C_{51}	C_{52}	C_{53}	C_{54}
服务设施	C_{61}	C_{62}	C_{63}	C_{64}
绿化	C_{71}	C_{72}	C_{73}	C_{74}
合计	1.00	1.00	1.00	1.00

(4) 功能评价。

在进行功能评价时,要通过专家打分等方法,先对研究对象的功能进行评价,再对研究对象的工程造价进行分析,最后算出价值系数,在此过程中要充分了解评价对象的功能与工程造价,并量化其功能的价值。具体公式如式(9.1)所示:

$$V = F/C \tag{9.1}$$

式中,V 表示评价对象的价值,F 表示功能,C 表示工程造价。

通过对研究对象的价值系数 V 进行计算,最终可能有以下三种结果,将这三种结果进行分析,并提出改进方案,以达到功能与工程造价平衡的目标。

当 $V=1$ 时,这种状态是比较理想的状态,此时功能与造价达到平衡,方案合理,不需要改进。

当 $V<1$ 时,说明在此条件下实现评价对象的工程造价过高。这是必须要进行改进的。这种情况往往是以下两种原因导致的:一是因为项目存在不必要的功能,所以造成造价过高,应该减去不必要的功能;二是因为方案不正确,技术措施未达到最优,造成工程造价过高,这种情况就要进行方案改进,让其达到合理水平。

当 $V>1$ 时,说明该分部分项工程的功能比大于工程造价比,可能由以下原因造成。首先是功能过剩,就是说这个研究对象的功能与客户要求的不符,可能是要求过高,多出了一些不必要的功能。这种情况下,应该减去或者去除评价对象的某些功能,让其功能系数向1靠近,这样才能达到合理使用资金的目的。其次可能是因为工程造价的投入不足。这时应该增加造价的投入,以免因为投入不足而导致功能不能满足大众要求的情况发生。再次可能是因为技术革新、方案改进等原因,导致功能相同,可以用造价更低的方案来替换,这种情况是不需要改进的。

综上所述,在功能评价的过程中,要充分地让功能与造价平衡,达到最优,从而优化工程造价的组成结构,让资金更加合理。

(5)方案创造。

方案创造就是指运用创新思维的方法产生新的方案。要勇于接受一些看似不合理的想法,因为这些想法很有可能就是方案创新的最初灵感,然后充分考虑这些方案的功能。在此过程中,要创造轻松的环境让参与人员大胆地发言,积极地参与方案创造,提出尽可能多的改进方案。

(6)方案评价及改进。

在此阶段,先对方案进行评价,找出方案的优缺点,再研究其可行性。进行评价之后,应该提出方案的完善方法,对方案进行改进,进而提高高速公路工程每一个分部分项工程的功能或减少其造价,达到增加方案价值的目的。

4. 价值工程在高速公路工程项目中的应用范围

(1)施工队伍的选择。

施工队伍是完成工程项目的具体执行者,施工队伍的能力、素质对能否顺利完成工程项目起着至关重要的作用。在施工队伍的选择上同样可以应用价值分析的方法。对施工队伍的选择进行价值分析,通常要考虑以下几个问题:

①施工企业内部有无最适合的施工队伍?该队伍的技术优势是什么?该队伍的不足是什么?在施工前对不足要怎样应对?

②该项目在施工管理中可能出现的薄弱环节是什么?能否通过新的管理手段给予加强?加强的具体措施是什么?

③是否缺乏的关键工作的熟练工种?怎样解决?

④是否需要外雇人员?有科学的管理办法管理外雇人员吗?

⑤已定队伍配备方案在施工过程中所达到的效果是否满意?能进一步加强改善吗?

(2)转场方式和临建方案的优选。

队伍进出场和临时设施建设费在项目预算中占有一定的比重,而经过优选,减少的支出就可成为项目的重要创利源。开展价值工程活动,创造新方案,着眼于回答以下几个问题:

①施工人员以何种方式进出场及转移可以使费用最少(汽车、水运、火车等)?

②施工机械和材料以何种方式进出场及转移可以使费用最少?

③施工临时办公区用房如何选择?能否以租赁代替建设?怎样布局最为合理、占地最少、利于施工?能进一步优化布局吗?

④临时生活用房的附属设施如何建设更省?怎样最合适(支出较少、住的条件较好)?

⑤已定转场及临建方案实施后的效果如何?是否达到了既定的节约费用的目标?

(3) 优化施工现场管理。

可以减少可变费用的支出,现场管理就是使生产要素在现场得以优化配置,有效控制投入、杜绝浪费、增大产出、降耗增效。开展价值工程,创造新组织管理方案,优化对现场劳务人员的管理,着眼于回答以下几个问题:

①劳动组织现状有利于最大限度地发挥效率吗?能改善吗?

②劳动力进行优化配置了吗?

③现有施工组织在施工条件发生改变时能否满足变化了的要求?

④优化后的劳动组织带来的效果如何?

9.2 构建高速公路工程项目全过程造价管理体系

9.2.1 决策阶段的造价控制

高速公路项目决策阶段是项目全过程的初始阶段,对于高速公路工程造价起到了基础性的影响作用,同时也影响高速公路项目其他阶段的工程造价预算及其控制。决策阶段对于高速公路项目全过程造价的影响达到75%~95%,因此,在决策阶段需要采取以下措施实现项目的造价控制。

(1) 提高高速公路项目投资阶段的合理性,确保决策可行。

提高高速公路项目的投资决策的合理性,必须选择出最佳的投资决策方案,对项目实施中的资源进行合理配置,并且真正地在项目实施过程中认真执行,从而能够提高造价控制的水平。高速公路项目决策阶段中的经济决策是一个影响项目总造价的重要因素,必须做到以下几个方面:选择最佳的施工工序、选择合理的建设场地、选用先进的施工机械、选择最合适的施工规范。

(2) 提高投资估算的水平,重点审查投资估算。

为了能够提高高速公路项目的投资决策水平,必须广泛收集高速公路项目造价数据资料,并且利用模糊数学确定最可靠的数据样本,同时采用基于模糊神经网络的投资估算模型实现投资估算的可靠性,从而确保高速公路项目各阶段的造价均在合理的范围内。通过对决策阶段的管控能够有效地避免竣工后超概算的问题,从而能够为高速公路全过程造价打下坚实的基础。高速公路项目造价估算有着许多影响因素,为了提高投资估算的准确性,应该按分项编制项目的投资估算。

(3) 提高高速公路项目投资风险管理。

高速公路项目在建设过程中存在很多不确定性因素,这些因素是不可控的,从而导致高速公路项目造价存在偏差。在高速公路项目全过程运行过程中存在许多风险因素,不同阶段的风险也有所差别,项目投资者面临的风险和指标也各有差异,然而高速公路项目投资的风险应该贯穿各个阶段,特别在决策阶段,业主承担项目各个阶段的风险。所以,高速公路项目投资的风险防护在决策阶段非常关键。

9.2.2　设计阶段的造价控制

高速公路项目工程造价控制在设计阶段更为关键,对项目全过程的工程造价控制有着非常大的作用。在设计阶段,高速公路项目工程造价的影响因素非常多,这些影响因素的不确定性较高,具有较高的机动性和灵活性。高速公路项目的设计阶段对全过程的工程造价有着非常大的影响,可以采取以下措施进行该阶段的造价控制。

(1) 提高高速公路项目的设计阶段的技术经济分析。

在该阶段需要对多个对比方案进行对比优选,并且进行全方位的论证,从而确保技术经济分析更为合理。通过定量或定性的方法,基于高速工程结构功能需求,为了达到预计的经济目标进行多个设计方案的对比分析,最终确定最为合理的设计方案。通过以上措施能够实现高速公路项目工程造价的控制,提高高速公路项目的经济效益。

(2) 提高高速公路项目设计人员的业务能力。

高速公路项目的设计人员应该关注高速公路设计阶段的经济分析,采取经济性好和先进的设计方法,通过融合技术和经济进行高速公路项目的概算。高速公路项目的设计人员应该掌握项目的预算,采取有效的计价方法对高速公路项目全过程的造价进行控制。

(3) 通过科学的手段选择最佳的高速公路项目设计方案。

所选择的技术方法应该科学合理,并且适应高速公路项目的实际情况,能够更为方便地进行高速公路项目设计方案的比较分析,确保所选择的方案具有更好的经济性、更新的构思以及先进性。通过先进的技术能够获得投资最少、易于实施的设计方案。通过不断改进设计方案能够提出最佳的评价结果。

(4) 高速公路项目的设计必须有完善的索赔体系和建立机制。

只有这样才能提高高速公路项目设计单位对设计的关注度,提高高速公路项目设计的质量,提升项目的经济效益。高速公路项目应该重视索赔制度,对高速公路项目的设计进行约束,从而确保项目的质量和经济效益。

9.2.3　招投标阶段的造价控制

高速公路项目在招投标阶段首先确定施工企业,然后双方签订合同并且确定工程造价。在该阶段高速公路项目的招标控制价、工程量清单以及标底的确定都非常关键,对于项目工程造价的控制非常重要。为了能够控制造价,必须严格控制招投标文件、招标程序以及评标过程。主要措施包括以下几个方面。

(1) 防止不平衡报价。

将市场竞争机制引入高速公路项目中,将项目定额的法定功能取消,通过企业和市场进行定价,在招投标过程中增加"询价",从而有效地消除不合理报价以及少于成本报价的情况,并且及时发现报价中存在的错误并及时纠正,从而确保各方的合法权益。同时,在招投标阶段必须确保公平公正。

(2) 风险分担和量价分离确保中标价的合理性。

在招投标阶段可以通过风险分担和量价分离的方式确保中标价的合理性,施工企业仅仅对项目内容和工程量的风险负责,投标企业只对施工过程中的材料、设施以及利润等负责。合理的中标价能够规范投标人的计价,同时有效地避免了该阶段的虚假行为。

(3) 加大招标透明度,体现公平性。

增加高速公路招标中工程量的透明度,通过工程量清单能淡化标底,从而降低标底对项目招投标的副作用,避免出现泄漏标底等现象,保证招投标的公平性。

(4)按照程序严格办事。

依照《中华人民共和国招标投标法》编制招标文件,对具体的技术要求、投标价、投标人的业务能力以及中标的标准进行明确的描述,从而确定最佳的施工企业,有利于高速公路项目工程造价的有效控制。

9.2.4 施工阶段的造价控制

高速公路项目施工阶段的主要作用是完成设计任务,但施工阶段同样存在许多无法控制和模糊的风险影响因素。该阶段主要的措施包括如下各项。

(1)编制投资控制计划和资金使用计划,合理控制工程造价。

资金使用计划的编制和控制在整个高速公路建设项目中处于重要而独特的地位。编制资金使用计划,合理地确定造价控制目标值,为工程造价的控制提供依据,并为资金的筹措与协调打下基础。对未来工程项目资金使用和进度控制进行预测,消除不必要的资金浪费和进度失控,有效地控制工程造价,最大限度地节约投资,提高投资效益。根据造价控制目标和要求的不同,资金使用计划可按子项目或者按时间进度进行编制。

(2)建立项目变动管理制度,严格控制设计变更。

为了确保高速公路项目的顺利进行,应进行完善的勘察,设计出合理的方案。当高速公路项目施工阶段出现变更时,将导致项目的经济损失。因此,应该尽量提高高速公路项目变更的时效性,降低经济损失,从而需要设计出有效的变更管理制度。高速公路项目施工阶段,不仅应该对各个施工工序的事项进行记录,准确地掌握项目施工阶段的施工动态,而且应该建立高速公路项目工程造价的台账,从而提高信息化管理水平。在高速公路项目施工阶段,通过构建的台账能够把握动态信息,发现项目施工阶段存在的问题,从而及时地解决问题,促进项目的顺利实施。

9.2.5 竣工决算阶段的造价控制

在工程结算阶段,最显著的问题是如何管理成本资金。尤其是在项目结算时,为了获取更大的利润,相关项目投资方可能会采取一些不正当手段来达成自己的目的,比如使用虚报成本价格或阴阳合同等方式。这样就会造成工程纠纷,导致项目无法正常结算。

因此,高速公路项目决算阶段,业主应负责造价管理,各参与单位应该紧密结合,准确地计算高速公路项目的工程量,并且实时掌握高速公路项目施工的实际状况。为了避免高速公路项目的遗漏,可以采取高速公路项目的工程结算复审机制以及工程尾款的会签制度,进而提高决算阶段质量,提高项目的投资效益。该阶段主要的措施包括如下各项。

(1) 由竣工决算机构负责编制结算流程,提高结算的效率和质量,施工企业可以确定竣工决算审核员,设置项目决算机构,并且确定工程师负责施工现场管理,同时选择监督人员协助决算工作。在该阶段严格执行编制决算的相关方法,提高高速公路项目的投资管理水平,控制项目的投资。

(2) 根据高速公路项目的图纸对工程量进行审核,依据相关材料审核材料的单价。通过提高工程量核算的准确性,有效地控制高速公路项目的造价。认真地审查项目的工程量是否和图纸以及项目变更一致,是否存在重复核算,是否和施工一致,是否与计算规则一致。

(3) 明确高速公路项目的工程决算责任制。在高速公路项目决算阶段,根据结算状况寻求项目节支和超支情况,明确责任人。针对不合理的超支,适当进行处罚。对于节支情况,可以进行奖励,提高项目管理员参与工程造价的积极性和责任感,从而实现高速公路项目的工程造价控制。

9.2.6 运营维护阶段的造价控制

当前,高速公路运营维护阶段造价控制主要环节在于运营维护阶段的成本管理,其主要控制措施包括如下各项。

(1) 强化成本管理观念,重视成本预测分析。

高速公路企业管理人员要树立正确的成本管理观念,实际上成本管理的最终目的是提高整体的运营效益,降低成本只是其途径之一,因此如果部分成本的投入可以为企业带来更大的收益,也应是成本管理的重要手段。企业的管理人员要提高成本管理的认知水平,要以提高综合成本效益为成本管理的最终目标,从长远的发展角度制定成本管理计划。

(2) 加强成本监管控制,促进内部沟通协调。

在高速公路运营过程中,要加强各单位部门的沟通协调,充分发挥成本的联动控制作用。如在固定资产管理方面,可通过资产设备在不同单位部门的流转,避免资产的重复购置,减少资产设备的闲置和浪费,提高资产使用效率的同时,降低资产购置的成本投入,提升整体效益水平。

（3）做好成本基础保障工作，强化关键成本管理。

首先，可通过实行成本指标归口分级管理制度，建立多层次的责任成本管理机制来强化成本管理约束，切实将成本管理责任落实到各个具体的岗位及个人。同时，制定严格的绩效考核指标评价体系，将关键成本管理指标纳入部门及员工的绩效考核范畴内，通过充分利用考评结果实施奖惩激励来提高企业员工参与成本管理的积极性，提高成本管理效果。其次，企业要结合高速公路的运营特点强化关键成本管理。

参 考 文 献

[1] 国家市场监督管理总局,国家标准化管理委员会.索道用钢丝绳:GB/T 26722—2022[S].北京:中国标准出版社,2022.

[2] 中华人民共和国交通运输部.公路护栏安全性能评价标准:JTG B05—01—2013[S].北京:人民交通出版社,2013.

[3] 毕东河,黄振宇,郑雪辉.沥青路面施工作业与养护决策[M].武汉:华中科技大学出版社,2021.

[4] 陈国杰.探讨高速公路收费站改扩建工程控制管理[J].甘肃科技纵横,2015,44(08):79-80+104.

[5] 陈金浏.路基产生不均匀沉降的原因及预防对策[J].四川水泥,2020,No.287(07):40+44.

[6] 陈兴.沈四高速公路改扩建路基加宽技术的应用研究[D].沈阳:沈阳建筑大学,2016.

[7] 慈国强.G112TJ高速公路工程项目进度管理研究[D].秦皇岛:燕山大学,2015.

[8] 邓云潮.高速公路扩宽路基综合防排水系统研究[D].西安:长安大学,2012.

[9] 樊家志,匡志光.高速公路改扩建工程新旧路基衔接技术[J].工程建设与设计,2021,No.469(23):109-111+139.

[10] 付东磊,马明.浅议高速公路服务区改扩建工程匝道施工[C]//河南省土木建筑学会.河南省土木建筑学会2009年学术大会论文集.[出版者不详],2009:2.

[11] 高竞程.高速公路工程造价影响因素及控制研究[D].沈阳:沈阳建筑大学,2020.

[12] 高艳玲.高速公路改扩建的模式选择、项目评价与相关政策研究[D].西安:长安大学,2009.

[13] 宫磊.高速公路改扩建机电工程施工管理分析[J].交通世界(工程技术),2015,No.345,No.346(Z1):117-118.

[14] 谷秀丽.单侧加宽旧路侧通行路段设计研究[J].工程建设与设计,2022,No.485(15):107-109.

[15] 郝永池.建筑工程项目管理[M].北京:人民邮电出版社,2016.

[16] 黄建文,周宜红,赵春菊.工程项目进度动态控制与优化理论[M].北京:中国水利水电出版社,2018.

[17] 中华人民共和国交通部.公路工程集料试验规程:JTG E42—2005[S].北京:人民交通出版社,2005.

[18] 中华人民共和国交通部.公路沥青路面施工技术规范:JTG F40—2004[S].北京:人民交通出版社,2005.

[19] 中华人民共和国交通运输部.公路沥青路面再生技术规范:JTG/T 5521—2019[S].北京:人民交通出版社,2019.

[20] 中华人民共和国交通运输部.公路土工试验规程:JTG 3430—2020[S].北京:人民交通出版社,2021.

[21] 中华人民共和国交通运输部.公路工程技术标准:JTG B01—2014[S].北京:人民交通出版社,2015.

[22] 中华人民共和国国家质量监督检验检疫总局,中国国家标准化管理委员会.公路交通工程钢构件防腐技术条件:GB/T 18226—2015[S].北京:中国标准出版社,2015.

[23] 中华人民共和国国家质量监督检验检疫总局,中国国家标准化管理委员会.波形梁钢护栏:GB/T 31439—2015[S].北京:中国标准出版社,2015.

[24] 中华人民共和国交通运输部.公路沥青路面养护技术规范:JTG 5142—2019[S].北京:人民交通出版社,2019.

[25] 中华人民共和国交通运输部.公路路面基层施工技术细则:JTG/T F20—2015[S].北京:人民交通出版社,2015.

[26] 中华人民共和国交通运输部.公路桥梁技术状况评定标准:JTG/T H21—2011[S].北京:人民交通出版社,2011.

[27] 李超阳.高速公路改扩建工程中路基加宽方式与特点分析[J].运输经理世界,2022(19):7-9.

[28] 李力,张庆伟.高速公路服务区改扩建工程的监理控制——以河南高速公路服务区为例[J].河南科技,2010,No.435(01):42-43.

[29] 李湘知.佛开高速公路改扩建机电工程施工管理分析[J].公路,2012(02):150-152.

[30] 李永翔.道路改扩建工程综合排水系统研究[D].西安:长安大学,2010.

[31] 李政.基于全寿命周期成本的高速公路改扩建旧路护栏再利用评价技术[J].工程建设与设计,2020,No.437(15):85-87.

[32] 刘蕙婷,邵志超.昌九高速公路改扩建工程机电施工难点及解决方案探究[J].中国交通信息化,2020,No.248(09):47-49.

[33] 刘蓉.高速公路施工项目的成本管理实践探究[D].合肥:合肥工业大学,2021.

[34] 陆水军,吴墀忠.高速公路改扩建工程涵洞通道关键因素及技术方案[J].城市建设,2010(12):246-247.

[35] 陆运军.高速公路收费站改扩建形式优缺点探讨[J].西部交通科技,2019,No.141(04):37-39+58.

[36] 庞业涛,何培斌.建筑工程项目管理[M].2版.北京:北京理工大学出版社,2018.

[37] 邱民.高速公路改扩建机电工程施工管理的难点及对应策略[J].西部交通科技,2020(08):51-53.

[38] 苏保章.高速公路改扩建工程项目施工安全管理研究[D].重庆:重庆交通大学,2015.

[39] 汪华焰.某公路改扩建工程施工成本管理控制研究[D].重庆:重庆交通大学,2020.

[40] 王彬.废旧水泥混凝土路面材料早强再生技术研究[D].西安:长安大学,2020.

[41] 王坤.高速公路扩宽路基综合防排水系统[J].建筑技术开发,2021,48(12):59-60.

[42] 王坤.经济发达地区高速公路城市化改造模式研究[D].南京:东南大学,2018.

[43] 王敏华.高速公路改扩建桥梁施工技术要点分析[J].西部交通科技,2020,No.160(11):137-139.

[44] 王艳红.高速公路中特殊路基的施工处理及防治尝试[J].四川建材,2021,47(10):153-154+170.

[45] 吴华金,张林洪.公路改扩建技术[M].北京:人民交通出版社,2019.

[46] 吴明明.高速公路改扩建路基拼接施工技术分析研究[J].科技资讯,2022,20(17):103-105.

[47] 谢杰.高速公路改扩建工程路面施工关键技术研究[J].交通世界,2022,No.627(33):45-48.

[48] 谢晓东.旧水泥路面补强及维修技术研究[D].重庆:重庆交通大学,2009.

[49] 杨华,孙克敏.高速公路收费站改扩建施工及导改方案优化[J].公路,2021,66(02):393-396.

[50] 杨立峰.高速公路工程施工成本的有效控制及管理[J].工程建设与设计,2018,No.378(04):189-190.

[51] 尧少敏.既有隧道改扩建爆破开挖与监控技术研究[D].北京:北京工业大学,2015.

[52] 姚殿梅.既有路基化学粉末除湿剂的研制与应用[D].西安:长安大学,2012.

[53] 袁胜强,郑晓光.高速公路改扩建设计理论与实践[M].北京:中国计划出版社,2017.

[54] 张洁敏.高速公路项目造价管理研究[D].重庆:重庆交通大学,2017.

[55] 张晶晶,赵志忠.高速公路波形梁护栏改造方案研究[J].公路,2015,60(12):67-70.

[56] 张腾.陕西省高速公路改扩建技术研究与应用[D].西安:长安大学,2014.

[57] 张志超.高速公路建设项目进度管理研究[D].济南:山东建筑大学,2021.

[58] 中华人民共和国交通运输部.公路养护技术规范:JTG H10—2009[S].北京:人民交通出版社,2010.

[59] 中华人民共和国国家质量监督检验检疫总局,中国国家标准化管理委员会.爆破安全规程:GB 6722—2014[S].北京:中国标准出版社,2015.

[60] 中华人民共和国住房和城乡建设部.汽车加油加气加氢站技术标准:GB 50156—2021[S].北京:中国计划出版社,2021.

[61] 中华人民共和国交通运输部.高速公路改扩建设计细则:JTG/T L11—2014[S].北京:人民交通出版社,2015.

[62] 中华人民共和国交通运输部.公路工程质量检验评定标准 第一册 土建工程:JTG F80/1—2017[S].北京:人民交通出版社,2018.

[63] 中华人民共和国交通运输部.公路路基设计规范:JTG D30—2015[S].北

京:人民交通出版社,2015.

[64] 中华人民共和国交通运输部.公路路基施工技术规范:JTG/T 3610—2019[S].北京:人民交通出版社,2019.

[65] 中华人民共和国交通部.高速公路交通工程及沿线设施设计通用规范:JTG D80—2006[S].北京:人民交通出版社,2006.

[66] 中华人民共和国交通运输部.公路桥梁加固设计规范:JTG/T J22—2008[S].北京:人民交通出版社,2008.

[67] 中华人民共和国交通运输部.公路桥梁加固施工技术规范:JTG/T J23—2008[S].北京:人民交通出版社,2008.

[68] 中华人民共和国交通运输部.公路桥涵设计通用规范:JTG D60—2015[S].北京:人民交通出版社,2015.

[69] 中华人民共和国交通运输部.公路沥青路面设计规范:JTG D50—2017[S].北京:人民交通出版社,2017.

[70] 中华人民共和国交通运输部.公路排水设计规范:JTG/T D33—2012[S].北京:人民交通出版社,2013.

[71] 中华人民共和国交通运输部.公路桥涵施工技术规范:JTG/T 3650—2020[S].北京:人民交通出版社,2020.

[72] 周敏,曹海明.隧道改扩建设计要点探讨[J].山西建筑,2018,44(10):155-156.

[73] 周舒灵.浙江省高速公路服务区改扩建规划设计探研[J].城市建筑,2020,17(25):121-126.

[74] 周舒灵.浙江省高速公路服务区改扩建规划与建筑设计研究[D].杭州:浙江大学,2019.

[75] 朱琳,许魁.对主线收费站改扩建方案的研究[J].工程与建设,2016,30(01):47-48+52.

[76] 左宁,王吉平,张笑,等.高速公路收费站改扩建车道方案浅析[J].湖南交通科技,2012,38(02):36-39.

后　　记

经过40多年建设,我国高速公路网络骨架基本形成,通车总里程约17.7万千米,规模稳居世界第一。同时也要看到,路网发展不平衡、不充分的问题依然存在,一些早期建成的路段服务能力逐步下降。为适应需求、补齐短板,近年来,我国加快高速公路扩容改造步伐。"十三五"以来,完成审批或核准的国家高速公路扩容改造项目已达70多个,总规模超过6000 km,比之前有大幅提升。

2022年5月,交通运输部印发了《"十四五"公路养护管理发展纲要》,明确了"十四五"公路养护管理的发展目标和主要任务。"十四五"期间,将强化公路危旧桥梁(隧道)改造,开展公路安全设施精细化提升行动,结合全国自然灾害综合风险普查,实施干线公路灾害防治工程;强化养护工程设计,加强检验评定,保证公路技术状况处于良好状态;大力推进废旧路面材料等再生利用,鼓励服务区开展节能环保升级改造,加快推进充(换)电设施等新能源设施建设;研制推广基于人工智能的自动化巡查、基于物联网的养护工程质量管理等养护智能化应用,推动路网运行感知、交调等设施与公路基础设施建设改造同步规划、同步实施;持续加强联网收费系统优化升级,提升ETC服务便利化水平。

党的二十大报告提出,要加快建设交通强国。这是统筹推进交通强国建设的战略升级,更为今后我国交通运输事业的发展提供了根本指导。我国交通基础设施勘察、设计、施工等领域的工作人员要完整、准确、全面贯彻新发展理念,着力推进企业高质量发展;秉持匠心,打造具有示范性的改扩建项目,为加快建设交通强国贡献力量。